Das lebendige Wort
Buch 1

Weitere Bücher von Harold Klemp

Ask the Master, Book 1
Ask the Master, Book 2
Das Buch der ECK Parabeln, Band 1
The Book of ECK Parables, Volume 2
The Book of ECK Parables, Volume 3
The Book of ECK Parables, Volume 4
Kind in der Wildnis
The Living Word, Book 2
Seelenreisende des Fernen Landes
The Spiritual Exercises of ECK
The Temple of ECK
Der Wind der Veränderung

The Mahanta Transcripts Series

Journey of Soul, Book 1
Wie man Gott findet, Buch 2
The Secret Teachings, Book 3
The Golden Heart, Book 4
Cloak of Consciousness, Book 5
Unlocking the Puzzle Box, Book 6
The Eternal Dreamer, Book 7
The Dream Master, Book 8
We Come as Eagles, Book 9
The Drumbeat of Time, Book 10
What Is Spiritual Freedom? Book 11
How the Inner Master Works, Book 12
The Slow Burning Love of God, Book 13

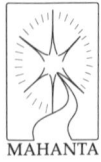
MAHANTA

Dieses Buch wurde vom Mahanta, dem Lebenden ECK-Meister, Sri Harold Klemp, geschrieben und unter seiner Aufsicht veröffentlicht. Es ist das Wort von ECK.

Das lebendige Wort

Buch 1

Harold Klemp

ECKANKAR
Minneapolis, MN

Das lebendige Wort, Buch 1

Copyright © 1996 ECKANKAR,
P.O. Box 27300, Minneapolis, MN 55427, U.S.A.

Alle Rechte vorbehalten. Dieses Buch ist eine Übersetzung von *The Living Word* von Harold Klemp, Copyright © 1989 ECKANKAR. Kein Teil dieses Buches darf ohne vorherige schriftliche Genehmigung von Eckankar reproduziert, in einem Datenrückgewinnungssystem gespeichert oder in irgendeiner Form durch ein elektronisches, mechanisches, fotokopierendes, aufzeichnendes oder sonstiges Gerät übertragen werden.

Die Ausdrücke ECKANKAR, ECK, EK, MAHANTA, SEELENREISEN, SOUL TRAVEL und VAIRAGI sind, neben anderen, Schutzmarken von ECKANKAR in den U.S.A. und anderen Ländern.

Gedruckt in U.S.A.

Titelfoto von Luanne Lawton

ISBN: 1-57043-122-1

Mit besonderem Dank an alle,
die an der deutschen Ausgabe mitgearbeitet haben.
Für sie war es ein Geschenk der Liebe.

Für alle, die Gott lieben

Inhaltsverzeichnis

Einleitung ix
1. Das lebendige Wort 1
2. Wenn die Religion ihre Kinder
   im Stich läßt 9
3. Was die alten Religionen vergessen
   haben 17
4. Der verborgene Schatz 25
5. Der Ton und das Licht des Himmels 33
6. Was ist eigentlich das Wort Gottes? 41
7. Der Schatten der Wahrheit 49
8. Auf der Suche nach Gott 53
9. Der erleuchtete Zustand 59
10. Was ist Wahrheit? 65
11. Eckankar, die Religion des neuen
    Zeitalters 71
12. Stürme der Prüfung 77
13. Wenn Disziplin falsch läuft 83
14. Paul Twitchell, der Schriftsteller 89
15. »Haltet die Welt an, ich möchte aussteigen«
    ... *oder:* Wann wirst Du ECK verlassen? 95

16. Das Goldene Herz 101
17. Die spirituelle Wiege 107
18. Wie man ein Traumbuch führt 111
19. Der Heilige Träumer 117
20. Ein paar Worte über Drogen 123
21. Die Methoden des Schwarzmagiers 129
22. Der Mahanta und Seelenreisen 135
23. Seelenreisen heute 143
24. Der Weg des ECK-Vidya 151
25. Der sanfte Kuß Gottes 157
26. Prinz oder Bettler? 165
27. Die Saat des Glücks 171
28. Das Auge des Tigers 177
29. Das Gesetz der Dankbarkeit 183
30. Das gehört alles mit zum Spiel 189
31. Die Odyssee der Seele 195
32. Auf des Messers Schneide 201
33. Träger der Wahrheit 207
34. Zusammenarbeit in ECK 211
35. Wie man ein ECK-Meister wird 215
36. Die geheime Lehre 221
37. Reise zur Gottrealisation 227
38. Ein Wunderland der Liebe 233
Glossar 235
Bibliographie 241
Index 243

Einleitung

Dieses Buch ist eine Sammlung meiner Artikel in der *Mystic World* und dem *ECK Mata Journal* von 1982 bis 1988. Von Anfang an hatte ich die Vorstellung, daß sie einmal zusammengefaßt erscheinen sollten.

Das lebendige Wort, Buch 1, ist ebenso für neue Interessenten wie für Studenten von ECK sowohl zum Lesen für sich allein als auch für spirituelle Gesprächsrunden. Es ist für alle, die das Niemandsland, welches zwischen ihrer Kirche und der spirituellen Lehre von Eckankar liegt, erreicht haben oder darüber hinausgegangen sind. Was ist es, das die orthodoxen Religionen nicht mehr lehren und das die Grundlage für spirituelles Wachstum ist? Der Ton und das Licht Gottes.

Diese Artikel aus sieben Jahren sind so angeordnet, daß sie mit der Einführung in die ECK-Lehre beginnen und zu der mehr esoterischen Lehre der Gottrealisation hinführen.

Es ist gut, von dem Ton und dem Licht Gottes zu wissen, aber wie bringt man solches Wissen und solche Erfahrung in sein tägliches Leben ein? Fordert Gott einen, der die Wahrheit liebt, auf, sich vor der

Welt der Verantwortung zu verstecken? Oder kann so ein Mensch ohne Fanfaren ein Träger göttlicher Liebe und Kraft für Freunde und Nachbarn sein?

Wenn der Leser auch nur ein Zehntel der Liebe, die in diesen Seiten ist, entdeckt, wird er immer wieder in einen edleren Seinszustand versetzt werden.

Im Licht und Ton von ECK, lesen Sie und wissen Sie.

Mit spirituellem Segen,
Harold Klemp

1

Das lebendige Wort

In mir kam der Gedanke nicht zur Ruhe, wie wild sich manche ECK-Chelas in der Hoffnung auf spirituelle Befreiung an vergangene Meister klammern. Ich fragte mich, ob ihnen wirklich klar ist, daß Befreiung vom Mahanta, dem Lebenden ECK-Meister, abhängt. Er ist das Lebendige Wort.

Der Wind brannte mir im Gesicht in der hellblauen *Chuba,* einer fließenden Robe mit Kapuze aus schwerem Tuch, die für das rauhe tibetische Klima gut geeignet war. Auf diesem abgeschiedenen Pfad, der an einem schmalen Gebirgskamm entlang führte, stand der altehrwürdige ECK-Meister Rebazar Tarzs mir gegenüber. Er trug ebenfalls eine Chuba, aber eine dunkelrote, und nicht die knielange kastanienbraune Robe, die gewöhnlich mit ihm in Verbindung gebracht wird. Derbe Lederstiefel schützten seine Füße vor den spitzen Steinen.

Er fühlte meine unausgesprochene Besorgnis und sagte:»In dem *Shariyat-Ki-Sugmad,* der Bibel von Eckankar, steht geschrieben: ›Die Gott-trunkene Seele, die der Lebende ECK-Meister ist, verbindet in seiner Person alles, was die Schriften enthalten und noch wesentlich mehr dazu. Er ist die lebende Verkörperung all dessen, was religiös ist, der Geist des Lebens, der in anderen schlummert.‹ «

Ein Adler kreiste hoch am grauen Nachmittagshimmel. Rebazar ging zum Rand des Felsens, auf dem der Pfad entlangführte, und die Windböen zerrten an seiner Robe, die er mit einem Stoffgürtel zusammengehalten hatte. Er stand in diesen Höhen so gelassen wie ein Fußgänger, der an einer belebten Straßenecke auf das Umschalten der Ampel wartet.

Dieses Treffen mit Rebazar Tarzs war durch die Spirituellen Übungen von ECK zustandegekommen. Sie sind hauptsächlich für die Seele da, um nach Hause zu Gott zu gehen, können aber auch zum Dienen und zur Kommunikation verwendet werden. Mein Körper schlief im Bett in den Vereinigten Staaten, aber im Seelenkörper konnte ich die Barrieren von Zeit und Raum durchqueren, um Rebazar in diesem abgelegenen Teil Tibets zu treffen. Die spirituellen Übungen lassen einen seelenreisen, und dies ist eine der ersten Fähigkeiten, die die ECK-Meister bei ihrem Aufstieg zur Meisterschaft entwickeln.

»Bleiben Chelas immer an der Persönlichkeit eines Meisters hängen, nachdem er sie verläßt?« fragte ich.

Seine dunkelbraunen Augen brannten sich in meine hinein. »Der dynamischste Ausdruck von ECK ist immer jetzt, in diesem Moment. Erinnerungen an Es sind für jemanden, der den lebendigen Weg zu Gott geht, von keinerlei Nutzen. In meiner Zeit glaubten einige Initiierte, der Ausdruck des Mahanta während des Dienstes von Fubbi Quantz sei größer gewesen als während meines Dienstes. Das gleicht der falschen Ansicht, daß ein im Alter gezeugter Sohn schwächer sei als seine Brüder.«

»Soweit ich sehe«, sagte ich, »entfernen sich die Schüler, sobald ein Meister seine Mission beendet und die Erde verlassen hat, sofort von den Grundprinzipien, die er ihnen gab. Trifft das auf jeden Meister und seine Chelas zu?«

»Die Schüler jedes Heiligen kommen immer vom Weg zu Gott ab«, sagte Rebazar, und seine dunklen Augen blitzten, während er eine unsichtbare Kinoleinwand mit Szenen vergangener Geschichte zu betrachten schien. »Auf Jesus' letzter Reise nach Jerusalem — vor seinem Leidensweg — stritten sich seine Schüler, wer von ihnen würdig sei, im Himmel neben ihm zu sitzen. Er erinnerte sie daran, daß Größe nicht in der Autorität oder in der Position liegt, sondern im Dienst an Gott.«

Er winkte mich zum gefährlichen Rand des Pfades herüber und zeigte auf eine entfernte Karawane von Yaks, die von Händlern auf einem tiefer liegenden Pfad vorangetrieben wurden. Die Yaks bewegten sich so schwerfällig und langsam vorwärts, daß ich über die Geduld der Treiber erstaunt war.

»Bis der Mensch spirituelle Freiheit erlangt«, sagte der Tibeter, »ist er wie der Yak, ein Lasttier, das gezwungen ist, steile Bergpfade hinauf- und hinabzusteigen. Schweres Gepäck lastet auf seinem Rücken, und alles, was er tut, unterliegt der einschränkenden Hand des Karmas. Er wird vom Leben dazu gepeitscht, dagegen zu rebellieren, aber die Rebellion wird mit noch größeren Lasten bezahlt, die seinen wilden und selbstsüchtigen Geist zähmen sollen.«

Rebazar wandte sich von der Händlerkarawane dort unten ab und ging weiter auf dem schmalen Pfad zu einer scharfen Biegung, die Schutz vor dem schneidenden Wind bot.

»Die Schüler eines jeden Meisters werden fortwährend in ihrer Treue zu ihm geprüft«, sagte er. »Als Jesus gefangengenommen und zu Kaiphas gesandt worden war, begab sich Petrus in den Palast des Kaiphas und mischte sich unter die Menge. Als man ihn fragte, ob er Jesus kenne, leugnete Petrus jegliche Bekanntschaft mit seinem Herrn ab, sogar mit Flüchen.

Die Heiligen des Lebendigen Wortes, welche die wahren Gottmenschen sind, sind immer jene gewesen, die zu ihrer Zeit der Mahanta, der Lebende ECK-Meister, waren. Die Chelas eines verstorbenen Lebenden ECK-Meisters begegneten wegen der Mühen des Reisens selten seinem Nachfolger. Der Mahanta aber reist weit umher, so daß alle, die für die Erfahrung Gottes reif sind, sie haben werden. Aus diesem Grund kam ich nach Amerika, um eine Weile unter den Indianern zu sein.«

Es war mittlerweile später Nachmittag, und die Sonne war bereits hinter die Kette von Berggipfeln im Westen gesunken. Bald würde dieser Besuch enden, denn an der Westküste Amerikas, wo mein physischer Körper seine Nachtruhe bekam, begann schon die Morgendämmerung anzubrechen.

Rebazar blickte stirnrunzelnd in den eisigen Atem des Windes, der nun öfter um den schützenden Felsvorsprung sauste. »Nur in ECK gibt es eine Erneuerung des göttlichen Wortes des Sugmad oder Gottes. Der Mahanta ist das Lebendige Wort, der dem Sucher die immer neue Wahrheit gibt. Wer sonst hat die Wahrheit? Die Priester?«

Sein Lachen ertönte hohl über dem Heulen des wilden Windes. »Nein, nicht die Priester«, sagte er. »Das frühe Christentum erwuchs aus den Lehren von Jesus, einem Schüler des ECK-Meisters Zadok. Jesus erhielt die Zweite Initiation von Fubbi Quantz im

Katsupari Kloster während einer dreijährigen Unterbrechung seiner Reisen.

Das heutige Christentum hat wenig Ähnlichkeit mit der Religion des ersten Jahrhunderts nach Christus. Gottesdienste am Sonntag wurden nicht verlangt, erst recht nicht am Samstag, bis zu der Zeit Konstantins des Großen — 300 Jahre später. Seine Symbole und heiligen Tage sind von den Heiden entlehnt. Die Darstellung von Madonna und Kind wurde der ägyptischen Naturgöttin Isis und dem Kind Horus nachgebildet.«

Die kalte Abendluft kroch in meine Robe, obwohl der Wind in den letzten paar Minuten nachgelassen hatte. Rebazars dunkel gebräuntes Gesicht war trotz des schwindenden Lichtes noch deutlich zu sehen.

»Wenn der Begründer oder das führende Licht einer orthodoxen Lehre die Erde verläßt«, sagte er, »geben die Schüler seine Botschaft mit ihrem fehlerhaften Verständnis weiter. Die Anweisungen des Meisters werden später so geformt, daß sie den Absichten der Priester entsprechen, die den Jüngern nachfolgen und die sich selbst zu den Bewahrern der Autorität machen. Ohne die Gegenwart ihres Meisters, der die ursprüngliche Form der Lehren bewahrt, verfälschen seine Nachfolger, die sich im menschlichen Bewußtseinszustand befinden, seine Lehren.

Da der verstorbene Meister nicht länger religiöse Fragen für seine Anhänger entscheiden kann, sind sie sich selbst überlassen. Wichtige Angelegenheiten der Lehre werden Versammlungen überlassen, welche die Worte des Meisters in ein System orthodoxer Vorschriften verwandeln.

Nestor, der christliche Patriarch von Konstantinopel, wurde durch ein Dekret des dritten allgemeinen Konzils von Ephesus im Jahr 431 n. Chr. zum Ketzer erklärt, weil er sich weigerte, Maria als die Mutter Gottes anzuerkennen. Die Unterscheidung, die er zwischen der menschlichen und göttlichen Natur Christi vornahm, war eine Bedrohung für den hohen Stellenwert von Christi Leiden und Tod, der sich gerade als eine Doktrin in der frühen Kirche entwickelte.«

Rebazar hatte seine Hände in den langen Ärmeln der Chuba vor der Kälte verborgen. Er fuhr fort: »Die Kirchenväter wußten, daß das Christentum, wenn es eine Weltreligion werden sollte, in eine systematische Form gebracht werden mußte. Als die Bischöfe eine kritische Studie der sich entwickelnden Doktrinen durchführten, fanden sie heraus, daß sie alle verschiedene Interpretationen der Zentralpunkte des Christentums hatten. Die Kontroversen, die sich aus diesen widersprüchlichen Standpunkten ergaben, führten zu ernsthaften Streitigkeiten, die die Kirche beinahe zerstörten.

Auch wenn der Klerus es noch so sehr bestreitet, die Lehren von Christus sind in den heutigen Kirchen nicht mehr enthalten, obwohl jeder Zweig des Christentums lehrt, daß er die reinste Religion ist.«

Ich zitterte in der Kälte und war dankbar, bald in die warme Annehmlichkeit meines Bettes zu Hause zurückzukehren, aber ich fragte: »Kann ein Chela jemals die bedingungslose Liebe des Mahanta für ihn erkennen?«

»Er kann es«, sagte der Tibeter, »aber nur, wenn er alles dem Mahanta übergibt — alle Hoffnungen, Träume, Ängste und Wünsche. Die Tränen der Seele führen zu einer tiefen und endgültigen Läuterung, die Erhebung und Erlösung bringt: spirituelle Befreiung.«

Der alte Adept hob seine rechte Hand, die Handfläche nach außen, zum Gruß der Vairagi Adepten. Er ging fort in die Dunkelheit, und seine leichten Schritte verloren sich in dem nun sanften Murmeln des Windes. Das *Shariyat-Ki-Sugmad* sagt: »Liebe kommt zu dem, in dem sich das Wort geregt hat. Es gleicht dem Rauschen mächtiger Winde und feurigen Zungen. Diese Botschaft der Liebe wird vom Wort des Sugmad für alle Universen und für jedes lebende Wesen übersetzt.«

Sekunden später reckte ich meinen ausgeruhten Körper auf dem Bett an der Westküste, rieb mir den Schlaf aus den Augen und war bereit für einen neuen Tag.

2
Wenn die Religion ihre Kinder im Stich läßt

Es hieß einmal, einen gebildeten Menschen erkenne man an seiner Widerstandskraft neuen Ideen gegenüber. Besser ist der Ausspruch, daß der spirituelle Sucher sich für alles Wissen offen hält. König Salomon soll gesagt haben: »Es gibt nichts Neues unter der Sonne.«

Daher könnte man bei den Anhängern der Kirche eine allgemeine Kenntnis von den geheimen Gesetzen des göttlichen Geistes erwarten. Dies ist keine Predigt über ätherische Vorstellungen von Gott. Aber, offen gesagt, wieviele Menschen, die regelmäßig zur Kirche gehen, können das Licht oder den Ton Gottes anschaulich beschreiben?

Hat also die Religion ihre Kinder im Stich gelassen? Mehrere Fragen verlangen nach einer Antwort: Was ist die Seele? Was geschieht mit Ihr beim Tod des physischen Körpers? Gibt es ein Leben danach?

Im Jahr 1965 begann ein Mann namens Paul Twitchell öffentliche Vorträge über den Göttlichen Geist und die Verletzung Seiner Gesetze zu halten, die jeden

—Mann, Frau und Kind—an Angst, Elend und Verzweiflung kettet, weil sie diese Gesetze nicht kennen. Er hielt kleine Workshops in Südkalifornien, die aufrichtige Sucher nach Wahrheit in Verbindung mit ihrer spirituellen Identität bringen sollten. Auf der Tagesordnung stand eine Beschreibung der Seele und ein natürlicher Weg für einen ganz normalen Menschen, sich in den Zustand ekstatischer Klarheit zu begeben ohne Drogen zu nehmen. Er gab darüber hinaus eine Erklärung für all die Sorgen und Probleme, die seine Zuhörer belasteten.

Unter den Themen waren der Heilige Geist oder ECK (das kosmische Licht und die kosmische Musik von Gott), Karma und Reinkarnation. Äußerlich war Paul Twitchell ein unauffälliger Mann. Er war mittelgroß, trug normale Büroanzüge und war glattrasiert. Nur seine Botschaft war aufrüttelnd: »Der Mensch kann in das Reich des Himmels eintreten, während er noch im menschlichen Körper lebt.«

Stellen Sie sich vor, was das bedeuten würde, wenn es wahr wäre: Der Mensch wäre befreit von den Schrekken des Todes. Er würde seinen Platz einnehmen unter den großen spirituellen Reisenden der Geschichte: Rama, Krishna, Pythagoras, Rebazar Tarzs, Plato und Jesus.

Als Seele behalten wir unsere Identität in Ewigkeit. Die Religionen des Ostens gehen falsch in dem Glauben, daß die Seele eins wird mit Gott. Sie wird vielmehr ein Mitarbeiter Gottes und erfüllt damit Ihre Bestimmung als Bewohner sowohl der himmlischen als auch der physischen Welten zur gleichen Zeit.

Henry Wadsworth Longfellow, der beliebteste amerikanische Dichter des 19. Jahrhunderts, wußte, daß die Seele ewig ist. In dem Gedicht »Ein Psalm des Lebens« sagt er:

Sagt mir nicht in trauernder Zahl,
 Das Leben ist nur ein leerer Traum!
Denn die Seele ist tot, die schlummert,
 Und die Dinge sind nicht, was sie scheinen.

Das Leben ist wirklich! Das Leben ist echt!
 Und das Grab ist nicht sein Ziel;
Staub bist du, zu Staub wirst du,
 Damit war nicht die Seele gemeint.

Der Schlüssel zur spirituellen Befreiung ist in einigen einfachen spirituellen Techniken zu finden. »Der einfache Weg« steht in Brad Steigers Buch *In meiner Seele bin ich frei,* einer Biographie über Paul Twitchell. Twitchell wurde von der spirituellen Hierarchie beauftragt, der Öffentlichkeit des modernen Zeitalters die Lehre von Eckankar zu überbringen. In Büchern und Vorträgen behandelte er sowohl die Realisation von Licht und Ton Gottes als auch aktuelle Erfahrungen in den anderen Welten, und zwar auf sichere Art und Weise.

Eine Illustration dazu findet sich in einem Brief eines Bewohners von Iowa. Er schreibt: »Als ich mit Eckankar anfing und von den spirituellen Übungen erfuhr, erschien das Licht schon nach ein paar Wochen des Übens. Nach der Zweiten Initiation kam der Ton, der . . . immer bei mir ist, bei der Arbeit, im Schlaf, beim Spiel. Vor drei Jahren hätte ich es nicht geglaubt, wenn mir das damals jemand gesagt hätte. Erfahrung ist der beste Beweis für die Wahrheit des ECK.«

Paul Twitchell erklärt die Technik des »Einfachen Weges« so: »Setzen Sie sich, bevor Sie abends zu Bett gehen, in einen Sessel oder auf den Boden, halten Sie den Rücken gerade und konzentrieren Sie die Aufmerksamkeit auf das Spirituelle Auge, jenen Punkt zwischen den Augenbrauen, und singen Sie im Inneren still das Aum oder Gott. Halten Sie die Aufmerksamkeit auf einen schwarzen Bildschirm in der inneren Vision gerichtet und halten Sie ihn, wenn irgend möglich, von allen Bildern frei. Wenn Sie für irgendwelche mentalen Bilder, die unerwünscht auftauchen, einen Ersatz brauchen, stellen Sie das Bild von Christus oder einem Heiligen oder von einem heiligen Menschen, den Sie kennen, an deren Stelle.

Nachdem Sie dies einige Minuten lang getan haben, werden Sie plötzlich in einem Ohr einen schwachen klickenden Ton hören oder einen Ton wie das Knallen eines Korkens, und Sie werden sich außerhalb des Körpers befinden, wie Sie auf den physischen Körper im Zimmer zurückschauen, und Sie sind für eine kurze Reise in die anderen Welten bereit.

Es gibt nichts zu fürchten, denn es kann Ihnen nichts geschehen, während Sie sich außerhalb des Körpers befinden, noch kann diesem etwas geschehen, wenn Sie ihn zurücklassen. Ein Lehrer oder Guru wird in Bereitschaft stehen, auch wenn Sie das vielleicht nicht wissen, um über Ihren Fortschritt zu wachen. Nach einer Weile wird der Geistkörper zurückkehren und mit einem sehr leichten Ruck sanft in den Körper zurückgleiten.

Wenn Sie das erste Mal keinen Erfolg haben, versuchen Sie es erneut, denn die Technik funktioniert. Sie hat für andere funktioniert.«

<u>Das wahre Ziel dabei ist es, das Reich des Himmels zu erlangen.</u> Der Sucher unternimmt ein Studium des <u>Göttlichen Geistes</u>, der im Johannesevangelium »das <u>Wort</u>« genannt wird. Dies ist die Stimme Gottes. Sie ist mächtiger als die Predigt eines Evangelisten. Der Heilige Geist oder ECK, wie Es bei den Spirituellen Riesen heißt, ist eigentlich <u>die Essenz Gottes</u>, die alles Leben zusammenhält. Es ist der goldene Faden, der

sich durch die ganze Schöpfung und die ganze Geschichte hindurchzieht.

»Der einfache Weg« ist eine aus einer Folge von spirituellen Übungen, die sich bei der Suche des Menschen nach dem Gottbewußtsein als erfolgreich erwiesen hat.

Das Licht, welches die Apostel an Pfingsten sahen, sehen heute noch die Studenten der uralten Lehre von Eckankar. Ebenso ist es mit dem Ton. Die Apostel hörten Ihn als »einen brausenden gewaltigen Wind«. Licht und Ton erscheinen in vielfältiger Weise, wie es in dem Buch *Spirituelle Aufzeichnungen* von Paul Twitchell heißt, der ein erfahrener Reisender des Fernen Landes war, jener Ebenen der Existenz jenseits von dieser physischen Welt. Zu den üblichen Tönen gehören der einzelne Flötenton, ein <u>starker Wind, die Musik von Holzblasinstrumenten</u> und sogar <u>das Summen von Bienen</u>. Der Ton ist von besonderer Bedeutung insofern, als er spirituelle Befreiung bringt. Der Mensch wird über das menschliche Bewußtsein hinausgehoben in die höheren Bereiche des Seins. Dort wirft er für immer den Schrecken des Todes ab.

Im folgenden erzählt eine Frau von ihrer Erfahrung mit dem Heiligen Geist. »ECK ist in meinem Leben seit 1968, als ich zum ersten Mal das Buch *Der Zahn des Tigers* las. Da geschah es, daß der Ton zu mir kam. Es schien ganz natürlich. Schließlich hatte Paul Twitchell ja gesagt, daß es so sein wird! Jetzt hat sich der Ton verändert und ist mehr wie ein Summen. Er ist immer bei mir.«

Die einfachste Erklärung ist die, daß die Stimme Gottes oder der Ton die Reinigung durchführt, die die Seele zu Gott erhebt. Dies geschieht durch einen <u>Vermittler, bekannt als der Innere Meister,</u> der das

Gesicht eines Heiligen haben kann, das Sie beim »Einfachen Weg« vor sich sehen. Der Führer steht neben dem Neophyten, um ihm bei seinen eigenen Bemühungen um Erleuchtung zu helfen. Niemals wird er irgendwie eindringen oder sich in den Willen des Studenten ohne dessen klare Erlaubnis einmischen.

Der erleuchtete Weg der inneren Ebenen funktioniert durch den Traumzustand, durch den Inneren Meister und schließlich durch Kontakt mit dem Heiligen Geist Selbst — in der Form von Licht und Ton.

Ein junger Mann aus dem Mittelwesten der Vereinigten Staaten erzählt von seiner Begegnung mit einem blauen Licht während seiner täglichen Kontemplation: »Vor einigen Tagen«, so schreibt er, »befand ich mich in der Kontemplation. Irgendwann kam mir die Realisation, daß ich in einem blauen Licht schwamm. Zeitweise verblaßte es, aber nur, um noch stärker wiederzukommen. Manchmal war seine Intensität heller als ein gewaltiges elektrisches Licht. Es floß und wirbelte um mich. Bald war es zu einem leuchtenden Tunnel geworden, und ich flog — und flog doch nicht — in diesen hinein. Am Ende des Tunnels erwartete mich ein Licht, blau-weiß strahlend wie ein Diamant. Nach einer Weile verblaßte die Vision und verschwand.«

Eine gewisse Ähnlichkeit findet sich in der Beschreibung des Tons von ECK durch eine Hausfrau aus Missouri: »Ich höre den Tonstrom fast ständig; das Summen von Bienen, eine Symphonie der Winde, ab und zu die Flöte, aber immer den Ton.«

In der verworrenen Welt von atomarer Bedrohung, unkontrollierbaren Krankheiten und unsicherer Wirtschaftslage gibt es einen Ort der Zuflucht. Gesundheit und Reichtum bringen nicht Freude und Frieden. Das kann nur die Realisation Gottes.

Kein vernünftiger Mensch stürzt sich Hals über Kopf in so etwas Wichtiges wie Eckankar. Ich lege Interessenten nahe, erst einmal mehrere ECK-Bücher zu lesen. Das sollte ein paar Monate bis zu einigen Jahren dauern. Während dieser Zeit werden Sie sicher erfahren, ob dies die Antwort auf Ihr Suchen ist. Merkwürdigerweise glauben manche Menschen, die entweder Selbst- oder Gottrealisation suchen, sie seien befreit von persönlicher Verantwortung für ihre Handlungen. Die göttlichen Gesetze, meinen sie, gelten für andere, niemals für sie selbst. In solcher Unkenntnis brechen sie diese und bezahlen dafür teuer in die Taschen der Herren des Karma. Der Weg von ECK lehrt diese Gesetze. Es ist der Weg totaler Verantwortung und Freiheit.

Wenn Sie an den Punkt kommen, wo die Religion mit ihren Antworten versagt, und Sie Ihre Hände zum Heiligen Geist erheben, wie es ein Freund von mir getan hat, und rufen: »Was willst Du noch von mir, etwa Vollkommenheit?« — dann sind Sie bereit, das heilige Feuer von ECK zu sehen.

Wenn Sie ein Sucher sind, der weiß, »daß es nichts Neues unter der Sonne gibt«, sind Sie bereit, auf der hohen Straße zu gehen, auf der vor Ihnen unzählige Tausende gereist sind. Treten Sie ein in die frischen, neuen Welten von ECK!

3
Was die alten Religionen vergessen haben
Kal empfängt eine Botschaft von Sat Nam

Die Anordnung war vom Hauptquartier gekommen, was blieb ihm also anderes übrig?

Kal Niranjan, der Herr der materiellen Schöpfung, schritt in seinem Amtszimmer wütend auf und ab. Selten erhielt er Weisungen von Sat Nam, doch wenn es geschah, stellten sie seine universale Organisation auf den Kopf. Als Herrscher über die Atma Lok, die erste der reinen positiven Gottwelten, ist Sat Nam Herr über alle darunterliegenden Welten.

Niranjan war von überdurchschnittlicher Größe, von zu vielem Essen, Wein und Festefeiern beleibt. Er sah eher aus wie das Vorstandsmitglied einer größeren Firma, als wie der Oberbefehlshaber aller Welten unterhalb der spirituellen Ebenen. In seiner Hand hielt er eine Botschaft, die soeben bei der Kommunikationsabteilung eingegangen war. Sie lautete:

Mach eine aktuelle Bestandsaufnahme der alten Religionen. Leisten sie noch etwas? Wie sind ihre gegenwärtigen Vorgehensweisen? Lehren einige von ihnen noch das Licht und den Ton Gottes? Berichte mir heute in einer Woche.

*Sat Nam
Vertreter des Sugmad
Atma Lok*

Am nächsten Vormittag war das Auditorium des Palastes voll von Gesandten einer jeden nur denkbaren Religion. Die Kleidung der Repräsentanten spiegelte jede Kultur wider. Vor Beginn der Sitzung liefen die Teilnehmer ziellos durch den großen Versammlungssaal und beäugten einander voller Mißtrauen. Eine solche geheime Versammlung war seit mehreren tausend Jahren nicht mehr einberufen worden, und das Gemurmel in der Menge war Ausdruck einer ängstlichen Besorgtheit darüber, welche neue, unberechenbare Anordnung Kal Niranjan, der König der negativen Macht, erlassen würde.

Wir brauchen die Namen jener religiösen Lehren nicht zu erwähnen, die uns auf der Erde unbekannt sind. Es sei jedoch angemerkt, daß das alte Prinzip »Wie oben, so unten« bedeutet, daß die Vielzahl von Religionen auf der Erde lediglich Widerspiegelungen der Religionen sind, die bereits zuvor oben auf den unsichtbaren Ebenen existierten. Die Religionen auf der Erde sind Verfälschungen der bereits geschwächten Religionen, die in den inneren Welten existieren.

Die Verlesung der Namen begann. Die Führer der Glaubensgemeinschaften hoben die Hand, wenn ihre Splittergruppe aufgerufen wurde. Zu diesen gehörten die Untergruppen des Animismus, der Ahnenverehrung, des Polytheismus, des Dualismus, des Monotheismus, des Supratheismus und des Pantheismus. Erlauchte Repräsentanten dieser alten Religionen neigten feierlich den Kopf vor dem Vorsitzenden, während das

Scheinwerferlicht der Aufmerksamkeit kurz ihre Glaubensgruppe streifte.

Judentum, Christentum, Hinduismus, Islam, Buddhismus, Brahmaismus und Taoismus bestätigten ihre Anwesenheit. Bei den Christen waren es die Baptisten, Katholiken, Episkopalen, Lutheraner, Fundamentalisten, Quäker, Presbyterianer, Kongregationalisten und andere Konfessionen, die sich eine nach der anderen aufplusterten.

Das Aufrufen der Namen dauerte fast den ganzen Tag, und die Sitzung wurde auf den nächsten Morgen verschoben.

Nach einem zeitigen Frühstück nahm Kal Niranjan auf einem mächtigen Bühnenaufbau inmitten des Auditoriums Platz. Von der Decke herab hingen in einem Kreis über ihm acht riesige Bildschirme, die jedem im Saal sein stark vergrößertes Abbild zeigten. Seine Stimme donnerte über die Lautsprecheranlage:

Der große Herrscher Sat Nam hat eine Anordnung an alle Religionen heruntergeschickt. Dies ist das Zeitalter, in dem den Seelen in jedem Winkel der Universen ein umfangreicheres Wissen über das Licht und den Ton Gottes ins Bewußtsein gebracht werden soll.

Voller Bestürzung rangen alle im Saal nach Luft. Die Delegierten schauten einander an, zuckten mit den Schultern und wandten ihre Augen gen Himmel. Im gesamten Saal erhob sich ein Flüstern und Raunen, bis das Geräusch dem Rascheln des Windes in den Herbstblättern glich.

Zögernd durchbrach eine Stimme die Welle der Verwirrung, die durch den großen Versammlungssaal ging. Der offizielle Vertreter einer römisch-katholischen Splittergruppe hatte seinen Mut zusammengenommen, um den furchterregenden Niranjan anzusprechen. Er sprach für alle Anwesenden.

»Euer Hochwohlgeboren, mit der Bitte um Vergebung möchte ich untertänigst anfragen: Was versteht man unter 'Licht und Ton'?«

Alle Köpfe im Saal nickten heftig, und Kal Niranjan nahm eilfertig davon Notiz. Die Frage war aufrichtig gestellt und war kein Versuch, seine Machtposition zu erschüttern.

Die Versammlung war plötzlich ins Stocken geraten. Niranjan hatte keine Ahnung, welchen Sinn diese Begriffe hatten, und augenscheinlich ging es den Führern der Hauptreligionen nicht anders. Die einzige Gruppe, die eine Ahnung von Sat Nams »Licht und Ton«-Direktive zu haben schien, war eine Handvoll von Repräsentanten in dem Teil des Saals, in dem die mystischen Religionen Platz genommen hatten. Er vertagte die Vollversammlung auf den nächsten Tag und berief sofort eine Konferenz ein, an der nur die Führer der Hauptgruppen zusammen mit einigen wenigen von den mystischen Religionen teilnahmen. Das Ziel dabei war, die frühe Geschichte der universalen Religion, bevor sie begonnen hatte, sich in eine Vielzahl von Splittergruppen aufzuspalten, zu durchforschen, um Hinweise auf das Licht und den Ton Gottes zu finden.

Offen gesagt, die christlichen Führer waren von allen am verwirrtesten. Die katholischen und protestantischen Führer waren sich über folgendes einig: Es gibt eine Kommunion, Taufe, Sünde, die Zehn Gebote, die Goldene Regel, doch nirgends konnten sie Hinweise auf das Licht und den Ton Gottes finden, die unter Kontrolle gebracht oder in der Verwaltung ihrer Institutionen nutzbar gemacht werden könnten. Weiterhin wußten sie von den Feuerzungen, welche die Apostel an Pfingsten erlebt hatten, und von dem Ton wie von einem rauschenden Wind, aber diese Phänomene

hatten so ziemlich aufgehört, als das Urchristentum zu Ende ging.
Die mystischen Religionen halfen etwas weiter. Die meisten stammten aus Indien und hatten schwer definierbare Ableger in der ganzen Welt. Sie lehrten in der Tat Licht und Ton, aber nur wenige ihrer Anhänger hatten tatsächlich persönliche Erfahrungen mit Ihm. Das war die erste wirkliche Spur, die Kal Niranjan von dem Licht und dem Ton Gottes entdeckte. Vielleicht wäre er ja in der Lage, den unumgänglichen Auftrag von Sat Nam, den Seelen in allen Welten davon Kenntnis zu geben, auszuführen.
Aber die mystischen Führer erwiesen sich als wenig hilfreich. Die Versammlung war nach fünf Tagen beendet, und ein Bericht wurde an das oberste Hauptquartier von Sat Nam auf der Seelenebene geschickt. Er ist zu lang, um ihn hier vollständig wiederzugeben, aber eine Zusammenfassung lautet folgendermaßen:

Eine universale Untersuchung hat keinerlei Information zu Tage gefördert, die ein Lehrprogramm über das Licht und den Ton Gottes zu entwickeln gestattet. Alle mir unterstehenden Bewußtseinsebenen wurden sogar auf winzige Spuren einer anscheinend alten Lehre hin untersucht, die unseren Historikern verlorengegangen ist. Könnt Ihr einen Rat geben?

Kal Niranjan
Manager der Mentalen Welten
und aller Welten darunter.

Ein paar knappe Stunden vergingen, bevor das Kommunikationszentrum in hektische Aktivität geriet. Botschaften von Sat Nam kamen nur selten, etwa alle paar tausend Jahre. Daher hielt die Vermittlungszentrale ihre Empfangsgeräte auf den empfindlichsten Bereich ausgerichtet. Die Drucker waren so eingestellt, daß sie die Botschaft in der bestmöglichen Klarheit aufzeichnen konnten.

Sat Nams Botschaft war indirekt und verwirrend. Obwohl sie Kal nicht tadelte, war sie unklar hinsichtlich seiner Aufgabe, die ursprüngliche Anweisung zu erfüllen, Information über das Licht und den Ton Gottes zu verbreiten. Er war auf seltsame Weise beunruhigt, als er die Botschaft las, und zwar nicht so sehr wegen des Gesagten, sondern wegen des Nichtgesagten. Die gesamte Botschaft lautete:

Du hast getan, was Du konntest. Dieses Programm wird noch umfassender in meinem Büro ausgearbeitet werden. Es existieren Pläne, dieses Programm in einem Test einzusetzen. Es hat sich gezeigt, daß die alten Religionen zu sehr in soziale Konventionen verwickelt sind, als daß sie geeignete Übermittler der uralten Lehren des Sugmad sein könnten. Ein neuer Übermittlungskanal wird eröffnet werden, um diesen Wunsch des Sugmad auf den Weg zu bringen. Zurück an die Arbeit in gewohnter Weise.

*Sat Nam
Vertreter des Sugmad
Atma Lok*

Vor seiner Antwort hatte Sat Nam einen Untersuchungsausschuß einberufen, der zu dem Schluß gekommen war, daß die alten Religionen zu sehr in die Traditionen des sozialen Bewußtseins eingebettet waren, als daß sie in der Lage gewesen wären, als Träger des reinen Lichts und Tons Gottes dienen zu können. Dem Orden der Vairagi Adepten unter der Leitung von so herausragenden Persönlichkeiten wie Rebazar Tarzs, Fubbi Quantz und Yaubl Sacabi — sehr erfahrene Gesandte — erschien es am besten, diese Mission durch die reinen spirituellen Kanäle auszuführen und die Hierarchie Kal Niranjans völlig zu umgehen. Rebazar Tarzs, der zu dieser Zeit der Mahanta, der Lebende ECK-Meister und das Oberhaupt des Vairagi Ordens war, schlug vor, einen gewissen Peddar Zaskq zu schulen, um diesen Plan des Sugmad in die Tat umzusetzen. Diese Idee fand völlige Zustimmung.

Mehrere Jahrhunderte verstrichen, während derer Peddar Zaskq veranlaßt wurde, eine Reihe von Inkarnationen anzunehmen, um den spirituellen Schliff zu bekommen, der für diese Aufgabe nötig war. In sein letztes Leben wurde er zu Anfang dieses Jahrhunderts als Paul Twitchell geboren. Eine Vielzahl von Berufen, darunter der eines Schriftstellers, eines Promoters und eines Soldaten, waren die formenden Einflüsse, die seine rebellische Natur mäßigten, um ihn für die besondere Mission zu befähigen, den Menschen aller Bewußtseinsstufen das Licht und den Ton Gottes zu bringen.

Die Form, die er schuf, um diesen Auftrag auszuführen, wurde Eckankar genannt. Es stieß auf vehementen Widerstand von den heutigen Religionen, weil es nicht Teil des religiösen Lehrsystems Kal Niranjans ist. Da es sich um eine fremdartige Doktrin handelt — um eine spirituelle Doktrin der Reinheit unter jenen der Machtkämpfe — stieß sie auf heftige Opposition.

Sie wurde zu einer ketzerischen Doktrin erklärt, ihre Mitglieder wurden den beschämenden, ja man muß sagen, mittelalterlichen Ritualen ähnlich denen der Inquisition ausgesetzt. Selbst in den Vereinigten Staaten werden ECKisten, deren Urgroßeltern Amerika besiedelt haben, wie illegale Einwanderer behandelt, die sich, aus Haiti kommend, in Florida eingeschlichen haben. Der Bewußtseinszustand der Durchschnittsbevölkerung ist ziemlich niedrig, trotz der ruhmreichen Fortschritte der Wissenschaft, die keinen Beitrag zur Anhebung des menschlichen Bewußtseins geleistet haben. Im wesentlichen ist der Mittelstand in Amerika das mittelalterliche Europa mit einem neuen Gesicht. Das Problem hat seine Wurzel in der Abwesenheit von etwas — etwas, das die alten Religionen vergessen haben.

Was die alten Religionen vergessen haben, sind das Licht und der Ton Gottes.

Die Aufgabe von Eckankar besteht daher darin, diese im Bewußtsein der Menschheit wieder zu etablieren. Mit spirituellen Augen Gott zu sehen ist der einzige Weg zu einem neuen goldenen Zeitalter im Leben der Menschheit.

Was die alten Religionen vergessen haben, hat Eckankar wieder ins Bewußtsein gebracht.

4

Der verborgene Schatz

Jahrhundertelang erforschten religiöse Anhänger entlegene Kulturen in der Hoffnung, Gottes Antlitz zu entschleiern. Dies führte in den vergangenen Jahren viele Reisende auf eine heilige Pilgerfahrt nach Indien. Der Mensch suchte nach Erlösung von der Qual der Einsamkeit, Verzweiflung, Angst und der Furcht vor dem Tod.

Im Nachhinein war es kaum verwunderlich zu sehen, daß viele dieser Suchen nach wirklicher Erleuchtung auf traurige Weise scheiterten. Wen konnte man finden, der einem den Schatz von dem Licht und Ton Gottes enthüllte? Die Wahrheit ist von denen verborgen gehalten worden, die die Massen zu Sklaven machen wollen, sagt das *Shariyat-Ki-Sugmad*, die goldene Schrift von Eckankar.

Die Hindus behaupten irrtümlicherweise, daß die Seele eins mit Gott werde. Der ECKist weiß, daß es die Bestimmung eines jeden gottrealisierten Wesens ist, ein Mitarbeiter Gottes zu sein, denn die Seele verschmilzt in keinerlei Hinsicht mit Gott. Sie wird vielmehr eins mit dem Heiligen Geist und behält Ihre eigene Individualität, während sie sich in immer höhere, den menschlichen Religionen unbekannte Bewußtseinszustände begibt. Eine Frau teilte Paul Twitchell, dem spirituellen Führer von Eckankar bis 1971, mit, daß sie nach Indien gehen werde, um einen großen Weisen zu finden, der ihr die Geheimnisse des Lebens offenbaren könnte. »Gehen Sie nicht«, riet er ihr. Ein ungeheurer Kampf quälte ihren Verstand. War dieser redegewandte Mann, der immer blaue Kleidung trug, wirklich der Mahanta? Hatte er tatsächlich Gottbewußtsein erreicht?

Sie setzte darauf, daß es so war, und sie blieb zu Hause. Während der nächsten paar Jahre stellte sich diese Entscheidung als richtig heraus, denn der Mahanta half ihr dabei, sich im Seelenkörper zu etablieren, wo sie spirituelle Befreiung erlangte. Dies geschah durch den Ton und das Licht Gottes.

Eine der bemerkenswertesten Aufzeichnungen unserer Zeit in gedruckter Form über den Ton und das Licht, die Zwillingssäulen Gottes, ist *Der Zahn des Tigers*, geschrieben von Paul Twitchell. Seit seiner Veröffentlichung im Jahr 1967 ist das Buch von Kontroversen begleitet. In all seinen verschiedenen Schriften erklärte Paul Twitchell, daß der Mensch zuerst das Licht und den Ton finden muß, bevor er die einzigartigen Enthüllungen Gottes entdecken kann.

Welche Bedeutung tragen Ton und Licht für den Wahrheitssucher? Zuallererst drückt Gott Sich Selbst als eine sichtbare und hörbare Welle aus, ähnlich einer Radiowelle, die von einem Radiosender ausgestrahlt wird. Diese Welle ist das ECK, bekannt als Heiliger Geist, die göttliche Kraft, die alle Schöpfung stützt und erhält. Die Seele, der Funke, den Gott in die menschliche Form gelegt hat, ergreift diese Welle und reitet auf ihr zurück in das Reich Gottes.

Als Kind war meine Haltung Gott gegenüber von Furcht bestimmt. Praktisch jeden Sonntagmorgen schimpfte meine Großmutter mit meinem Vater, weil wir zu spät zur Kirche kamen. »Der Herr wird die Tore des Himmels verschließen«, wetterte sie in unserem alten Dodge vom Beifahrersitz aus. Das verstärkte meine schreckliche Angst vor der Hölle, besonders, wenn ein Sommergewitter sich während des Gottesdienstes entlud. Mein Vater, als wollte er absichtlich einen ohnehin schon gereizten Gott noch mehr erzürnen, schlief friedlich während der Predigt, obwohl Wind und Regen heftig gegen die bunten Glasfenster peitschten. Diese Angst durchzog meine gesamte Jugend. Jahre später, nachdem Eckankar in mein Leben getreten war, ließ die Angst allmählich nach, während ich durch die Spirituellen Übungen von ECK an Stärke gewann.

Der Zahn des Tigers war das erste Buch, das ich über das spannende Thema Eckankar gelesen habe. Die darin beschriebene systematische Folge der Himmel klang wahr, doch was wäre, wenn es sich nur um einen höchst phantasievollen Science-fiction-Roman handelte?

Kurz nachdem ich mit den spirituellen Übungen angefangen hatte, wußte ich es besser, und es folgten die zögernden Schritte des Lehrlings. Aber während meine Einsichten wuchsen, wuchs auch mein Vertrauen in den Sinn und die Gerechtigkeit des Lebens. Brad Steiger gab in seiner Biographie von Paul Twitchell in dem Buch *In meiner Seele bin ich frei* meine erste Begegnung mit dem Inneren Meister wieder.

Ich wollte ganz aufrichtig den Weg von ECK als einfachen Weg vorfinden, auf wundersame Weise eben, geschmückt mit einem roten Teppich und mit Rosen bestreut. Die tiefen Geheimnisse des Heiligen Geistes werden jedoch nur demjenigen enthüllt, der sich das

Recht verdient hat, bis ins innerste Herz Gottes zu gelangen.

Mein erstes unsicheres Tasten nach Wahrheit schloß diese Zwillingsaspekte des Heiligen Geistes aus. Die Religion meiner Kindheit war sich über deren Bedeutung im spirituellen Leben des Gemeindemitglieds nicht bewußt.

Umsonst kämpfte ich mich durch Bände von Büchern über Astrologie, Handschriftenanalyse, Wassersuche mit der Wünschelrute, Zahlenkunde, Zauberei, überlieferte Geschichten wie *Popul Vuh*, Berichte von sogenannten heiligen Männern, die ihre Errungenschaften in ihrem persönlichen Wachstum darlegten, und sogar über Astralreisen. Unzählige Büchereien gaben ihre Schätze her, als ich dem schwer faßbaren Pfad zu Gott nachjagte, doch jede Hoffnungsspur trocknete aus wie ein See, der von einem lebenspendenden Strom abgeschnitten ist.

Die Bibel bezieht sich nur vage auf den Ton und das Licht. Moses sah das Licht, als er die Schafe seines Schwiegervaters hütete. Es erschien wie eine Flamme, die aus einem Busch loderte, ohne diesen jedoch zu verbrennen. Jesus erkannte den Ton, als er zu Nikodemus, dem Pharisäer, sagte: »Der Wind bläst, wo er will, und du hörst sein Sausen wohl, aber du weißt nicht, woher er kommt und wohin er fährt«. Der Heilige Johannes nannte den Heiligen Geist »das Wort«. Dies ist die physische Manifestation des ECK. Saulus von Tarsus erblindete durch das Licht auf der Straße nach Damaskus und gewann erst drei Tage später sein Augenlicht wieder.

Der Tonstrom muß immer die Grundlage für die reinen spirituellen Werke sein, denn es sind der Ton und das Licht, welche den reinen Zustand der Gottrealisation bringen.

Die ECK-Meister des Uralten Ordens der Vairagi haben eine Reihe von spirituellen Übungen entwickelt, die einen in die Gottwelten von ECK erheben können. Darunter befinden sich drei spezielle Techniken, die in dem Buch *Spirituelle Aufzeichnungen* von Paul Twitchell aufgeführt sind. Sie funktionieren praktisch für jeden, der überhaupt ernsthaft darangeht, sich zur Selbst- und Gottrealisation hin zu entfalten. Die erste, die Surat-Technik, bringt einem die Melodie von ECK. Die zweite, die Nirat, zeigt das Licht. Die letzte Methode ist die Dhyana, denn sie bringt sowohl den Ton als auch das Licht in der Form des Mahanta, des Inneren Meisters.

Wie ist es, wenn man diese Begegnung mit dem Ton und dem Licht von ECK hat? Eine Frau erfuhr es folgendermaßen: »Seit kurzem befinde ich mich während meiner spirituellen Übungen im Zentrum eines vibrierenden ECK-Stroms, in dem reines Licht und reiner Ton übermittelt werden. Es ist wie das Frequenzband bei Fernsehkanälen. Während spirituelle Einsichten einfließen, finde ich einen neuen Standpunkt, indem ich lerne, ein reiner Kanal zu sein.«

Das Licht zum geheimen Reich Gottes kann jede Farbe des Regenbogens haben, besonders blau, gelb oder weiß. Das Licht zeigt der Seele die Fallen und Hindernisse auf Ihrer Reise heim zu Gott. Der Ton kann als Donner gehört werden, als Brandung des Meeres, als einzelner Flötenton oder sogar als das Zirpen von Grillen oder andere Töne, die in dem Buch *Spirituelle Aufzeichnungen* angeführt sind.

Ein Mann erzählte, daß er während der Kontemplation seine Aufmerksamkeit auf den Inneren Meister legte. »Ich saß aufrecht da und war bei ziemlich klarem Bewußtsein, als dies passierte«, schreibt er. »Der

Raum füllte sich mit goldenem, blauem und violettem Licht, und der Tonstrom verstärkte sich wie das Summen von Bienen und ein elektrostatisches Surren, und Er war doch anders als diese beiden.«

Bedeutet dies, daß der Initiierte in allen wachen Momenten einen ständigen Strom von himmlischem Licht und himmlischer Musik hat? Ganz und gar nicht. Es können Wochen ohne bewußte Erinnerung verstreichen, denn der Innere Meister zieht häufig den Vorhang vor das Erinnerungsvermögen, um das Gleichgewicht des Schülers aufrechtzuerhalten. Aber jedem wird versichert, daß die Gegenwart des Meisters in diesen Zeiten immer bei ihm ist.

Fubbi Quantz, ein Mönch, der später, während der Zeit von Buddha, der Mahanta, der Lebende ECK-Meister wurde, verzweifelte, als er durch die dunkle Nacht der Seele ging, weil er dachte, Gott habe ihn sicherlich vergessen. Erschöpft schleppte er sich auf einen nahegelegenen Berggipfel und empfing dort unerwartet das Licht und den Ton von Sugmad. Bei seiner Rückkehr zum Kloster bemerkten die anderen Mönche das Licht, das um seinen Kopf strahlte. Der alte Abt, der das Kloster leitete, ließ ihn tagelang in der Abgeschlossenheit seiner Zelle kontemplieren, damit er die Enthüllungen, die der Heilige Geist ihm gegeben hatte, erkennen konnte.

Die Mitte des zwanzigsten Jahrhunderts leitete eine Wiederbelebung des Mystizismus ein. Thomas Merton, ein Trappistenmönch und Autor des Buches *The Seven Storey Mountain* [Der siebenstöckige Berg], wurde von dem Licht berührt. Es gibt jedoch keinen Hinweis darauf, daß er jemals die goldene Musik Gottes gehört hat.

Der ECKist ist kein Mystiker, denn der Mystiker hat die Mentalwelten kaum hinter sich gelassen. Dort befindet sich der christliche Himmel, und der Heilige

Paulus bezog sich darauf als »der dritte Himmel.« Der Mahanta geleitet den ECKisten in die wahren Welten des Sugmad, die weit jenseits der Mentalregionen liegen, zur Seelenebene und darüber hinaus. An den reinen Welten Gottes ist nichts Kompliziertes oder Geheimnisvolles.

Der Mahanta führte den Verfasser der folgenden Zeilen zu einem Besuch in die hohen Himmel Gottes. »Ich erwachte im Traumzustand und befand mich in einer formlosen Welt aus dem sanftesten weißen Licht«, berichtete er. »Plötzlich erschien vor mir ein weißer Stern. Und als ich ihn sah, wurde mir bewußt, daß ich selbst der weiße Stern war. In diesem Augenblick floß etwas, das ein Fluß aus Licht zu sein schien, von ihm auf mich zu, und ich wurde von ihm aufgenommen. Dann wurde das Licht sehr hell und blendete...«

Die Aufgabe des Lebenden ECK-Meisters ist es, jeder Seele zu helfen, Befreiung vom Rad der Wiedergeburt zu finden. Es ist nicht notwendig bis nach dem Tod zu warten, um Freiheit zu erlangen.

Kinder gehen ziemlich ungezwungen mit ihren Erfahrungen mit dem Heiligen Geist um, obwohl ihre Erfahrungen greifbarer sind als viele von denen, die Mystikern wie Jakob Böhme, dem deutschen mystischen Schuster, zugeschrieben werden. Ein Schuljunge, der gerade lernt, sich in einem Brief auszudrücken, schrieb kürzlich: »Ich sehe Dich sehr schnell in meinen Träumen und spirituellen Übungen erscheinen. Zuerst sehe ich einen kleinen Fleck aus blau, dann wird er größer und größer bis ich in ihm bin. Dann erscheinst Du aus dem Nichts und nimmst mich irgendwohin mit.«

An jeden wahren Sucher, der für sich selbst das Licht und den Ton Gottes finden möchte, ergeht eine Einladung. Dieser Schatz ist das Geburtsrecht der Seele, das zum Reich des Himmels führt.

5

Der Ton und das Licht des Himmels

Lehrer heutiger Religionen sind unwissend, was die Natur der Seele angeht. Da ihnen die lebendige Erfahrung in den höheren Bewußtseinszuständen mittels Seelenreisen fehlt, sind sie nicht kompetent, über die goldenen Schlüssel zum Himmel, den Ton und das Licht Gottes, zu sprechen, welche die Seele zur Freiheit führen.

Aber die ECK-Meister können es.

Sie sind die wundervollen Reisenden, die das ECK, oder der Heilige Geist, ermächtigt, das spirituelle Bewußtsein der Menschen zu beleben: zunächst im Traumzustand, dann in voller Bewußtheit beim Seelenreisen — das ganz einfach die Bewußtseinserweiterung des einzelnen durch die verschiedenen Ebenen Gottes hindurch ist. Sie machen diejenigen, welche sich nach Weisheit sehnen, mit dem transzendenten Ton und Licht vertraut, den zwei Aspekten des Heiligen Geistes, die der Seele Leben und Atem geben.

Der Mahanta, der Lebende ECK-Meister, steht an der Spitze dieses spirituellen Ordens der ECK-Adepten.

Er hält nichts von Taufe, Kommunion oder Beichte als praktische Wege zum Himmel. Solche Rituale und Praktiken haben wenig Wert, wenn man nach der wahren spirituellen Freiheit strebt.

Spirituelle Reisende überqueren regelmäßig die Grenzen von Leben und Tod; sie reisen frei in den himmlischen Welten, da sie die Gesandten Gottes sind, den sie als das Sugmad kennen. Diese Meister sind ständig unterwegs und vertrauen das Geheimnis Gottes jedem an, der die Angst vor dem Tod wahrhaftig überwinden, sich wirkliches Wissen über Gott aneignen und ein auf Gott ausgerichteter Mensch werden möchte. Er muß Gott mehr lieben als die Luft, die er atmet, bevor die ECK-Meister sich ihm mit der ECK-Botschaft der spirituellen Befreiung auch nur nähern. Sie können erscheinen, wenn man es am wenigsten erwartet, jedoch immer, um einen Segen zu geben, falls man dazu bereit ist.

Eine ECKistin hatte viele wichtige spirituelle Träume, seit sie begonnen hatte ECK zu studieren. In einer Traumserie sah sie sich die Zimmer einer ein- oder manchmal einer zweistöckigen Wohnung erkunden. Sie erwachte mit dem Gefühl, daß jemand sie begleitet hatte, aber hauptsächlich wollte sie einfach nur die Bedeutung dieser sich wiederholenden Träume wissen.

Der spirituelle Reisende, der mit ihr dorthin gegangen war, sagte ihr, daß sie jetzt ihre Reise zu Gott antrete. Das Traumbild der einstöckigen Wohnung bedeutete, daß sie sich im Seelenbewußtsein auf der ersten, der physischen Ebene, aufhielt. Die zweistöckige Wohnung wies darauf hin, daß ihre Traumreisen sie jetzt auf eine höhere Ebene führten — einen Schritt näher zu Gott — zur Astralebene, welche sich direkt über der physischen Ebene befindet.

In einem anderen Traum kam ein ECK-Meister im Seelenkörper, um ihr einen Segen zu geben. Später kam er noch einmal, diesmal jedoch in seinem physischen Körper: Dies geschah, um ihre innere und äußere Bewußtheit über die Lehre von ECK zu festigen.

Sie hatte die Traumbegegnung mit diesem ECK-Meister ganz vergessen, als sie an jenem Tag in der Untergrundbahn in einer Stadt an der Ostküste der Vereinigten Staaten fuhr. Das Abteil war fast leer, bis auf einen Mann, der ihr direkt gegenübersaß, und vier Leute am äußersten Wagenende. Sie beschloß, die Zeit zu nutzen, um über Gott zu kontemplieren und schloß ihre Augen, um still HU, den heiligen Namen Gottes, zu singen. Dieses Wort erhebt die Seele zu einer Bewußtheit des Tons und des Lichts des Heiligen Geistes, des ECK. Sobald jemand mit diesen zwei Aspekten Gottes in Berührung kommt, wird er nie mehr ruhen, bevor er vollständig in das Gottbewußtsein eingetreten ist.

Als sie noch eine Station mit dem Zug zu fahren hatte, saß der Mann noch immer auf dem Platz ihr gegenüber. Sie schloß erneut ihre Augen, um HU zu singen, aber als sie sie einen Moment später wieder öffnete, war er spurlos verschwunden.

Sein seltsames Verschwinden beschäftigte sie den Rest des Tages. Spät am Nachmittag wurde ihr auf einmal klar, daß er derselbe Mann war, der ihr kürzlich in einem Traum erschienen war. In dem Traum hatte er sie mit dem uralten Segen der ECK-Meister gegrüßt.»Es möge Segen sein«, hatte er einfach gesagt, als er ihr einen Ring mit vielen Schlüsseln daran überreichte. Dies waren ihre Schlüssel zum Himmel, die ihr gegeben wurden, weil sie Gott von ganzem Herzen liebte; der heilige Name des HU war stets auf ihren Lippen.

Auch heute noch hört sie fortwährend den heiligen Ton Gottes. Sie weiß, daß Gott mit der Menschheit durch diesen Ton und das Licht kommuniziert. Die Töne des ECK sind vielfältig, aber der, den sie kürzlich hörte, war ein klickendes Geräusch, das dann zu einem Ton mittlerer Frequenz wurde, der weiter auf eine immer höhere Frequenz anstieg. Der Ton des ECK, wie auch immer man Ihn hört, hebt jeden, der das Glück hat, diese himmlische Melodie zu hören, spirituell an. Der aber ist doppelt gesegnet, der sowohl den Ton hört als auch das Licht sieht.

Ein andermal befand sie sich in der Kontemplation, und das Licht kam, um den Ton zu begleiten. Ihr Spirituelles Auge öffnete sich einem sanften, weißen Licht. Zunächst bewegte sie sich auf das Licht zu, aber dann begann das weiße Licht in riesigen Wellen in sie hineinzuströmen. Der Ton und das Licht reinigten sie von Karma, damit sie nie mehr auf die Erde in den scheinbar endlosen Kreislauf von Tod und Wiedergeburt zurückkehren müßte.

Die Reinigung durch Ton und Licht ist für die Seele der einzige Weg, in die höheren Reiche Gottes einzutreten. Daher heben die ECK-Meister diese beiden Aspekte des Heiligen Geistes so hervor. Weder die Taufe noch die Konfirmation geben der Seele die Hauptschlüssel für den wahren Himmel, der auf der Seelenebene beginnt.

In ECK wird der einzelne in den Gesetzen des Heiligen Geistes unterwiesen. Wie er dieses Wissen benutzt, entscheidet darüber, wie bald er in den beglückenden Zustand der Gott-Erleuchtung eintritt, den er erlangen kann, während er sich noch im menschlichen Körper befindet.

Ein spirituelles Gesetz, wie zum Beispiel das Gesetz des Schweigens, mag an der Oberfläche entwaffnend einfach erscheinen, jedoch wird das Maß seiner Auswirkung erst dann offensichtlich, wenn der einzelne es zu praktizieren versucht. Dieses besondere Gesetz bedeutet, daß man Schweigen über alles bewahrt, was zwischen dem spirituellen Schüler und dem Mahanta, dem Inneren Meister, geschieht, es sei denn, der Meister hat es anders verfügt. Aber die Menschen neigen dazu, solche Gesetze zu übersehen, besonders wenn die Prüfungen sich in ihrem eigenen Lebensbereich abspielen.

Ein ECK-Initiierter freute sich darüber, daß er eine Reihe von Seelenreisen-Erfahrungen in den höheren Welten Gottes hatte. Er erhaschte sogar einen kurzen Blick der Seelenebene mit ihren großen Wogen aus weißem, von sanften gelben Farbtönen durchwirktem Licht. Sein inneres Leben schien in Ordnung zu sein, doch hatte er ein äußeres Problem, das fast zu banal war, um es zu erwähnen: Nachts fraßen Rehe seinen Garten ab. Aber dieses äußere Problem stand in Beziehung zu einem Mißverständnis, wie das Gesetz des Schweigens arbeitet.

Beim Versuch, dieses Problem zu lösen, ging er in die richtige Richtung. In der Kontemplation bat er den Mahanta, mit der Reh-Wesenheit zu sprechen, die für das Wohlergehen der Rehe verantwortlich ist. Wäre es möglich, daß die Rehe ihre Mahlzeiten an einem anderen Ort einnähmen? Diese Art, das Problem handzuhaben, funktionierte tatsächlich drei Wochen lang, in denen die Rehe nicht ein einziges Mal in seinen Garten einbrachen. Aber dann beging er einen Fehler: Er erzählte einem Freund von der Hilfe des Mahanta. Sofort kehrten die Rehe in seinen Garten zurück. Er konnte nicht verstehen, warum ihm der Schutz des Meisters entzogen worden war.

Es geschah aus dem folgenden Grund: Immer wenn man den Mahanta um etwas bittet, wird ein fest zusammenhängender Ball von Ursächlichkeit in Bewegung gesetzt. Das Gewebe dieser Ursächlichkeit kann zerrissen werden, wenn diese private Verbindung jemand anderem eröffnet wird, und deshalb geht der Schutz verloren.

Wenn jemand, der Gott liebt, sich die göttliche Melodie und das himmlische Licht wünscht, so kann er HU singen. Dies ist ein spirituell aufgeladenes Wort. Der Ton und das Licht eröffnen gemeinsam der Seele den sichersten Weg nach Hause in das Reich Gottes, den wir kennen. Aber wenn man keinen Erfolg mit HU hat, kann man ein anderes Wort an seiner Stelle benutzen: Wah Z.

Die Frau in der folgenden Geschichte war neu in ECK. Sie besuchte Vorträge und Gesprächsrunden über die spirituelle Lehre, sang wie empfohlen HU, aber dies bewirkte keine bewußten Erfahrungen mit dem Ton oder dem Licht. Eine Freundin schlug ihr vor, sie solle es damit versuchen, Wah Z zu singen.

Eines Abends fühlte sie kurz vor dem Zubettgehen ein starkes Bedürfnis, Wah Z zu singen, ein Wort, von dem sie damals nicht wußte, daß es der spirituelle Name des Mahanta, des Lebenden ECK-Meisters, ist. Und als sie es sang, kam ein wundersames Gefühl des Friedens über sie; und darüber hinaus strömte ein himmlischer Ton über sie herab. Das erschreckte sie, aber sie fühlte, daß es nichts zu fürchten gab. Also entspannte sie sich, um die Musik vom Himmel zu genießen.

Ihr schien es, »als ob ein Engelschor und alle wunderbaren Töne im Universum sich miteinander vereint hätten«, um ihr zu bestätigen, daß sie nicht alleine sei. Die Musik wurde bald lauter, war in ihr und ein Teil von ihr und ließ sie wissen, daß sie sich im Heiligen Geist und in dessen Gegenwart befand. Diese Art der spirituellen Erfahrung ist in den meisten Religionen höchst ungewöhnlich außer in Berichten aus zweiter Hand über das Leben von Heiligen. Aber ECKisten sind recht vertraut mit solchen Erfahrungen mit dem Heiligen Geist, denn Eckankar ist heute sicherlich auf Erden der dynamischste und direkteste Weg zu Gott.

Der Ton wurde allmählich leiser, bis sie sich anstrengen mußte, Ihn noch zu hören, bevor Er völlig verschwand. Aber die ganze Ausstrahlung ihres Zimmers hatte sich verwandelt und sie selbst auch; Tränen der Glückseligkeit und der Freude strömten über ihr Gesicht. Von da an hungerte sie geradezu nach diesem Ton, denn Er war die Stimme Gottes, die sie nach Hause rief.

Der Ton und das Licht sind das Herz der ECK-Lehre, in denen es heißt, daß uns nur die Liebe und die Liebe allein den Schlüssel zum Himmel geben kann.

ECK ist Liebe, und Liebe ist alles.

6
Was ist eigentlich das Wort Gottes?

Laut Definition ist das Wort Gottes einfach der Tonstrom oder das ECK. Die Bibel nennt Es den Heiligen Geist.

Eine solche Definition zu geben ist einfach, aber wenige Menschen in der Welt von heute wissen wirklich, was das ECK ist oder wie Es funktioniert. An dieser Stelle übernimmt Eckankar die Führung, indem es die Grenzbereiche der spirituellen Welten erforscht. Es fungiert als Vorreiter im Bereich des Wissens über den Heiligen Geist. Nachforschungen durch den Lebenden ECK-Meister im Rahmen der Entfaltung derer, die ihr spirituelles Leben in seine Obhut geben, fügen zu dem wenigen, was die Menschheit über diese geheimnisvolle Lebenskraft, das ECK, weiß, etwas hinzu.

Das *Shariyat-Ki-Sugmad*, Buch Eins, eine der heiligen Schriften von ECK, beschreibt das ECK als die kreative primäre Kraft, die aus dem Herzen Gottes fließt. Es ist wie eine große Welle, die für immer durch alle Universen schwingt.

Ein Gottsucher muß seinen Weg zu ECK finden und den Mahanta, den Lebenden ECK-Meister, treffen. Der letztere ist fähig, den Menschen mit dem Tonstrom zu verbinden, der zur Befreiung von der Dunkelheit der Materie führt. Er bringt den Sucher zurück in das Reich Gottes.

Der Tonstrom wird als Ton gehört und als Licht gesehen. Wer immer diese erlebt, befindet sich im reinen Bewußtsein.

Im folgenden werden konkrete Fälle von Menschen berichtet, die den Ton oder das Licht erlebt haben. Aber noch ein weiterer Punkt muß erwähnt werden: Der Mahanta, der Lebende ECK-Meister, ist die Verkörperung des ECK. Durch ihn wird die Seele aus der Dunkelheit der Materie und des Verstandes in die strahlenden Welten von Licht und Ton gehoben.

Das Szenarium ist dann folgendes: Die Seele ist ein Funke Gottes. Sie ist in den niederen Welten, um Erfahrungen zu sammeln, damit sie ein Mitarbeiter Gottes wird. Um die Ketten des Karma zu zerbrechen und spirituelle Befreiung zu erlangen, muß die Seele zuerst den Mahanta finden. Er ist die lebendige Verkörperung des ECK und kann die Seele mit dem Tonstrom verbinden. Die Seele kann dann auf dieser Welle zurück nach Hause reiten, in das Herz Gottes. Danach genießt Sie die Eigenschaften von Weisheit, Macht und Freiheit. Sie kann dann Gott dienen, in welchem Aufgabenbereich es auch immer gewünscht wird.

Aber es muß einen Anfang geben. Die Reise der Seele heim zu Gott beginnt mit einer endgültigen Enttäuschung über Ihre gegenwärtige Entfaltung, die zum Stillstand gekommen ist. Daraufhin sucht Sie nach Wahrheit und gibt die alten religiösen Lehren aus Ihrer spirituellen Kindheit auf. An dieser Stelle könnte der Betreffende eine Erfahrung mit dem Tonstrom haben, die der Mahanta zu seinem Wohl gibt, um sein Spirituelles Auge zu erwecken.

Der Mahanta kann manchmal mit einem Menschen, Jahre bevor dieser Eckankar kennenlernt, in Kontakt treten. Es könnte sein, daß letzterer keine bewußte Erinnerung an den Mahanta, an Seelenreisen oder an den Ton und das Licht von ECK hat. Dieser Kontakt entsteht jedoch als Antwort auf seine Enttäuschung über alte religiöse Glaubensinhalte.

Lassen Sie uns eine typische innere Auseinandersetzung betrachten: Seit zehn Jahren war eine Frau Mitglied einer metaphysischen Religion. Während der gesamten Zeit fühlte sie sich wie in einer Sackgasse. Es schien, als habe sie die Realität so weit wie möglich erforscht, zumindest auf dieser Existenzebene. Was mit ihr nach dem Tod geschehen würde, würde sich zeigen. Vielleicht existierte nichts jenseits des Todes. Vielleicht war Religion wirklich das große Opium fürs Volk. Aber in ihrem Herzen glaubte sie nicht ganz daran.

Schließlich unternahm sie Schritte, um ihren Namen aus der Mitgliederliste der metaphysischen Kirche streichen zu lassen. All das geschah, bevor sie von Eckankar hörte.

Dann fand sie ECK. Aber es dauerte immer noch mehrere Jahre, bis sie das erste Mal wirklich den Tonstrom hörte. Es geschah bei einem ECK-Seminar in Chicago. Bis dahin hatte sie sich nicht zu der Gruppe gezählt, die Ihn jemals hören würde. Als sie den Ton Gottes in ihrem Inneren vernahm, fühlte sie Freude. In den Zwischenzeiten, als Er schwieg, fühlte sie sich leer.

Diese kurze Beschreibung ihrer Erfahrung gibt nur einen ganz geringen Hinweis auf die gewaltige Größe und majestätische Kraft des Tonstroms, der die Macht hat, das Leben eines Menschen zu verändern. Er ist eine Welle unbeschreibbaren Ausmaßes, die von

Sugmad (Gott) in die gesamte Schöpfung fließt. Er ist der Reiniger der Seele.

Das folgende Beispiel handelt von einer Frau, die den Ton viele Jahre, bevor sie der Lehre von ECK begegnete, hörte. Eines Nachts, als sie wach im Bett lag, nahm sie in ihrem Inneren einen Ton wahr, der schwer zu beschreiben war. Er klang wie ganz viele Grillen, aber auch wie viele tickende Uhren. Je mehr sie lauschte, um so lauter wurde er. Die Lautstärke nahm zu, bis er sich in ein Pfeifen verwandelte, oder besser, in einen einzelnen Flötenton. Der musikalische Klang hatte die seltsame Fähigkeit, in ihr und gleichzeitig außerhalb von ihr zu sein.

Nun begann der Ton, sie auf das Seelenreisen vorzubereiten, aber Angst hinderte sie daran, die Erfahrung fortzusetzen. Sie fühlte, wie sie im Seelenkörper nach außen schwebte. Gleichzeitig schwebte sie nach innen in die Richtung des Tons. Ihre Scheu behielt die Oberhand, und sie widersetzte sich dem Mahanta, der versuchte, sie durch Seelenreisen in einen höheren Bewußtseinszustand zu heben.

Heute wünscht sie sich, sie hätte die Erfahrung bis zu ihrem Ende fortgesetzt. Nachdem sie das Seelenreisen abgelehnt hatte, fuhr der Mahanta einfach mit anderen Mitteln fort, für ihre spirituelle Reinigung zu sorgen.

Im *Shariyat-Ki-Sugmad*, Buch Eins, steht: »Das ECK steigt in Schwingungsströmen auf und ab und bringt Leben in allen Formen hervor; es erzeugt innewohnende und angeborene Musik, die im Herzen jener Freude entstehen läßt, die die Fähigkeit besitzen, Seine Melodie zu vernehmen.«

Und weiter: »Damit kommt Freiheit, die Befreiung, die der Seele die eigentliche Essenz des Glücklichseins bringt.«

Der andere Aspekt des ECK ist das Licht. Manche Menschen haben eher mit Ihm Erfahrungen, als mit dem Ton. Es hängt ganz von der Richtung der spirituellen Entfaltung ab, der zu folgen sie sich in ihren vergangenen Leben auf der Erde entschlossen haben.

Ein dreizehnjähriger Junge erlebte das Licht Gottes auf eine außergewöhnliche Weise. Eines Nachts schoß ein Blitz an seiner linken Schulter vorbei. Der Himmel war völlig klar, daher konnte er nicht verstehen, was ihm da geschehen war. Dieser Zwischenfall ereignete sich ungefähr zu der Zeit, als er in Büchern nach einer Wahrheit zu suchen begann, die größer war als die seiner eigenen Religion.

Jahre vergingen. Eines Nachts saßen er und ein Freund aus seiner Kindheit im Freien auf einem Auto. Plötzlich erstrahlte der ganze südliche Horizont, als ob es Tag wäre. Beide saßen eine Sekunde lang fassungslos da, dann fragten sie einander: »Hast du das gesehen?« Der Mahanta war für dieses Erlebnis verantwortlich, um das Spirituelle Auge der Seele weiter zu erwecken. Niemand sonst in dieser Gegend berichtete von diesem ungewöhnlichen Phänomen himmlischen Lichts.

Nach einiger Zeit zog der junge Mann in einen anderen Staat und schloß sich der mormonischen Kirche an. Während seiner Jugend hatte er immer wieder einmal Lichtblitze gesehen, und jetzt kamen sie wieder. Er kam dem Tag, an dem er Eckankar finden würde, immer näher. Bei einer Kirchenversammlung versuchte er, den anderen das Blaue Licht, das er häufig sah, zu beschreiben: Es hatte etwa die Größe einer Vierteldollarmünze und erschien in nicht vorhersehbaren Zeitabständen. Keiner wußte, worüber er sprach, da das Licht Gottes nicht zu ihrem Erfahrungsbereich gehörte.

Ungefähr zu dieser Zeit hatte er einen lebhaften Traum, in dem ihm Simha, die Dame von ECK, erschien. Er war gerade eingeschlafen, als er sich einer blonden Frau gegenüberstehend fand. Sie trug ein langes blaues Kleid und nannte ihn ihren Sohn. Sie versicherte ihm, daß er in seiner spirituellen Entwicklung gute Fortschritte machte, aber er sollte seine Suche nach Wahrheit fortsetzen.

Was ihn überraschte, war die unglaubliche Liebe, die er in ihrer Gegenwart empfand. Sie war wie eine Woge, die über den Ozean rollte. Die Woge der Liebe war der Tonstrom, der zu ihm hinüberfloß durch die Dame von ECK. Das war vor Jahren. Seither hat der Göttliche Geist eine Veränderung in sein Leben gebracht: Hauptsächlich schwindet nach und nach die Angst. An ihrer Stelle entwickelt er eine mitfühlende und gleichzeitig losgelöste Liebe für alles Lebendige.

Liebe ist die Summe von allem. Sie ist das fehlende Element im Leben vieler Menschen, aber wenige wissen, wie sie sie finden können.

* * *

Dies sind konkrete Beispiele von Menschen, die den Ton und das Licht Gottes erfahren haben. Solche Menschen haben ein weites Verständnis des Lebens, weil sie am Wort Gottes teilgenommen haben. Obwohl viele behaupten, mit Gott zu sprechen, lernt ein ECKist, Seiner Stimme *zuzuhören.* Er ist sowohl der Beobachter *als auch* der Teilnehmer, einer, der von den lebendigen Wassern trinkt.

Die Art und Weise, wie jeder die Liebe von ECK finden kann, sind die Spirituellen Übungen von ECK. Einige stehen in *ECKANKAR — der Schlüssel zu geheimen Welten* von Paul Twitchell. Viele weitere Übungen sind in den ECK Traumkursen.

Wer immer spirituelle Freiheit wünscht, kann den Weg finden — hier und jetzt. ECK führt die Seele in die Arme Gottes.

7
Der Schatten der Wahrheit

Als ich das erste Mal mit dem Weg von ECK in Berührung kam, zutiefst enttäuscht von der kirchlichen Lehre der Erlösung, hatte ich bereits stapelweise Literatur studiert, die sich mit Religion und dem Okkulten befaßten. Mein Durst nach göttlichem Wissen war so groß geworden, daß ich meine ganze Freizeit dem Studium von Autoren widmete, die Berichte und Theorien über die inneren Welten verfaßten. Viele Informationen erwiesen sich als falsch und waren nur veröffentlicht, um dem Schriftsteller ein Einkommen zu verschaffen.

Eine weitere Prüfung von Handlesen, Astrologie, Numerologie und ähnlichem zeigte, daß sich die goldenen Juwelen spiritueller Weisheit mir noch entzogen, ein Schatz, der von Treibsand zugeweht war.

Als Eckankar in mein Leben kam, während ich bei der Luftwaffe in Japan diente, fühlte ich, wie der Atem des Göttlichen Geistes die Ströme um mich herum in Bewegung brachte. Die Seele hatte den feinen, packenden Ruf Gottes gehört und wollte heimkehren. Gab es Wahrheit in Eckankar, oder war dies ein weiterer Schatten der Wahrheit wie all die anderen religiösen Lehren, die ich mit rasendem Verstand verschlungen hatte?

Alle Wege, die nicht die aktive Teilnahme am Tonstrom lehren, sind nur Schatten der Wahrheit. Der Lebende ECK-Meister tritt still beiseite und respektiert die Entscheidung des Chela, in die niederen Welten von Tod und Wiedergeburt zurückzufallen. Doch der Meister wird die Pforten des Himmels jedem öffnen, der die Verantwortung für seine eigenen Handlungen übernimmt.

Der Kontakt mit dem Heiligen Geist wird oft nicht bemerkt, weil die Erfahrung zu alltäglich ist, zu sehr ein Teil des eigenen Seins. Vor einigen Jahren beispielsweise erzählte eine Aspirantin in einer Satsangklasse dem Arahata, daß sie das Licht nicht sehen könne. »Was siehst du denn?« fragte sie der Arahata.

«Nur so eine kleine Säule aus weißem Licht«, antwortete sie bescheiden.

Der Arahata erklärte, daß dies das ECK sei und daß jeder auf seine eigene Weise mit dem Heiligen Geist in Kontakt treten werde. Nachdem sie dies verstanden hatte, erblühte die Aspirantin wie ein Blume im Frühling, und heute dient sie als eine Höherinitiierte in ECK.

Eine Zweitinitiierte hatte ihre erste bewußte Begegnung mit einem himmlischen Wesen, als sie schon eine sehr alte Frau war. Trotz der Versuche des Lebenden ECK-Meisters ihr zu helfen, eine stabile spirituelle Grundlage zu schaffen, warf diese Erfahrung sie in die niederen Bewußtseinszustände zurück. Das himmlische Wesen von der Astralebene verkündete in einer prachtvollen Darbietung, daß das Tor zur Erlösung und zum Himmelreich allen, außer den gläubigen Christen, verschlossen sei.

Da sie nie zuvor ein Wesen von der anderen Seite des Schleiers der Illusion getroffen hatte, beugte sich die Zweitinitiierte unterwürfig vor ihm nieder. Ihre furchtsamen Schritte in die weiten Bereiche der Gottwelten dauerten so lange, bis ihr Mut versagte. Fast am Ende ihres Lebens setzte sie auf die Religion ihrer Jugend, die Lehre, die am bequemsten war. Vielleicht war diese Entscheidung gut für sie. Weder mir noch irgend jemand anderem steht es zu, das zu beurteilen.

Ein anderer Briefschreiber war enttäuscht, daß er den Inneren Meister noch nicht gesehen hatte. Während der Kontemplation jedoch waren ihm zwei aufeinanderfolgende helle Lichtblitze erschienen. Sie waren so blendend, daß sie ihn sogar für einen Moment erschreckten.

Außerdem erwähnte er noch, daß der Ton wie Glocken erklang, die einige Minuten lang läuteten und danach zu einem sehr hohen Ton wurden. Dieser Ton hatte ihn jahrelang vor Eckankar begleitet. Er konnte seine Bedeutung nicht ergründen, noch konnte ihn jemand darüber aufklären. Erst nachdem er ein ECK-Buch gelesen hatte, wußte er, wie er von dem ECK gesegnet worden war. Er erfuhr, daß er die ganze Zeit der Melodie von ECK zugehört hatte.

<u>Wenn sich das Tisra Til oder das Spirituelle Auge öffnet, dann kommen das Licht und der Ton zum Initiierten. Der Schüler trifft den Meister im Nuri Sarup, dem Lichtkörper, wenn diese beiden Aspekte des Sugmad zusammenfließen und eine einzige Form bilden. Dies ist das Dhyana, von dem in dem Buch *Spirituelle Aufzeichnungen* die Rede ist. Der Mahanta steht am Spirituellen Auge, um den negativen Gedankenstrom zu reinigen, der immer in den Verstand</u>

fließt. Daher sind die spirituellen Übungen für den Chela äußerst wichtig.

Andere Menschen finden etwas völlig anderes, wenn sich das Spirituelle Auge öffnet. Eine Bewußtheit wächst, nicht von den anderen Welten, sondern von der Liebe und dem Schutz des Mahanta, die sie umgeben wie die strahlende Wärme einer tropischen Sonne. Andere *wissen* einfach, daß ihr spirituelles Wohlergehen von der großen Hand des ECK geleitet wird.

Auf diese Weise erweckt, läßt die Seele alle Sehnsucht nach den Schatten der Wahrheit für immer hinter sich.

8
Auf der Suche nach Gott

Wir glauben gewöhnlich, daß die ECK-Meister alle Dinge sehen und wissen, ohne sie studieren oder erforschen zu müssen. Sie sind jedoch genaugenommen Wissenschaftler, welche die Welten Gottes auf den Kopf stellen, um das niemals endende Studium des spirituellen Bewußtseins zu erforschen. Alle früheren Forschungen werden genau überprüft und später in den Schriften des Shariyat-Ki-Sugmad gesammelt.

Um solche Forschungen auf den inneren Ebenen zu betreiben, schrieb sich Wah Z für zwei Religionsklassen in Askleposis, dem Astralen Zentrum für Kultur und Kunst, ein. Er wollte die mentalen Lehren der orthodoxen Religionen mit denen des Herzens, den Lehren von ECK, vergleichen.

Die erste Klasse war voll von aufgeweckten Kindern und vereinzelten Erwachsenen, die sich Gott auf neue Weise nähern wollten. Die Kinder saßen in ordentlichen Reihen an Tischen, aber die Erwachsenen saßen einfach im Schneidersitz auf dem elfenbeinfarbenen Plüschteppich und hatten ihre Bücher auf dem Boden vor sich ausgebreitet. Wah Z nahm neben den Tischen von drei zwölfjährigen Mädchen auf dem Boden Platz. An den Schläfen des Lehrers begann sich graues Haar zu zeigen; er war hager, größer als Wah Z, und er ging mit raschen, lebhaften Schritten zwischen den Tischen umher. Sein Gesicht war eher unscheinbar, aber trotzdem war er eine schillernde Persönlichkeit, die die Kinder wegen seiner Begeisterung für den Unterricht mochten.

Heute war eine besondere Lektion angesetzt: Der Lehrer sollte über Gott sprechen. Unglücklicherweise war alles, was er wußte, so viel mentaler Mischmasch — Glaube, Taufe, Kommunion, Konfirmation und Buße. Die Kinder begannen unruhig zu werden. Ihre Augen hefteten sich auf die Uhr an der Wand und beobachteten, wie der Minutenzeiger auf das Ende der Stunde zukroch. Ein erleichtertes Aufatmen war gegen Ende des Unterrichts zu hören, als ein junger Künstler den Monolog des Lehrers unterbrach, um über Kreativität bei der Suche nach Gott zu sprechen. Die Kinder mochten das, aber dann läutete die Glocke.

Die Kinder packten ihre Sachen zusammen und rannten hinaus. Einige der Erwachsenen plauderten mit dem Künstler, während Wah Z seinen Mantel, seine Schuhe, Bücher, Rucksack und seine Stifte zusammensammelte, welche im ganzen Raum verstreut waren. Der Lehrer war in Eile und wartete ungeduldig darauf, daß Wah Z aufhörte, in seinen Sachen zu kramen und den Raum verließ.

Die Religion, die er den Kindern beizubringen versucht, ist in Stücken und überall verstreut, genauso wie meine Sachen, dachte Wah Z.

Als Wah Z seine Schuhe angezogen hatte, war er spät dran für die Religiöse Doktrin, seine nächste Klasse in einem anderen Gebäude gegenüber der

Straße. Das einfache, elegante alte Gebäude glich dem Weißen Haus von den USA, aber es lag in einem Park und war von einem Hain von Bäumen geschützt. Zwei riesige Eingangstüren, wie Türen von Kathedralen, ließen ihn klein erscheinen, aber die auf der rechten Seite ging leicht auf.

Die Einrichtung war in gebrochenem Weiß gehalten. Ein Meer von Studenten strömte in alle Richtungen auf Klassenräume zu, welche um das Foyer herum lagen. Auf der linken Seite führte eine Treppe zu einem Zwischengeschoß mit niedriger Decke hinauf, wo weitere Studenten ihren Klassen zustrebten. Zur rechten und zur linken des Hauptfoyers verliefen im Erdgeschoß Gänge, die Klassenzimmer in anderen Flügeln dieses gigantischen Gebäudes vermuten ließen.

Einen Augenblick lang beobachtete Wah Z das organisierte Chaos. Eine Glocke läutete, und das letzte Rinnsal von Studenten verflüchtigte sich in diese Höhlen religiöser Erziehung. Ein Nachzügler kam ins Foyer geeilt, und Wah Z fragte ihn nach dem Weg. Der Student führte Wah Z zu einer Wand hinter der Treppe, drückte auf ein Ornament, das wie ein goldener Adler geformt war, und hinter einer Schiebetüre tat sich ein verborgenes Treppenhaus auf.

»Die Klasse von Plass ist dort oben«, sagte der Student und eilte weiter zu seiner Klasse.

Wah Z stieg die Treppen zu einem geräumigen Klassenraum hinauf, der im gleichen gebrochenen Weiß gehalten war wie unten. Dieser Raum war eine Miniaturausführung des Hauptfoyers, von dessen Zentrum kleine Klassenräume abzweigten. Es war der Raum für die Klasse der fortgeschrittenen Studenten von Plass.

Dies war ein Priesterseminar: ein Student mußte zwei Jahre lang Religionsklassen absolvieren, bevor er als Gemeindepfarrer in die Praxis ging. Wie interessant, religiöse Missionszentren auf der Astralebene so wie auf der Erde zu finden! Man möchte es nicht glauben, aber viele Menschen, die auf der Erde sterben und zur Astralebene gehen, unterstützen weiterhin den Glauben, den sie auf der Erde hatten.

Glücklicherweise war es der erste Tag eines neuen Schulabschnittes, und die Klasse war noch dabei, sich einzurichten. Studenten plauderten, während Plass hin und her eilte, um Lehrmaterialien aus einem Nebenraum zu holen. Plass war bekannt dafür, Leute, die zu spät kamen, zu schelten, und so war Wah Z erleichtert, daß sein spätes Eintreten unbemerkt geblieben war. Er setzte sich schnell auf einen Platz in der zweiten Reihe und breitete seine Bücher, Papiere, Stifte, Blöcke und seinen Mantel auf und um seinen Tisch herum aus. Sein Magen schmerzte, als er daran dachte, zwei Jahre dieses stark strukturierten Studiums der Religion durchhalten zu müssen.

Wah Z konnte nicht anders, als diese mentalisierte Religion mit den reinen, einfachen Lehren von ECK zu vergleichen, welche zeigen, daß die Entfaltung der Seele von dem Ton und Licht Gottes abhängt. So einfach ist das, dachte er.

Als Plass wieder den Raum betrat, erklärte Wah Z gerade den Klassenkameraden, die in seiner Nähe saßen, begeistert die Einfachheit von ECK. »Ich werde Plass von ECK erzählen«, sagte er. Ihre Gesichter wurden weiß; Plass könnte die Ketzerei vielleicht niederbrüllen.

Wah Z stopfte die Bücher und Sachen wieder in seine Tasche und ging zu Professor Plass, um an der Seite des Raumes mit ihm zu sprechen. Die anderen Studenten schenkten ihnen wenig Aufmerksamkeit.

»Dieses ganze Studium der Religion hat nichts mit Gott zu tun, nur mit dem Verstand«, sagte Wah Z. »Der Verstand kann niemals jemanden zu Gott führen.«

Plass, der einen Ketzer im Klassenzimmer erahnte, warf Wah Z einen kritischen Blick über den Rand seiner Brille zu. »Ist das so?« sagte er scharf. »Was *ist* dann wichtig?«

»Nur der Ton und das Licht Gottes.«

Plass bewegte sich weiterhin umher, jedoch jetzt langsamer, aber er ordnete noch immer Tafeln und Notizen auf seinem Tisch. »Hat der ›Ton‹ einen Klang?« fragte er verächtlich.

»Viele«, sagte Wah Z. »Zum Beispiel das Zwitschern von Vögeln.«

»Ach wirklich?«

»Nun«, sagte Wah Z, »vielleicht ist *Zwitschern* nicht das inspirierendste Beispiel, aber wie wäre es mit dem Klang von Glocken?«

»Glocken?« fragte Plass mit leerem Komikerblick.

»Nun«, räumte Wah Z ein, »*bimbam* ist es auch nicht so ganz — Sie müßten es selbst hören.«

»Gibt es noch irgend etwas, junger Mann? Ich muß mit dem Unterricht weitermachen.«

Wah Z war still, dann sagte er: »Es *gibt* da den Klang des HU; jeder kennt HU.« Und er begann das HU zu singen.

Von diesem unwiderstehlichen musikalischen Ton Gottes berührt, begannen alle Studenten in allen Klassenzimmern das HU mit ihm zu singen. Der Klang des HU erfüllte das gesamte Gebäude, in allen Stockwerken, in jeder Ecke. Der Professor war verblüfft von dem reichen, schwingenden Ton, der jeden Teil von ihm mit heiterer Gelassenheit umhüllte; er stand still da, gedankenverloren. Die süße Musik des HU fuhr fort zu steigen und zu fallen wie eine riesige Welle im Ozean; ihre Wirkung war jenseits aller Worte.

Wah Z hörte auf zu singen, und all die anderen hörten ebenfalls auf; der Raum wurde still, als die Studenten sich wieder ihren Büchern zuwandten. Wah Z klemmte die Bücher, die nicht in seine Tasche paßten, unter den Arm und ging auf die Türe zu. Wozu braucht jemand auf der Suche nach Gott die toten Religionen des Verstandes?

Aber er hielt inne, um an der Seite des Raumes leise zu Plass zu sprechen. »Dieses religiöse Studium, das Sie lehren, ist für einen Wahrheitssucher ohne Bedeutung«, sagte Wah Z.

»Möchten Sie denn, daß ich aufhöre, religiöse Philosophie und Dogma zu lehren?« fragte Plass, wobei er an seinen Broterwerb dachte.

Wah Z runzelte die Stirn. »Nein«, erwiderte er langsam. »Das wäre auch nicht gut. Diese Studenten brauchen jemand, der ihnen dieses Wissen vermittelt; ohne es würden sie einen Schritt versäumen und ihre Reise heim zu Gott verzögern.«

Der erregte alte Professor schaute zweifelnd über den Rand seiner Brille. Er kannte Wah Z nicht als den Mahanta, sondern dachte, er sei ein verärgerter Student, der die Kirche zu verlassen plante, also sagte er: »Sind Sie sicher, daß Sie so etwas Voreiliges tun wollen? Denken Sie an Ihren Erlöser.«

»Leere Doktrinen sind keine Nahrung für die Seele«, sagte Wah Z sanft. »Ich bin frei; gebt mir das Lied Gottes, das heilige HU. Die Seele beugt sich unter der Last von Büchern, aber Ton und Licht erhalten mich.«

Der Professor dachte darüber nach, als Wah Z — der Vertreter des Sugmad — den Raum verließ.

9
Der erleuchtete Zustand

Die Suche nach Wahrheit erfordert eine Sehnsucht, frei zu sein vom menschlichen Bewußtsein, und ein Verlangen nach dem erleuchteten Zustand der Gottbewußtheit.

Die Seele kam auf Gottes Befehl hin in die Welt, um Seine Gärten aus lebenden Dingen zu pflegen. Aber zu Anfang war die Seele ein unreifes, selbstsüchtiges Wesen, das sich endlos im Spiegel der Eitelkeit putzte. Daher bestimmte Gott, daß die Seele so lange kein Mitarbeiter in Seinen Gärten sein könnte, bis Sie Liebe erlangt und die Geistesverwirrung des menschlichen Bewußtseins überwunden hätte.

Kahlil Gibran — der libanesische Dichter, Philosoph und Künstler aus dem frühen zwanzigsten Jahrhundert — stellte einmal das menschliche Bewußtsein dem erleuchteten Zustand gegenüber. In »Der weise König« (aus: *Der Narr*) erzählt er von einer Stadt, die von einem weisen und mächtigen König regiert wurde. In dieser Stadt befand sich ein Brunnen mit kühlem, erfrischendem Wasser, aus dem die ganze Bevölkerung trank. Selbst der König und sein Hofstaat kamen dorthin, um Wasser zu trinken, weil es der einzige Brunnen an dem Ort war.

Eines Nachts schlich sich eine Hexe in die Stadt und goß eine seltsame Flüssigkeit in den Brunnen. »Wer dieses Wasser trinkt, soll von Stund' an verrückt werden«, schrie sie mit einem teuflischen Lachen. Es geschah tatsächlich, wie sie sagte. Die ganze Bevölkerung, der König und sein Kanzler ausgenommen, kam am nächsten Morgen, um Wasser zu trinken, und wurde völlig verrückt. Den ganzen Tag über flüsterten die Leute auf dem Marktplatz einander zu: »Der König ist verrückt. Unser König und sein Kanzler haben den Verstand verloren. Natürlich können wir nicht von einem verrückten König regiert werden. Wir müssen ihn absetzen.«

Der König bekam Wind von der Revolte und bestellte an diesem Abend einen Becher voll mit dem vergifteten Wasser. Sowohl er als auch sein Kanzler tranken einen kräftigen Schluck aus dem Becher, und die Bevölkerung jubelte, weil der König und sein Kanzler »ihren Verstand wiedererlangt hatten«.

So wie diese Menschen war die Seele rein gewesen, bevor Sie von dem vergifteten Brunnen des menschlichen Bewußtseins getrunken hatte, aber danach trennte Sie Sich ab von den heiligen Wassern des ECK, des Heiligen Geistes.

Der König hätte den Becher zurückweisen können, aber ihm lag an der Wertschätzung seines Volkes, und daher wurde er verrückt wie sie. Er opferte den erleuchteten Zustand einem materiellen Thron, genauso wie Esau einst sein Erstgeburtsrecht an seinen Bruder Jakob für eine einfache Mahlzeit aus Brot und Linsensuppe verkauft hatte.

Eine Hauptlehre von ECK lautet, daß die Seele existiert, weil Gott Sie liebt. Das Problem besteht darin, daß kaum jemand sich dessen voll bewußt ist, ausgenommen der erleuchtete Mensch. Entzündet vom heiligen Feuer des ECK, gibt ihm seine alles verzehrende Liebe zu Gott spirituelle Freiheit. Durch seine Existenz allein demonstriert er Liebe und wird in den Orden der Vairagi-Adepten aufgenommen.

William Blake, der englische mystische Dichter, zollte dem erleuchteten Zustand der Liebe in dem folgenden kleinen Gedicht Tribut:

Liebe ist für Fehler immer blind,
Stets ist sie auf Freude eingestimmt.
Schwebend, ohn' Gesetz und Grenzen frei
Sprengt sie alle Ketten im Verstand entzwei.

Der Erleuchtete kümmert sich wenig um die Fehler anderer, weil er in ihnen das Gotteslicht sieht. Durch keinerlei Konvention gebunden, ist sein Herz frei; er tanzt leicht beschwingt im Wind vom Himmel.

Der Wind vom Himmel ist das ECK, der Heilige Geist. Die Wellenlängen aller lebenden Dinge sind in diesem heiligen Wort Gottes enthalten, welches als Ton gehört und als Licht gesehen wird und das den ganzen Raum ausfüllt. Und nur jene im erleuchteten Zustand können Es sehen und hören. Das ist die Nahrung Gottes, Manna vom Himmel, aber wie selten wird es in den orthodoxen Kirchen gekostet?

Vor mehreren Jahren bezog die katholische Kirche Stellung gegen religiöse Kulte. Beunruhigt darüber, daß sowohl christliche als auch nichtchristliche Gruppen Katholiken zu ihrem Glauben bekehrten, erstellte der Vatikan eine Studie, um herauszufinden, warum die Sekten erfolgreich waren. Erste Schlußfolgerungen lauteten, daß einige Gruppen Gehirnwäschen, sexuelle

Verführungen, Geldgeschenke oder Versprechen auf körperliche Heilungen einsetzten, um Anhänger zu gewinnen. Aber die Kirche suchte in der falschen Richtung. Nicht das, was die anderen Gruppen anboten, kostete die Kirche ihre Anhänger, sondern das, was die Kirche selbst nicht bietet.

Jedenfalls wurde Eckankar, das den Menschen das Königreich des Himmels durch das Licht und den Ton anbietet, nicht erwähnt.

Die christliche Kirche versagt, indem sie nicht mehr die Grundlagen der Spiritualität — den Ton und das Licht — lehrt. Die Menschen spüren dies und gehen freiwillig zu anderen Gruppen in der Hoffnung, einen undefinierten spirituellen Hunger zu stillen.

Warum ist ECK so anders? Es bringt vielen eine völlige spirituelle Kehrtwendung; ob sich dies aber gut oder schlecht auswirkt, hängt vom einzelnen ab. Wenn er es möchte, erneuert ihn das ECK, denn Wahrheit ist die Sonne, die seine Welt erleuchtet, und nie wieder ist er derselbe. Aber jene, die das ECK fürchten, sind mit alten Traditionen besser bedient.

Die Vairagi-Adepten wissen, daß der Heilige Geist nicht durch die Taufe mit Wasser empfangen wird. Im Neuen Testament erfuhren die Apostel in Jerusalem, daß Samaria die neue christliche Religion angenommen hatte. Obwohl die Samariter im Namen Jesu getauft worden waren, war der Heilige Geist noch nicht über sie gekommen. Die Apostel mußten schließlich Petrus und Johannes schicken, um für sie zu beten, und die Samariter empfingen dann den Heiligen Geist durch Handauflegung.

In ECK gibt es keine Taufe mit Wasser. Der einzelne wird direkt mit dem Heiligen Geist durch den Ritus der Initiation verbunden. Er singt HU, einen heiligen Namen für Gott, der ihn näher zum Heiligen

Geist bringt. Die Musik des Wortes summt ständig um ihn und in ihm, aber der Mensch hört sie oft nicht; seine Aufmerksamkeit ist materiellen Dingen zugewandt. Aber wer auch immer das heilige Wort hört, ist niemals weit von Gott entfernt.

Die Seele wird schließlich all jener Probleme überdrüssig, die Ihre Augen und Ohren unempfindlich für Gott machen. Jetzt sehnt Sie sich danach, den Heiligen Ton zu hören, der Sie in den erleuchteten Zustand des Himmels anheben kann.

Ist HU etwas für Sie? Dann müssen Sie allein Es finden.

10
Was ist Wahrheit?

Pontius Pilatus stellte Jesus vor nahezu zweitausend Jahren diese Frage:»Was ist Wahrheit?« Wie auch immer die Antwort lautete, sie genügte Pilatus, um den anklagenden Juden zu verkünden:»Ich finde keinerlei Fehl an ihm.«

Im wesentlichen dieselbe Frage wurde mir im vergangenen Monat von einem Initiierten gestellt. Er wurde von Gedanken beunruhigt, daß die ECK-Meister von Paul Twitchell in seinen Schriften nur als eine Art Tarnung erfunden worden seien.

Pilatus' Frage an Jesus wird bis ans Ende der Zeit wiederholt werden.

Es gibt keine Autorität, die eine passende Antwort geben kann, außer dem Inneren Meister. Hier ist der Brief, den ich an den Initiierten schrieb:

* * *

Deine Fragen zu der Gültigkeit der ECK-Lehre sind aufrichtig, und ich respektiere, daß Du begierig bist, die Wahrheit zu der ganzen Angelegenheit zu erfahren. Sich auf die grundlegenden Elemente vom

Sinn und Zweck des Lebens hier zurückzubesinnen, ist etwas, das für Dich zur zweiten Natur geworden ist — die Erde ist eine Schulklasse, das zur spirituellen Reife der Seele führt. Wenn Deren Erziehung abgeschlossen ist, muß Sie für Sich Selbst entscheiden, was in den Bereich der zeitlosen Wahrheit gehört und was nur ein Vorwand ist — ein Schatten der Wahrheit.

Zunächst wird alle Wahrheit jedem enthüllt, der sie sich verdient hat. Außerdem kann man nur so viel von der Wahrheit begreifen, wie man sich selbst dafür vorbereitet hat — durch die eine oder andere Disziplin. Alles, was über das eigene Fassungsvermögen hinausgeht, übersteigt das Maß des Verstandes und geht verloren.

Normalerweise ist sich der Sucher der Wahrheit, die in seiner unmittelbaren Reichweite liegt, nicht bewußt, weil sein begrenztes Vorstellungsvermögen nur die harten Realitäten innerhalb seiner begrenzten Sicht erfassen kann. Daran ist nichts Falsches. Es gibt immer einen weiteren Schritt zur Wahrheit.

Das bedeutet, ganz gleich, wieviel Einsicht wir über Gott gewinnen, es wird immer etwas geben, das jenseits des Horizonts unseres Verständnisses liegt. Das ist einfach die Natur der Wahrheit.

Deshalb verstehen wir, was wir verstehen, und sind hinsichtlich des übrigen Wissens, der Weisheit und des Verständnisses verwirrt oder unwissend. Wie können wir wissen, was wir nicht wissen? Dies klingt, als spreche man im Kreise, und es ist so, denn der Verstand kann nicht weiter gehen und fällt dann auf sich selbst zurück. Die Heimat der Seele ist nur mit Wesen von reiner spiritueller Natur bevölkert; der Verstand wird zurückgelassen.

Wie steht es mit Schriften, die die Authentizität

von Eckankar angreifen?

Seltsamerweise verlangt die Struktur der negativen Welten, daß die Wahrheit von allen Seiten mit Steinen beworfen wird. Für jeden Abschnitt der Wahrheit auf Erden muß es einen Widerpart geben, weil sie sonst unterhalb der Fünften Ebene oder Seelenebene nicht existieren könnte.

Alles hier unten in den spirito-materiellen Welten erfordert zum Überleben die Balance seines Gegenteils. Das Rätsel all dessen ist, daß die Seele die Bedeutung der Negativen Kraft als Erzieher oder Lehrer anerkennt, aber dennoch strebt Sie danach, sich über jede Art von Beschränkungen in spirituellen Dingen zu erheben.

Eckankar wird immer Gegner haben, da dies ein Teil der erzieherischen Einrichtung hier ist.

Dasselbe galt für das Christentum während der ersten beiden Jahrhunderte nach Christus. In dieser Zeit wurden die unbeweglichen Doktrinen entwickelt, die heute die christliche Lehre bilden. Der Kampf ging damals darum, die Gnostiker, die Mystiker, die glaubten, daß die Segnungen des Heiligen Geistes aus der inneren Offenbarung kamen, in Verruf und unter Kontrolle zu bringen.

Dies stand im Widerspruch zu den Anhängern der apostolischen Tradition, der Priesterschaft, die als ihre Autorität die Gallionsfigur des Heiligen Petrus geltend machte. Wie immer: Macht macht Recht. Der erbitterte Kampf, der damals zwischen den innerlich und äußerlich gelenkten Kräften im frühen Christentum stattfand, wird heute als die Quelle der wahren Kirche anerkannt. Aber keine der beiden Seiten erkennt, daß sie die andere zum Überleben braucht.

Der entscheidende Punkt bei jedem Heiligen oder jeder Lehre ist folgender: Kann dies irgend jemanden zu dem Licht und Ton Gottes führen? Geschriebene Worte stammen von einem Ort, der nicht höher als die Mentalebene liegt, weil diese die Quelle des Alphabets, der Symbole und Gedanken ist. Die Essenz Gottes, das ECK, ist an diesem Punkt gerade erst von den darüber liegenden unbeschreiblichen Welten Gottes in das Reich der Negativität eingedrungen.

Im Laufe der Zeit kommt immer mehr Information über ECKisten heraus, die davon berichtet haben, daß sie ECK-Meister wie Rebazar Tarzs getroffen haben, sogar schon bevor sie von Eckankar hörten. Es ist häufig so, daß Menschen einem ECK-Meister begegnen, sogar Jahre bevor der spirituelle Führer sein eigenes Training zur Meisterschaft vollendet hat.

Diese Geschichten werden im Laufe der kommenden Jahre in der ECK-Lehre herausgebracht. Aber es ist interessant, jene, die einen Beweis für die Existenz der ECK-Meister verlangen, in derselben Lage vorzufinden, in der sich die Zentralfigur in dem Buch *Die Morgenlandfahrt* von Hermann Hesse befand.

Hesse traf selbst einmal diese großen Wesen der Bruderschaft, die er *den Bund* nannte, dann aber verlor er den Kontakt zu ihnen. Jahrelang wanderte er ziellos umher und bemühte sich vergeblich, seine Mission zu vollenden, über sie zu schreiben, ohne ihre Geheimnisse zu enthüllen.

Schließlich traf er sie tatsächlich wieder und seine Zweifel über ihre Authentizität fielen ab wie ein böser Traum. Sie waren die ganze Zeit um ihn herum gewesen, waren ihren Aufgaben nachgegangen und hatten sich nicht im geringsten darum gekümmert, wie sich seine Zweifel auf ihren Seinszustand auswirken würden. Sie brauchten seine Unsicherheiten und Zweifel nicht für ihr Überleben und Wohlbefinden.

* * *

Kritik am Weg von ECK ist ein Test, der den Zweifler nur auf die Probe stellt. Das Endergebnis ist, daß er zu seiner eigenen Übereinkunft mit dem Göttlichen ECK gelangen muß.

Dies ist das Gesetz der Welten!

11
Eckankar, die Religion des neuen Zeitalters

Jahrelang haben wir uns große Mühe gegeben, in einem Atemzug zu sagen, wir seien eine spirituelle Lehre aber keine Religion. Eckankar ist aber tatsächlich die Religion des neuen Zeitalters. Das ECK Selbst ist natürlich keine Religion, denn Es ist der Hörbare Lebensstrom. Aber wenn »ECK« anstelle von Eckankar gebraucht wird, dann können wir es sehr wohl die neue Religion dieses Zeitalters nennen.

Ein Punkt, mit dem sich viele ECK-Initiierte noch immer auseinandersetzen müssen, ist die Frage, wie sich Eckankar von allen anderen Religionen unterscheidet. Sicherlich ist es nicht eine orthodoxe Religion, obwohl es eine Religion ist.

Das *Shariyat-Ki-Sugmad*, Buch Eins, gibt einen interessanten Kommentar zu der Beziehung zwischen den Hauptreligionen und dem Gottmenschen, dem Lebenden ECK-Meister. Diese beiden stehen nicht in krasser Opposition zueinander, wie mentale Puristen in ECK gerne glauben würden.

Im *Shariyat* steht: »Schließlich wird er (der Mensch)

lernen, daß alle bisher in der Welt etablierten Religionen ihren Ursprung im Gottmenschen, dem Lebenden ECK-Meister, haben, der in diese Welt kommt, unter den Menschen lebt und alle Schritte zum Reich Gottes lenkt. Jede Religion in dieser Welt ist ein lebendes Zeugnis für diese heilige Wahrheit.«

Es besteht ganz klar ein enges Band zwischen dem Gottmenschen und den Religionen der Welt. In der Tat sieht das *Shariyat* den Gottmenschen der jeweiligen Zeit als denjenigen an, der jede von ihnen begründet hat. Er ließ eine neue Religion aus der warmen Asche sich auflösender Religionen entstehen, welche die ursprüngliche ECK-Lehre von Licht und Ton verloren hatten. Das Licht dieser Religionen war schwach geworden und erloschen, und so konnten sie ihren Mitgliedern nicht länger dienen.

Folglich müssen wir eine Unterscheidung treffen zwischen Eckankar, der Religion des neuen Zeitalters, und den herkömmlichen, veralteten Religionen.

Jede Religion, und das schließt Eckankar mit ein, hat einen Kern von Glaubenssätzen, an dem sie als Wahrheit festhält. Diese sind ihre Doktrinen, und diese Doktrinen als Ganzes werden ihr Dogma genannt. Dogma ist nur ein Wort, das benützt wird, um sich auf das Glaubenssystem einer Gruppe zu beziehen.

Die Doktrinen, welche die äußeren Werke von Eckankar ausmachen, werden im *Shariyat-Ki-Sugmad* enthüllt. Ihre Quelle ist der Ton und das Licht von ECK, aber sie kommen indirekt zu uns. Der Ton und das Licht werden erst als Energie heruntertransformiert, und nehmen dann als die heiligen Werke des *Shariyat-Ki-Sugmad* Gestalt an, die in den Tempeln der Goldenen Weisheit auf jeder Ebene Gottes existieren. Durch diesen göttlichen Plan, die Lehren von ECK überall verfügbar zu machen, kann jeder Sucher die höheren Lehren finden, ganz gleich, wo er spirituell steht.

Eckankar trägt als einzige von allen Religionen das größte Ausmaß an Ton und Licht in sich, denn seine Doktrinen kommen direkt von dem ECK.

Paul Twitchell betonte nicht immer besonders das Wort »orthodox«, wenn er über Religionen sprach, aber eben das meinte er. Wenn er vom Versagen der Religion spricht, spricht er vom Versagen der *orthodoxen* Religion. Denken Sie daran, worüber das *Shariyat*, wie oben erwähnt, sprach: Der Ursprung aller etablierten Religionen liegt im Gottmenschen, dem Lebenden ECK-Meister.

Jene, die Gottrealisation erlangt haben, brauchen keine Religion, auch nicht Eckankar. Aber der Weg von ECK ist eine Brücke, um der Menschheit zu helfen, sich vom menschlichen Zustand zur Gottesebene hin zu entfalten. Eckankar ist ein Instrument Gottes, das eigens für die spirituelle Befreiung der Menschheit geschaffen wurde — ein äußerst bedeutender Schritt in der Evolution der Seele.

Eckankar ist die Religion des neuen Zeitalters. Als solche umfaßt sie einen Kern von Prinzipien, die ihre Doktrinen sind. Jene, die sagen, es gebe keine Doktrinen in ECK, haben unrecht. Das *Shariyat* spricht von »der Doktrin von ECK«, ganz zu schweigen von den Doktrinen von Ursache und Wirkung, vom ECK-Marg und von der Befreiung.

Paul Twitchell berichtet in dem Buch *Spirituelle Aufzeichnungen* wie das ECK der Menschheit erscheinen kann: »Manchen Menschen wird das ECK als Spiritualismus erscheinen, anderen als eine Art von Kult und wieder anderen als äußerst komplexes religiöses System wie der buddhistische oder der katholische Glaube. ECK nutzt jede Ihm verfügbare Öffnung, sei es nun ein einzelner oder ein kollektiver Bewußtseinszustand. Äußerlich tritt ECK in der Verpackung von Ritualen, eleganten Redewendungen und Äußerungen der Gründer auf. Eine nähere Überprüfung wird jedoch zeigen, daß ECK in den Schriften und der heiligen Literatur der religiösen Systeme der Welt verborgen ist.«

Achten Sie darauf, wie Paul ganz einfach die Tatsache akzeptiert, daß das ECK die spirituellen Bedürfnisse *aller* Menschen befriedigt. Alle werden von ECK das erhalten, was sie brauchen. Der Mahanta bereitet der Seele immer einen Weg in höhere spirituelle Zustände, und so kann jede Religion das richtige Mittel zur Entfaltung sein, wenn sie die Bedürfnisse der Menschen, die ihr folgen, befriedigen kann.

Also kommen wir zu Eckankar zurück, der Religion des neuen Zeitalters. Wir sehen, daß ihre Lehren auch als Doktrinen bezeichnet werden, von denen einige oben angegeben wurden. *Doktrinen* bedeutet ganz einfach jedes System von Wissen, das gelehrt wird. An diesem Wort haftet nichts Mysteriöses. Viele spirituelle Dinge werden in ECK gelehrt, und wenn wir Seine Lehren, Prinzipien oder Doktrinen in ihrer Gesamtheit betrachten, dann werden sie das Dogma von ECK genannt. Dies bedeutet das System von Doktrinen, welche die äußeren Lehren bilden. Die vier Prinzipien (Leitsätze) von Eckankar sind beispielsweise Teil seines Dogmas:

»1. Es gibt nur einen Gott und Seine Realität ist das Sugmad.

2. Der Mahanta, der Lebende ECK-Meister ist der Botschafter des Sugmad in allen Welten, seien sie materiell, psychisch oder spirituell.

3. Den Gläubigen, jenen, die den Werken von ECK folgen, werden alle Segnungen und Reichtümer des himmlischen Reiches gegeben werden.

4. Das *Shariyat-Ki-Sugmad* ist das heilige Buch derer, die Eckankar folgen, und es soll keines über ihm geben.«

Diese und andere Darstellungen von Prinzipien und Glaubenssätzen bilden die Doktrinen und, kollektiv gesehen, das Dogma von ECK.

Im großen und ganzen sind orthodoxe Religionen spirituell schwach, weil sich ihr Klerus für seine Autorität auf moralische Gesetze und geschriebene Bücher stützen muß. Mit Eckankar finden wir die Balance zwischen den Lehren des Verstandes und den Lehren des Herzens: das Äußere und das Innere. Die äußeren und inneren Lehren machen den Unterschied zwischen ECK und gewöhnlichen Glaubensrichtungen aus. Die Lehren von ECK leuchten voller Leben, weil der Gottmensch, der Lebende ECK-Meister, sowohl der Äußere als auch der Innere Meister ist. Er übernimmt es, allen Suchern zu zeigen, wie sie sich dem Ton und Licht Gottes öffnen können. Und somit ist ECK ein lebendiger Weg.

Und doch ist ein Christ, der das Gesetz der Rechtschaffenheit lebt, einem Chela weit überlegen, der sich mit anderen Chelas auf nutzlose Diskussionen einläßt, ob es in Eckankar nun ein Dogma gibt oder nicht. Obwohl wir uns letztlich auf einem Weg befinden, der sich auf die innere Realität der Wahrheit konzentriert, brauchen wir doch den äußeren Ausdruck der Wahrheit, während wir in einem menschlichen Körper sind.

Jeder, der die innere Führung des Mahanta wahrhaft akzeptiert, wird wenig Schwierigkeiten haben, ihn zu verstehen. So ein Mensch erfreut sich eines reichen spirituellen Lebens, und er ist ein Leuchtturm für andere, damit sie ihren Weg zu Gott finden.

Jemand, dessen Glaube an ECK leicht durch Dinge erschüttert wird, die nicht von Dauer sind, wird in diesem Leben niemals die wundervollen Lehren des Herzens realisieren. Er mag vage an Eckankar festhalten, aber er wird mit seiner scharfen Zunge immer im Hintergrund stehen und vergeblich zu verstehen versuchen, was es mit ECK wirklich auf sich hat.

Und doch ist auch für ihn Platz. Eckankar, die Religion des neuen Zeitalters, ist ein Weg für alle.

12
Stürme der Prüfung

Die Wolken sind also aufgebrochen und der tosende Sturm hat begonnen. Dieses Kapitel ist ein Überblick über die grundlegenden Bereiche des spirituellen Wachstums, die Sie kennen müssen, wenn Sie auf diesem einzigartigen Weg von Eckankar weiterkommen wollen.

Eckankar ist hier, um zu bleiben. In Auseinandersetzung geboren, läßt seine Zukunft noch steinigeres Gelände ahnen. Im Keim liegt seine Bestimmung darin, während dieses Lebenszyklus eine spirituelle Hauptlehre zu werden. Aber diese Möglichkeit bleibt noch abzuwarten.

Die Zukunft zeigt, daß noch mehr Prüfungen und Sorgen kommen werden und die Halbherzigen sollten einen anderen Weg zu Gott finden. Die Verbindung zwischen der inneren und äußeren Lehre bedeutet, daß die Seele durch die Härte der Prüfungen im Physischen, die sie vom Baum des Lebens herabzuschütteln versuchen, gestärkt und ermutigt wird.

Diejenigen von Ihnen, die einem anderen Weg folgen möchten, haben mein Wohlwollen. Das ECK hat so viele Straßen zu Sich Selbst geschaffen, wie Sternbilder nachts die Himmel erleuchten. Jeder Weg ist so wertvoll wie ein anderer, denn der Hörbare Lebensstrom macht keinen Unterschied, wenn er der Seele Seine tiefe, unparteiische Liebe schenkt. Eckankar wird weiterhin als der direkteste Weg zu den himmlischen Welten des Sugmad angeboten.

Der Lebende ECK-Meister ist ein Freund in den harten Zeiten. Seine Aufgabe ist nicht Unterhaltung, sondern er arbeitet daran, die Zehnte Türe des Initiierten, das Tor zum Himmel, zu öffnen. Er öffnet die Türe zu jeder größeren Stufe im Bewußtsein, wie zum Beispiel zu der Stufe des kosmischen Bewußtseins, der ECKshar-Stufe, der Stufe der Spirituellen Realisation und des Gottbewußtseins. Die Türe wird geöffnet, aber die Seele muß hindurchgehen.

Aktuelle Ereignisse werfen eine gute Frage auf: Ist dies der Weg für mich? Vielleicht ist er es nicht. Niemand wird Sie vom Weg Ihrer Wahl abhalten. Jedem Mitglied, das gehen möchte, wäre ich dankbar für eine Mitteilung seiner Absicht, aus Eckankar auszutreten. Sie sind frei, in Frieden zu gehen.

Niemand muß irgendetwas hinsichtlich seiner Beziehung zu Gott auf die Autorität eines anderen hin akzeptieren. Es muß alles ihm selbst überlassen sein. Der Mahanta, der Lebende ECK-Meister, nimmt Leiden auf sich und kümmert sich im Geheimen um das spirituelle Wohlergehen seiner Lieben. Aber seine Anteilnahme ist ihnen weitgehend unbekannt.

Die trivialen Dinge, die sozialen Annehmlichkeiten, binden uns an die Astralebene. Der Lebende ECK-Meister durchschneidet alle oberflächlichen Anliegen des Gottsuchers, aber der Sucher tadelt in

Unwissenheit den Meister dafür, daß er seine endlosen Wünsche so langsam erfüllt. Der Mahanta beobachtet und wartet auf ein Zeichen des Erkennens von seiten des Chela, der schließlich einen Schimmer des ECK-Lichtes im Gesicht eines Mitmenschen erhascht.

Eine Krise ist eine verkleidete Chance. In den Falten jeder Niederlage ist eine Lösung verborgen. Ganz gleich, was uns ins Gesicht geschleudert wird, es gibt immer einen Weg, den Schlag abzufangen.

Menschen mit einem hohen Bewußtseinszustand erstarren durch den Schrecken eines Unglücks nicht zur Untätigkeit. Sie machen sofort einen Plan, um die negative Energie in einen Vorteil umzukehren. Auf dieser Stufe der kreativen Imagination befindet sich die Seele in einem Zustand des Überlebens. Die Lektion der Welten der Materie besteht darin, die Fähigkeit der Seele zu entwickeln, auf den Wellenkämmen des Lebens zu reiten. Das ist *Vairag*, lösgelöste Liebe.

Ein gutes Beispiel für einen Sport, der einen Angriff in eine schützende Kraft umwandelt, ist *Judo*. Als ein Abkömmling der aggressiveren Form des unbewaffneten Kampfes, *Jiu-Jitsu*, benützt dieser Sport zupackende und werfende Griffe, um die Stärke des Angreifers gegen diesen zu kehren. Handeln im richtigen Zeitpunkt und Gleichgewicht ermöglichen dem Schwachen, den Stärkeren zu besiegen, indem er die Energie des Angreifers benützt und sie geschickt in die Kunst der Selbstverteidigung umkehrt.

Der, welcher den Weg zeigt, lehrt seine Studenten diese Art des Überlebens in spirituellen Dingen. Seine einfachen Methoden werden gewöhnlich übersehen, wenn er die karmischen Schulden des Chela in eine gewisse Ordnung bringt. Das zur Rückzahlung fällige Karma wird ihm wieder in Rechnung gestellt, gemäß dem Gesetz der Ökonomie.

Das *Shariyat-Ki-Sugmad*, Buch Zwei, gibt dem Mahanta, dem Lebenden ECK-Meister, andere Titel, von denen einige folgendermaßen lauten: »der Gottmensch, der Vi-Guru, der Lichtspender, Beschützer der Armen, der König des Himmels, Erlöser der Menschheit, die Geißel des Übels und der Verteidiger der Gläubigen. Er ist die wahre und einzige Kraft in allen Universen Gottes.«

Aber diese Erkenntnis leuchtet nur in den Augen derer, die ihn lieben.

Hier gilt es, etwas zu wissen: Der Initiierte ist das Ideal und der Maßstab, nach dem alle Menschen beurteilt werden. Yaubl Sacabi erzählte Paul Twitchell, daß das ECK die Rückkehr der Seele zum Einfachen und Aufrichtigen — Ihrer ursprünglichen Natur — wünscht. Mitgefühl, Genügsamkeit und Demut sind Ihre Essenz, denn sie fehlen dem weltlichen Menschen.

Fubbi Quantz, der ECK-Adept, der für die Verwaltung des Katsupari Klosters verantwortlich ist, teilte Peddar Zaskq (Paul Twitchell) mit, daß Reinheit des Verstandes und Reinheit des Körpers in den Werken von ECK von Bedeutung sind. Spirituelle Stärke kann nicht von den moralischen Qualitäten der Menschheit getrennt werden.

Der Mahanta ist nie darauf aus, irgendeinen Glauben oder eine religiöse Institution zu erzürnen, aber er zieht eine scharfe Linie zwischen den Wegen des Kal und jenen des Sugmad. Er steht an der Spitze des Ordens der Vairagi und neigt sich in demütiger Ergebenheit nur vor dem Sugmad.

Die äußere Lehre in den Büchern und Kursen ist nur ein Führer zu dem Inneren Meister, der das Dritte Auge, welches das Spirituelle Auge ist, dem Licht und Ton öffnet. Wenn einer dieser Aspekte Gottes in Ihr

Bewußtsein kommt, sind Sie von der Hand des Herrn berührt worden.

Stürme werden noch wüten; die Wolken noch schwererer Stürme lauern am Horizont. Jedes Unwetter wird versuchen, eine übermächtige Angst in Ihr Herz zu setzen, um Sie zu erschrecken und so auf irgend einen Umweg zu Gott zu jagen.

Ein langsames, aber stetiges Aufbauprogramm ist an allen Fronten in Eckankar in Arbeit. Ich möchte mit jedem Projekt langsam vorangehen und lieber gut bauen als eilig und auf Sand. Es wird für jeden von Ihnen eine Menge Arbeit geben.

Die Initiierten, die bei Eckankar bleiben, müssen Mut haben, wie ihn die Spartaner gegen die persische Armee im Jahre 480 v. Chr. zeigten. Xerxes, der persische König, kehrte zehn Jahre, nachdem die Athener seinen Vater Darius gründlich besiegt hatten, nach Griechenland zurück. Xerxes' Plan war es, die griechischen Städte für diese Schmach an Persiens Nationalstolz zu bestrafen.

Die Verteidigung der Pässe nach Griechenland fiel nur dreihundert spartanischen Soldaten unter der Führung von Leonidas zu, des Königs von Sparta, eines Verbündeten der Athener. Diese kleine Truppe von Verteidigern hielt die ganze persische Armee auf und gewann Zeit für die Marine der Athener, um in eine strategische Position zu segeln und ihr eigenes Zusammentreffen mit den persischen Seestreitkräften vorzubereiten.

Die dreihundert Spartaner hielten der persischen Armee mehrere Tage lang stand, bis ein Verräter dem Feind einen schlechtbewachten Ziegenpfad zeigte. Trotz des Verrats hielten die Spartaner heldenhaft stand, was noch heute als das höchste Beispiel für Mut betrachtet wird.

Ihre Tapferkeit ließ die Marine der Athener einen glorreichen Sieg über die eindringende persische Flotte erringen. Für die kurze Zeit, in der die Griechen belanglose Eifersüchteleien beiseitelegen und in Einigkeit zusammenarbeiten konnten, genossen sie die Freiheit von persischer Herrschaft. Die gleiche Art von Mut wird von den Initiierten während der Jahre des Wiederaufbaus, denen wir entgegensehen, verlangt werden.

Die Zukunft von Eckankar wird weiterhin einem turbulenten Kurs folgen. Der Zorn der Kal-Kräfte war bei seiner Geburt im Jahre 1965 gegenwärtig und wird ihm durch seine jugendliche Entwicklung hindurch folgen.

Aber die Seele, ein Teil Gottes, ist mit der Gabe der kreativen Imagination gesegnet, die eine Lösung für jedes Problem findet.

13
Wenn Disziplin falsch läuft

Ein Weg wie ECK hat eine große Verantwortung, wenn er jedem einzelnen, der seine Leitsätze akzeptiert, Freiheit gibt. Dies wird angesichts des Mißbrauchs festgestellt, der in der Vergangenheit im Namen der Religion auf der Welt geschah.

In den Anfängen der Christlichen Kirche wurden ihre frühen Mitglieder von den römischen Soldaten zu Märtyrern gemacht, weil die Christen den Göttern Roms keinen Gehorsam leisteten. Aber als die Kirche selbst eine Macht wurde, mit der man in den folgenden Jahrhunderten rechnen mußte, begann sie ihrerseits jeden zu verfolgen, der Gott nicht gemäß den maßgebenden Glaubenssätzen der Kirche anbetete. Dies führte zu der berüchtigten Inquisition, einer römisch-katholischen Untersuchung der Ketzerei, die wenig Rücksicht auf persönliche Rechte nahm.

Natürlich hat eine religiöse Gruppe das Recht, Mitglieder, die ihren Lehren zustimmen, aufzunehmen und Ketzer auszuschließen. Andernfalls wird die eigentliche Lebenskraft der Gruppe zerstört.

Es entsteht jedoch ein Problem, wenn eine Gruppe so mächtig wird, daß sie darüber hinausgeht, ihre eigene Herde zu sammeln, und beginnt, Missionare in die Öffentlichkeit zu schicken, um jene zu verfolgen, die sich weigern, ihr beizutreten, weil sie bereits ihre eigene Religion haben. An diesem Punkt ist die innere Disziplin der mächtigeren Gruppe auf Abwege geraten.

Paul Twitchell warnt vor solch einem Mißbrauch der rechten Disziplin in dem Buch *ECKANKAR — der Schlüssel zu geheimen Welten.* »Wenn ein Mensch geopfert werden muß, um etwas zu gewinnen«, sagt er, »kann das weder moralisch noch gut sein, ganz gleich, wie sehr uns die Gesellschaft erzählt, daß es das ist«.

Dies ist aber die übliche Praxis, wie uns die Geschichte vor Scham errötend berichtet. Für eine Religion wie die mittelalterliche römisch-katholische Kirche, ist es eine Sache, ihre Ketzer zu exkommunizieren, aber etwas ganz anderes ist es, sie zu foltern oder zu töten. Das heißt nicht, mit dem Finger der Anklage auf die katholische Kirche während ihrer skandalöseren geschichtlichen Epochen zu zeigen, sondern an die menschliche Brust aller Zeitalter zu klopfen, um zu sagen: Die spirituelle Unvollkommenheit, die der Menschheit gestattete, in der Vergangenheit Gewalttaten gegen individuelle Glaubensrichtungen zu begehen, ist noch heute lebendig.

Niemand möchte das hören.

Ein solches Gefühl der Überlegenheit eines Menschen über einen anderen ist Eitelkeit, eine der fünf Leidenschaften des Verstandes. Mögen die Menschen auch die Lehren ihrer Gruppe als das Beste für sich selbst ansehen, so müssen sie doch darauf achten, in der Disziplin von ECK oder dem Heiligen Geist zu verbleiben und erkennen, daß genau dieselben Lehren die spirituellen Bedürfnisse der Menschen außerhalb ihrer Gruppe vielleicht nicht erfüllen.

Eitelkeit kommt ins Spiel, wenn die Mitglieder einer Religion mit ihrem Glauben über jede Vernunft hinausgehen und darauf bestehen, daß ihre Lehren für jedermann das Beste seien. Von der Eitelkeit ist es dann nur ein kurzer Schritt zum Ärger, einer anderen der fünf Leidenschaften, die nicht zögern wird, Gewalt anzuwenden, um alle, die sie erreichen kann, zu zwingen, den Lehrsätzen der Religion zu folgen. Das ist ein Fall von fehlgelaufener Disziplin in einer Gruppe.

Das Amerika der Kolonialzeit sollte für religiöse Minderheiten eine Zuflucht sein, um Freiheit von der kirchlichen Kontrolle in den europäischen Ländern zu genießen. Es ist geradezu ironisch, daß die Kolonisten, sobald sie das Recht hatten, ihren eigenen Stil der protestantischen Religion zu praktizieren, sich ans Werk machten, die Verfolgung von Außenseitergruppen wie den Quäkern aufzunehmen. Als die Quäker in New York, Massachusetts und Virginia ankamen, fanden sie strenge, gegen sie erlassene Gesetze vor. Die beiden letzteren Staaten verbannten schließlich die Quäker und verhängten die Todesstrafe für jene, die es wagten, aus dem Exil zurückzukehren.

Wir stellen fest, daß die Vereinigten Staaten von Amerika als die Nation religiöser Freiheit gegründet wurden. Aber sogar heute hat das Ideal unserer Vorväter große Mühe, wenn neue religiöse Gruppen, einschließlich Eckankar, den jahrhundertealten Werkzeugen der Unterdrückung ausgeliefert sind. Aber jetzt liegt die Diskriminierung in den subtileren Formen von Bezirksgesetzen, die uns von christlichen Gemeinden ausschließen sollen, und in hitzigen Gemeindeversammlungen, die von wild dreinblickenden Menschen beherrscht werden, welche sich des freiheitlichen religiösen Klimas in den Vereinigten Staaten erfreuen, es anderen aber verweigern wollen.

Sie sind <u>Verbrecher im Geiste</u>, so wie ihre Vorfahren — die römischen Soldaten, die Mitglieder des neuen christlichen Kultes kreuzigten. Sie sind wie die Mönche der unheiligen Inquisition. Sie unterscheiden sich nicht von den protestantischen Tyrannen des Amerika der Kolonialzeit, die das Todesurteil über Quäker verhängten, die sich in die »falschen« Gemeinden vorwagten. An diesem Punkt ist die Disziplin einer Gruppe fehlgelaufen.

Im Jahre 1969 führte ein Gymnasiallehrer in Palo Alto, Kalifornien, ein Experiment in einer Klasse durch, dessen Ergebnis eine erschreckende Studie der allgegenwärtigen dunklen Seite der menschlichen Natur war. Diese Episode wurde in einem Roman mit dem Namen <u>Die Welle</u> von Todd Strasser niedergeschrieben. Das Buch wurde später von der ABC-Fernsehstation zu einem Fernsehspiel für die Hauptsendezeit bearbeitet, und tausende von guten Amerikanern waren davon schockiert.

Dieser Lehrer zeigte seiner Abiturklasse einen Film über die Greueltaten, die von den Nazis während des Zweiten Weltkrieges in den Todeslagern begangen wurden. Die Schüler sahen voll Unglauben und Entsetzen auf die Leinwand, als die SS-Wachen Gefangene zwangen, riesige Öfen mit tausenden von Körpern zu schüren, die wie Brennholz aufgestapelt waren. Als der Film vorüber war, wollten die Schüler wissen, wie es möglich war, daß Millionen von Menschen in einem Land vernichtet wurden und dann 90 Prozent der Bevölkerung behaupteten, nichts davon gewußt zu haben.

Der Lehrer wußte keine Antwort, außer daß die kleine Gruppe von Nazis, nur 10 Prozent der Bevölkerung, eine straff organisierte Vereinigung war und der größte Teil des Volkes sich vor ihnen fürchtete.

Es beunruhigte ihn, daß die Geschichtsbücher keinen Grund dafür angaben, warum die Deutschen die Nazis so mächtig werden ließen. Vielleicht noch beunruhigender war es, daß die Schüler meinten, der Zweite Weltkrieg sei alte Geschichte, und daß solche barbarischen Taten heute nicht geschehen könnten. Sie meinten, es sei eine Laune der Geschichte, daß eine ganze Nation in der Eitelkeit gefangen werden konnte zu denken, sie sei eine überlegene Rasse. Aber es war gerade diese Art von Eitelkeit, die zur Ausrottung so vieler Minderheiten führte — weil die Nazis sie als minderwertig bezeichneten.

Der Lehrer machte ein Experiment, das ohne Worte etwas demonstrierte, und das Verhalten seiner Klasse veränderte sich in nur zwei kurzen Wochen. Es führte dazu, daß sie sich selbst als die Mitglieder einer höherstehenden Gruppe betrachteten. Diese Gruppe war *Die Welle*.

In diesen zwei Wochen nahmen die Schüler ein starres militärisches Verhalten an, entwickelten einen Gruß, um andere Mitglieder der »Welle« zu erkennen, und unterwarfen sich drei Mottos der Gruppeneinheit. Soweit war dies eine akzeptable Verhaltensweise, weil alle Gruppen sich nach ähnlichen Richtlinien gestalten. Schließlich hat sogar ein Land wie die Vereinigten Staaten von Amerika eine Verfassung und Grundrechte, und seine Bevölkerung salutiert der Flagge.

Aber die Disziplin in der »Welle« ging fehl, als ihre Mitglieder begannen, Schüler einzuschüchtern und zu verprügeln, die nicht Mitglieder ihrer Gruppe waren. Wieder erkennen wir den Mißbrauch der römischen Soldaten, der katholischen Inquisition und einiger amerikanischer Kolonisten.

In Eckankar vertreten wir die religiöse Freiheit für jeden einzelnen. Viele unserer eigenen Vorfahren halfen, den nordamerikanischen Kontinent zu zähmen. Es ist nur natürlich, von anderen religiösen Gruppen, die unseren Glauben nicht teilen, zu erwarten, daß sie uns die religiöse Freiheit gewähren, Gott auf unsere eigene Weise zu verehren.

Können sowohl wir als auch unsere Nachbarn die Disziplin unserer Gruppen aufrechterhalten?

Das Brutalste, was die Geschichte lehrt, ist, wenn die Disziplin einer Gruppe fehlgeht und die Freiheit eines Menschen auf dem Altar der Religion geopfert wird.

Wird die Menschheit je über ihre Eitelkeit und ihren Haß hinauswachsen? Das Rad des Karma dreht sich wieder, und wir müssen abwarten, um zu sehen, was geschieht.

14
Paul Twitchell, der Schriftsteller

Stellen Sie sich für einen Augenblick vor, was für ein kolossales Unternehmen es für Paul Twitchell gewesen sein muß, die Teilstücke der ECK-Wahrheit wieder aufzusammeln und sie alle in einer Reihe von Schriften zusammenzustellen.

Es bedurfte der Talente eines in besonderer Weise hartnäckigen Menschen, der Worte liebte, um den Papierkrieg zu bewältigen und die Arbeit zu schaffen.

Können Sie sich selbst an seinem Platz vorstellen? Die spirituelle Hierarchie hat Ihnen die Aufgabe gegeben, alle Religionen, Philosophien und metaphysischen Disziplinen der Welt, derer sie habhaft werden können, zu studieren. Und wenn das geschehen ist, müssen Sie deren einzelne Elemente in einer leicht verständlichen Reihe von Schriften zusammenstellen.

»Deine Mission«, sagt die Hierarchie, »ist es, diese seltene goldene Lehre in den Mittelpunkt der unter der heutigen Menschheit vorherrschenden Gedanken zu stellen.« Dann verlassen die ECK-Meister der Vairagi stumm den Raum und überlassen Sie sich selbst.

Dies geschah Paul.

Was für ein Mensch war er, daß die ECK-Adepten ihn aus ihren Reihen aussuchten und ihm diese scheinbar hoffnungslose Aufgabe übertrugen? Viele Seelen, so werden Sie sich erinnern, hatten sich das Recht verdient, in dieser Lebensspanne von ECK zu hören.

Wer hatte so viel gelitten wie der am härtesten Getestete unter ihnen, wer hatte Gott voller Verzweiflung um Erleuchtung angefleht, oder wer hatte die Wege des Sugmad mit seinem ganzen Sein geliebt? Niemand anderer als Paul Twitchell.

Paul war ein heftiger Verteidiger seiner Privatsphäre. Vielleicht wird aus diesem Grund sein Geburtsdatum so unbestimmt gelassen. Die bisher vollständigsten Angaben legen seine Geburt in das Jahr 1908. Zukünftige Forschungen von Historikern werden ohne Zweifel viele der unbekannten Einzelheiten seines Lebens zutagebringen, bevor Rebazar Tarzs, der Fackelträger von Eckankar, ihm 1965 den Stab der ECK-Macht übergab.

Es war Paul, der verantwortlich war für eine Lawine von Presseveröffentlichungen über ihn selbst, die ein paar Jahre, nachdem er seine erste Position im Arbeitsleben eingenommen hatte, einsetzten. Die Vertreter der Öffentlichkeit, so hatte er erkannt, zeigten eine erstaunliche Hochachtung für Titel und soziale Positionen. Deshalb dachte Paul, es sei ein lohnenswertes Projekt, eine Liste seiner großen Errungenschaften zu verfassen und sie im *Who's Who in Kentucky* [Wer ist wer in Kentucky] unterzubringen.

Im zarten Alter von 27, wenn die meisten von uns (einschließlich Paul) nur einige wenige der Referenzen besitzen, die gewöhnlich notwendig sind, um den Herausgeber einer Publikation wie des *Who's Who* zu beeindrucken, brachte Paul einen skizzenhaften Entwurf zu Papier — skizzenhaft selbst nach dem Maßstab der nachsichtigsten Leser — und brachte es fertig, daß dieser in die historischen Aufzeichnungen seines Heimatstaates aufgenommen wurde.

Nur mit einer Schreibmaschine und einer überreifen Phantasie ausgerüstet, ließ Paul seinen Namen zwischen die erlauchten Würdenträger von Kentucky schlüpfen. Die meisten von ihnen trugen das Gewicht fortgeschrittenen Alters, aber sie konnten sich auch einer reichen persönlichen Geschichte von Ämtern rühmen, die sie auf dem Weg zum Ruhm an der Spitze ihrer jeweiligen Berufe erlangt hatten.

Obwohl Pauls Liste der Verdienste auf den ersten Blick eindrucksvoll erscheint, so zeigt eine nähere Untersuchung, daß seine Fähigkeiten wenige waren und sich nur auf sieben Jahre erstreckten. Während dieser Zeit war er Direktor für Leibeserziehung an zwei lokalen Hochschulen gewesen, hatte eine ähnliche Position bei zwei CVJMs in kleinen Städten innegehabt und hatte als assistierender Direktor für Leibeserziehung bei der Staatlichen Universität von Ohio gearbeitet, was die höchste seiner Stellungen war. Außerdem hatte er gerade anderthalb Jahre als der städtische Leiter für Freizeitaktivitäten von Paducah abgeschlossen.

Als Pünktchen auf dem i fügte Paul noch hinzu: »Verfasser von Artikeln für das *Athletic Journal*« — eine Publikation seiner Heimatstadt Paducah.

Das Amüsante bei seinem Eintrag in den *Who's Who* ist, daß sich Paul einen Platz in der Gesellschaft von angesehenen Physikern, Geologen, Bergwerksingenieuren, Firmenleitern, Rechtsanwälten und bekannten Politikern erkämpfte. Er muß ganz schön gelacht haben, als er feststellte, daß man seinen Namen wirklich unter denen der berühmten Führungspersönlichkeiten von Kentucky veröffentlicht hatte.

Das war der erste Anfang von Pauls unermüdlichem Drängen, selbst sein bester Presseagent zu sein. Es war ihm in seiner Jugend vielleicht unbekannt, aber es bestand für ihn die Notwendigkeit zu lernen, klar zu schreiben und bei der Vermarktung seiner Bücher und Artikel mit unbeugsamer Beharrlichkeit vorzugehen. Die Ideen, die in der Zukunft noch kommen sollten — Eckankar genannt —, sollten in der Welt auf starke Opposition stoßen. Seine Aufgabe würde jedes Gramm an Willenskraft und Geschicklichkeit erfordern, damit sie sich durchführen ließ.

Die Macht der Feder ist ein allmächtiger Begleiter in einer Kultur, deren Geschichte durch schriftliche Dokumente ihren Kindern übermittelt wird und nicht durch mündliche Legenden und Mythen, wie sie einst vom Vater dem Sohn weitergegeben wurden.

Als ein blühender Autor, der voll und ganz erwartete, sich von seinem Schreiben zu ernähren, brachte er eine Flut von Poesie, Artikeln und Romanen auf seiner Schreibmaschine hervor. Hartnäckig brachte er seine Manuskripte dorthin, wo die Augen der Öffentlichkeit sie finden könnten.

Eine solche Stelle, an die er Material sandte, war die beliebte Kolumne *Ripley's Believe It or Not* [Ob du es glaubst oder nicht], in welcher Paul zu verschiedenen Gelegenheiten etwas veröffentlichte. Das erste Mal, als er darin erwähnt wurde, geschah eher durch Zufall. Ein Bauer aus Kentucky hatte einen Briefkasten in der Form eines prähistorischen Tieres gestaltet. Paul berichtete diese kuriose Sache und war überrascht, als er herausfand, daß *Ripley's* versehentlich ihn als den Schöpfer des seltsamen Briefkastens herausbrachte. Wochenlang danach kamen Leute aus allen Teilen des westlichen Kentucky zum Hause von

Twitchell, um diese wunderbare Kreation zu sehen, der für kurze Zeit das Interesse der Region galt.

Aber Paul hörte auf, Hinweise an *Ripley's* zu schikken, als er herausfand, daß kein Honorar für veröffentlichte Beiträge bezahlt wurde.

Ruhm ist nur eine flüchtige Sache. Die Existenz von Lemuria und Atlantis ist für unsere angesehenen Historiker lachhaft — und das, obwohl selbst über ein vor relativ kurzer Zeit geschehenes Ereignis wie das Leben des ersten amerikanischen Präsidenten, George Washington, nur so wenig bekannt ist.

Im gleichen Zuge stellte Paul fest, daß Paul Revere heute nur deshalb bekannt ist, weil ein guter Publizist seine Geschichte in fesselnder Weise erzählte. Der Publizist? Es war Longfellow, der das Gedicht »Der Ritt des Paul Revere« schrieb. Ein anderer, William Dawes jr., war vielleicht sogar weiter geritten als Revere, wird aber, da das Schicksal ihm keinen guten Journalisten zugeteilt hatte, in der amerikanischen Geschichte weitgehend ignoriert.

»Deshalb leben so viele in der Geschichtsschreibung weiter«, beobachtete Paul, »weil ein anderer sie berühmt machte, in Gedichten etc.« Paul meinte, daß die Veröffentlichungen von anderen auch Freud berühmt gemacht hatten, genauso wie Caesar Augustus und Jesus von Nazareth.

Man muß alte Aufzeichnungen finden, um so etwas, wie die verlorenen Kontinente und frühere Präsidenten zu belegen, denn ohne diese Aufzeichnungen wird ihre Geschichte nicht in den Schulbüchern gelehrt. Sie sind Erinnerungen, die mit der Zeit verloren gehen.

Wie fügt sich all das in das Gesamtbild? Eine Anzahl guter Autoren wird aus den Reihen der Initiierten in ECK hervorgehen. Sie werden die

Meisterautoren werden, welche die Neuigkeiten des Göttlichen Geistes an Orte tragen, wo die Menschen dafür bereit sind. Dies wird den Bereich der Dinge vergrößern, die bereits getan werden, in Liedern, Geschichten, bildender Kunst, im Schreiben von Briefen, Gemeindearbeit und anderen Möglichkeiten, die nur durch die Vorstellungskraft begrenzt sind.

Im Jahr 1971 gab Paul eine Weisung, den Namen des Mahanta, des Lebenden ECK-Meisters, aufzubauen, bis er ein fester Begriff werde.

»Denke bitte daran«, erinnerte er in einem persönlichen Brief, »der Mahanta ist der Bewußtseinszustand, und der Lebende ECK-Meister ist der physische Körper für den Mahanta-Bewußtseinszustand — siehst Du den Unterschied?«

Paul sagte, es müsse publiziert werden, »daß der Mahanta verantwortlich für die Veränderungen der Welt ist — dies ist die spirituelle Revolution, die das ECK in diesem Zeitalter hervorbringt.« Die Vision seiner Aufgabe verdrängte alle geringeren Interessen, und das ECK gab ihm fortlaufend eine Fülle neuer Ideen darüber, wie er noch einen Schritt weiter vorangehen konnte.

Die Spur unerhörter Geschichten, die diese einzigartige Persönlichkeit aus Paducah, Kentucky, umgibt, mag eines Tages Bände füllen, aber jede Handlung und Erfahrung zog ihn von seiner Jugend an immer näher an den Busen des ECK, um Seiner Sache zu dienen.

Ein bemerkenswerter Autor, dieser Mann aus Paducah. Aber er war nur die Vorhut der Welle von ECK-Autoren, die später dem Pfad folgen würden, den er als der Mahanta, der Lebende ECK-Meister, freischlug.

15
»Haltet die Welt an, ich möchte aussteigen«
...*oder:*
Wann wirst Du ECK verlassen?

Die Geschichte unserer nahezu endlosen Inkarnationen hat uns den Mahanta, den Lebenden ECK-Meister, annehmen und dann auch wieder zurückstoßen sehen. Die Grundlage für den Treubruch scheint unserem beschränkten Verstand doch immer so richtig. Manche Verhaltensweisen des Meisters oder der Mahdis erregen Ärger, und eine Wand entsteht zwischen uns und dem ECK.

Deshalb Leute, haltet die Welt an, ich möchte aussteigen!

Armes kleines Ich. Der Seele, grün und unschuldig wie sie ist, ist die Sicht zum Heiligen Geist verstellt. Sie befindet sich deshalb in Unwissenheit über den Zweck Ihres Seins — ein Gesandter für das Sugmad, im eigentlichen Sinne jedoch ein Mitarbeiter zu sein.

»I Shall Not Pass This Way Again« [Ich werde diesen Weg nie wieder gehen] ist ein aufschlußreiches Gedicht von Eva Rose York über den Wunsch der Seele, das Beste aus Ihrem Leben auf dieser Erde der

Blumen und des Winterschnees zu machen. Sie träumte davon, jeden Moment in Taten des Dienens zählen zu lassen, damit das gegenwärtige Leben voll angerechnet wird. Sie erfaßte blitzartig sich als Seele und erkannte schließlich deren Geburtsrecht als Dienst an Gott und nicht am Ego.

Wenn wir Entscheidungen über spirituelle Dinge treffen, ist bei den meisten von uns das Problem, daß wir keinen Maßstab abgerundeter Erfahrung besitzen. Ohne ihn laufen die Befehle der Seele an den Verstand ins Leere, und wir sind unvorbereitet, wenn der Meister etwas tut, was für unsere Erfahrung neu ist. Wir ziehen beleidigt davon und sind uns sicher, daß unsere Abtrünnigkeit bei anderen einen einschneidenden Eindruck von ihm hinterlassen wird. Dies ist eine Falle des sozialen Verstandes, die uns mehr verletzt als irgend jemand anderen.

Unsere Urteilsfähigkeit wird von den Tricks des Kal getrübt. Ein klassisches Marketing-Experiment, das vor einigen Jahren durchgeführt wurde, zeigt uns, wie leicht wir durch falsche Wertvorstellungen getäuscht werden können. Der Hersteller eines Waschmittels gab jedem Kunden drei Schachteln mit Waschpulver, damit sie es zu Hause benutzten. Eine Schachtel war blau, eine weiß und eine blau und weiß. Alle Schachteln enthielten das gleiche Pulver. Die Konsumenten kamen zu dem Schluß, daß das Waschmittel in der blauen Schachtel zu schwach sei, das Pulver in der weißen Schachtel die Wäsche auf jeden Fall ausbleiche, aber das Pulver in der blau-weißen Schachtel genau das richtige für sie sei.

Der Meister überwacht das Abbrennen des Karma eines jeden, doch der Chela sieht einiges davon als gut an, den größeren Teil davon aber als niederschmetternd. Wie bei dem gleichen Waschpulver in verschieden gekennzeichneten Schachteln vertuscht der Chela die Tatsache, daß das Ausbalancieren seines Karma ein notwendiges Unternehmen ist und daß die guten und schlechten Teile nicht im Streit miteinander liegen — sie sind dasselbe.

Der Plan des Mahanta für die spirituelle Freiheit der Seele wird nicht den Tatsachen gemäß verstanden. Nachdem der Chela all die Zeichen der Hilfe vom Meister falsch gedeutet hat, läuft er auf der Zeitspur im Kreis herum und sucht nach jemandem, der ihm eine leichte Straße zum Himmel zeigen kann. Deshalb ist der Treuebruch des Schülers gegenüber dem Meister eine historische Realität.

Wer kann wissen, was Judas Ischariot dachte, als er den Verrat an Christus beging? War es Gier, Ärger oder der Stachel eines scharfen Wortes, das einmal von Jesus' Lippen gekommen war, was ihn veranlaßte, es zu tun? Judas setzte das ewige Leben für dreißig Silberlinge aufs Spiel, die er zum Kauf von Land benutzte. Doch er konnte nie die Früchte des Landes genießen, denn er fiel kopfüber von großer Höhe herunter, und dieser Fall setzte ihm ein Ende.

Der Versuch, dem Meister wegzulaufen, ist ein Problem, so alt wie die Zeit. Es geschah in den alten Zeiten, und eine ähnliche Geschichte wird auch heute noch erzählt.

Da kommt nun Paul Twitchell, ein sozialer Rebell und ein spiritueller Riese in einem. Ein Mann, der das Licht der Wahrheit ausstrahlt, ist ein Fremder unter uns, eine Bedrohung für die lieben Regeln, die wir wie einen Schild hochhalten, um uns vor der harten Schärfe der Realität zu schützen. Sein persönliches Leben und seine Gewohnheiten waren ein Schock für Menschen, die dachten, ein Mann Gottes sollte aus anderem Holz geschnitzt sein; wir wollen nicht, daß unsere Idole Schmutz an den Schuhen haben.

Eine Reporterin einer Zeitung aus San Francisco vereinbarte Anfang 1964 ein Inverview mit Paul. Sie sollte ihn vor einem Kaufhaus auf dem Union Square treffen, hatte aber vergessen zu fragen, wie sie ihn in der Menge erkennen sollte. Es war kein Kunststück zu erkennen, daß der kleine Mann im Mantel, der eine ausgebeulte Aktentasche trug und eine kleine Sportmütze auf dem Kopf hatte, Paul war. Er flitzte von einer Frau zur anderen und fragte, ob sie diejenige sei, die auf ihn warte.

Offen gesagt, sah er ganz und gar nicht wie ein spiritueller Mann aus. Jesus hätte sich in der Menge wahrscheinlich mit gemessenen, würdevollen Schritten bewegt. Nicht so Paul — er rannte.

Dennoch brachte Paul etwas von sich selbst, den »Cliff Hanger«, mit ins Spiel. »Das ist,« sagte Paul, »der Individualist, der außerhalb der Gesellschaft lebt, beobachtet, was vor sich geht, und sich darüber amüsiert.« Von Männern Gottes wird erwartet, daß sie in das Schicksal der Menschheit eingreifen und nicht an einer Klippe über ihr in stillem Amüsement hängen.

Paul tischte ihr Exemplare seiner Aufkleber auf, den »Empfohlen von Paul Twitchell«-Preis sowie den »Paul Twitchell-Saure Trauben-Preis«. Das Siegel der Anerkennung war nur eine Parodie auf Duncan Hines und die Zeitschrift »Good Housekeeping« [Gute Haushaltsführung] wegen ihrer aufgeblasenen Meinung von sich selbst als den Wächtern des Geschmacks für das amerikanische Volk. Er sandte seine Aufkleber an so angesehene Leute wie Eleanor Roosevelt, an eine Reihe nationaler Kolumnisten und an den Schöpfer des Steve Canyon-Comic strip. Sogar der Geschäftsführer eines Shakey Pizza-Hauses bekam einen Preis, nachdem Paul dort einen Besuch abgestattet hatte, wahrscheinlich um eine Pizza zu essen.

Das Interview brachte einen farbigen Spritzer in die tägliche Kolumne, aber letztlich war der Eindruck der Reporterin von Paul war nicht gerade ein Eindruck von Ehrerbietung. »Cliff Hanger« klang für sie wie ein Sport, und vielleicht hatte sie recht mit ihrer Meinung.

Ein Schock für Menschen, die glauben, daß hohe Männer Gottes einen Körper von physischer Perfektion haben: Pauls Foto in dem Bericht zeigte ihn mit einer schweren, dunkelgeränderten Brille. Sollte ein hoher Mann Gottes nicht das Geheimnis des optimalen Sehens kennen?

In einem Interview von 1970 erhielt eine Reporterin einen anderen Eindruck von Paul. Sie war sicher, daß niemand Paul mit seinem starken Akzent des Südstaatlers für einen spirituellen Führer von Tausenden halten würde. Er sah aus wie ein Bankier, Zahnarzt oder Kaufmann. Zu ihrer Verwunderung bestellte er zum Mittagessen Hacksteak (durchgebraten), Wackelpudding und Kaffee. Ein spiritueller Meister, der kein Vegetarier ist, muß ein Scharlatan sein.

Scientologen bombardierten Paul mit Briefen. Die fortgeschrittenen Mitglieder, die »Clears«, machten ihm das Angebot, ihn für eine große Summe Geldes spirituell voranzubringen. Paul ging nicht auf ihre Verkaufstricks ein, denn sie hatten mehr Probleme als er, der ein Außenseiter war. Obwohl er behauptete, mehrere Jahre lang im District of Columbia als Pressechef von L. Ron Hubbard gearbeitet zu haben, wollte er nichts mit diesen Leuten zu tun haben. Pauls Verbindung mit Scientology während seines Trainings als der Gottmensch ist ein weiterer bitterer Brocken, an dem manche Leute zu kauen haben.

Selbst in ECK werden die Vorstellungen über den Meister, die einem lieb und teuer sind, durch die Wahrheit der spirituellen Dinge zunichte gemacht. Zum Beispiel haben nicht alle ECK-Meister die gleiche hohe Macht von Sugmad.

Paul schrieb einem europäischen Initiierten über Tamaqui, einen Meister in Deutschland während des letzten Teils des neunzehnten Jahrhunderts: »Er war ein untergeordneter ECK-Meister mit der begrenzten Autorität, nur mit dieser Nation zu arbeiten — kaum über der Stufe eines Mahdis!«

Die unerfahrene Seele wird nach jedem beliebigen Grund greifen, um ECK zu verlassen, besonders, wenn Sie sieht, daß der Meister — so wie jeder andere auch — Staub an den Füßen hat.

Der wahre ECK-Initiierte steigt am richtigen Ort aus — auf der Seelenebene — , wenn er zum Mahanta sagt: »Halte die Welt an, ich möchte aussteigen!«

Sie auch?

16

Das Goldene Herz

Im Jahre 1970 wurde ich mit der Welle der ECK-Liebe gesegnet, die mein Leben für immer verändert hat. Es war die überwältigende Erfahrung der Gottrealisation.

Natürlich wußte ich damals nicht, was es war, und in den darauffolgenden Jahren bis 1981, als ich den Stab der ECK-Macht übernahm, kamen nach und nach alle Arten der Erfüllung des Gotteszustandes zu mir. Alle diese Stufen der Erfüllung hatten als Quelle die ursprüngliche Welle des Shabda, die Stimme des Sugmad.

Als das Shabda Dhun, das ECK, mich auf einer einsamen Brücke in einer kalten Nacht im beginnenden Frühjahr gegen Mitternacht überflutete, war Es eine donnernde, krachende Welle, die zu mächtig war für meinen karmabelasteten Körper. Die Läuterung des Shabda brachte mir fürchterlichen Schmerz, einen Schmerz so tief und vollständig, daß man ihn nicht beschreiben kann, denn er war schrecklich und köstlich zugleich.

In den Jahren seit 1970 habe ich das Geheimnis gelernt, den inneren Kanal zu öffnen, um die ECK-Liebe willentlich durchfließen zu lassen. Es ist nicht mehr notwendig, auf die seltenen Gelegenheiten zu warten, daß die Schmerzen des Lebens mich zeitweise erweichen können, damit die Stimme Gottes in all Ihrer Herrlichkeit durchkommt.

Jetzt kommt Sie, wenn ich die geheime Methode anwende, die Sie zu mir kommen läßt. Sie ist da zum Trost, zur Heilung und zur Freude. In der Fähigkeit, von der reinen Liebe Gottes zu trinken, liegt die Bedeutung der Bezeichnung »gottestrunkener Mensch«.

Das Goldene Herz ist »das liebende Herz«, von dem Paul Twitchell in dem Buch *Der Fremde am Fluß* schrieb. Der Sucher und das Mädchen schritten langsam am Flußufer entlang. Der Sucher schaute auf die Schönheit Gottes in seiner Geliebten und fragte sich: »Kann es sein, daß es sich bei der Suche nach Gott um die gemeinsame Suche zweier göttlicher Seelen handelt?«

Rebazar Tarzs trat unter den Bäumen des Flußufers hervor und sprach: »Ihr wißt, daß die größte der Eigenschaften Gottes die Liebe ist. Denn die Liebe ist die größte und feinste Kraft des Universums. Durch die Liebe werden die erhabenen Eigenschaften Gottes leuchten wie das strahlende Licht der Morgensonne.«

»Meine Lieben, ich werde euch dieses göttliche Geheimnis zuflüstern«, sagte er. »Alle Dinge werden auf euch zukommen, wenn ihr der Liebe bedingungslos Einlaß in eure Herzen gewährt.«

Rebazar Tarzs sagte dem Sucher und seiner Geliebten, daß die Liebe das Herz zuerst als menschliche Liebe inspiriert. Der Mensch möchte seinen Lieben und seinen menschlichen Idealen dienen. Damit »wird das Herz verfeinert durch Selbstlosigkeit, und die Liebe nimmt von einem Besitz«.

Paul schrieb dieses Manuskript 1957 um. Zu dieser Zeit war er in eine Frau verliebt, von der er hoffte, sie sei die Gefährtin, die ihm bei der Mission seines Lebens helfen würde. Sie war die Frau, die er auf den inneren Ebenen mit Rebazar Tarzs getroffen hatte, und sie war die Inspiration für das unschätzbare Buch von poetischer Weisheit über die Liebe, *Der Fremde am Fluß*.

Das Goldene Herz ist voll von Liebe für Gott und hat Mitgefühl mit jenen, die in der Dunkelheit des menschlichen Bewußtseins verloren sind.

Aber es wimmelt von falschen Lehrern, die sagen, daß sie allein den wahren Weg zur Gottrealisation kennen. Diese falschen Lehrer wirken in allen niederen Welten. Im allgemeinen sind sie Theoretiker, die versuchen, der Öffentlichkeit Richtlinien darüber zu geben, welches die Schritte zum Gottbewußtsein sind. Aber wie kann jemand den Weg zu Sugmad aufzeigen, wenn er ihn nicht selbst gegangen ist?

Eines Nachts plante der Mahanta, Wah Z, den Vortrag eines anderen auf den inneren Ebenen zu besuchen. Thema der Rede sollte sein: »Die Abkürzung zum gottrealisierten Zustand«. Der Vortragende war ein rothaariger Mann mit breiten Schultern, etwa ein Meter achtzig groß. Seine Rede hatte fünfundzwanzig Minuten zu früh begonnen, weil er wußte, daß sich Leute, die die Wahrheit suchten, frühzeitig vor der Türe anstellen würden. Wenn er vorzeitig anfing, konnte der Türsteher angewiesen werden, den Leuten — wie auch dem Mahanta, sollte er vorbeikommen — zu sagen, die Sitzung habe bereits begonnen und Zuspätkommende würden nicht mehr eingelassen. Auf diese Weise hatte er leichtes Spiel und mußte sich nicht mit jemandem herumärgern, der die lebendige Wahrheit kannte.

Der Vortragende wollte nicht, daß der Mahanta hereinkommen und sein kleines Täuschungsspiel verderben würde, aber der Türsteher kannte den Mahanta als einen alten Freund, und so betrat der Meister den Vortragsraum.

Der Vortragende hielt mitten im Satz inne, als der Mahanta hereinschlenderte. Dieser war noch in Gedanken versunken von einer Kontemplation einige Minuten vor seiner Ankunft.

In lautem autoritären Ton warf der rothaarige Mann dem Mahanta seine Verspätung vor. Aber der Mahanta hielt es nicht für nötig, den belanglosen Punkt vorzubringen, daß der Vortrag zu früh begonnen hatte, und winkte ab.

Der Mahanta war gekommen, um sicherzustellen, daß die Lehren des Goldenen Herzens richtig an die Leute im Publikum weitergegeben wurden.

Der Sprecher hatte die Klasse in einer seltsamen Weise angeordnet. Die Zuhörer saßen so auf den Stühlen, daß sie in eine Richtung schauten, und er stand seitwärts von ihnen, nicht vor ihnen.

Der Mahanta, der Innere Meister, drehte ruhig seinen eigenen Stuhl, um dem Sprecher ins Gesicht zu blicken. Der Mann neben dem Inneren Meister tat dasselbe ohne zu wissen, wer neben ihm saß. Während er seinen Stuhl umdrehte, um den Sprecher anzusehen, fragte der Mann neben dem Mahanta: »Was bringt Sie in die Ruhe des Herzzentrums?« Der Gotteszustand des Mahanta war leicht zu erkennen, weil dieser Mann ein offenes Spirituelles Auge hatte.

Alle Zuhörer drehten ihre Stühle so, daß sie den Theoretiker ansahen, der die Absicht hatte, über Gottbewußtheit zu sprechen. Er fühlte sich nun recht unbehaglich; die Leute konnten ihm ins Auge blicken. Er versuchte nochmals, dem Mahanta zu trotzen, aber dieser winkte ab.

»Sprechen Sie«, sagte der Mahanta, »wenn Sie etwas zu sagen haben.«

Wütend hielt der Mann in seiner Rede inne und verließ den Saal, weil das Lebendige Wort, der Mahanta, mehr war, als ein Heuchler handhaben konnte.

Die Zuhörer waren durch die raffinierten Anzeigen, die der Sprecher in den Lokalzeitungen veröffentlicht hatte, in den Vortrag gelockt worden, aber im Vergleich zu der Gegenwart des Mahanta war seine Rede nicht einmal ein blasser Schatten der Wahrheit; und alle wußten es.

Andere falsche Lehrer, die vorhaben, von Gottrealisation zu sprechen, stellen Tests auf und machen viel Wind um die Wegweiser des Gotteszustandes. Sie sagen, wer Ihm nahe ist und wer nicht. Sie betonen, daß sie diese Materie lange studiert hätten und Experten auf diesem Gebiet seien, aber wie kann jemand von der Gotteserleuchtung sprechen, wenn er Sie nicht hat?

Je näher man dem Ozean der Liebe und Barmherzigkeit kommt, umso mehr ist man das Goldene Herz. Die Liebe für das Sugmad stellt jede Sorge um das Wohl des kleinen Selbst in den Schatten.

Paul hatte eine Erleuchtung im Alter von acht Jahren, die ihn für immer zum Rebellen, zum Cliff Hanger, machte. Jahre voll Schmerz und Kummer kamen und gingen, bevor er 1957 die Erfahrung der Gottrealisation hatte. Aber danach schmetterte ihn das Leben nieder und setzte ihm zu, bis sein Denken und sein Fühlen so waren, daß er 1965 der Mahanta, der Lebende ECK-Meister, werden konnte.

Die Spirituellen Übungen von ECK sind der Weg zum Goldenen Herzen. Wenn der Mensch es einmal hat, ist er niemals wieder derselbe. Er hat spirituelle Befreiung in diesem Leben.

17
Die spirituelle Wiege

Die spirituelle Wiege« bezeichnet den Zustand eines jeden, der sich nach einem Maßstab aus der Vergangenheit beurteilt. Man kann das Geschenk Gottes nur empfangen, wenn man ein reines und gütiges Herz hat und der Verstand frei von den Fesseln des Zweifels und der Angst ist. Für manche Initiierte entsteht eine Frage aus der Tatsache, daß sie Eckankar annahmen, als Paul Twitchell der Lebende ECK-Meister war. Als Neulinge auf dem Weg von ECK hatten sie Erfahrungen, die ihren Ursprung meist in den niederen Welten hatten. Dieser Zustand der Selbst-Erinnerung ist wichtig, weil man sich durch ihn ins Zentrum der Aktivität stellt, während man gleichzeitig als Beobachter handelt.

Manche hatten das Glück, gelegentlich direkt mit Paul zu arbeiten. Um den schlafenden Chela zu erwekken, kann der Lebende ECK-Meister eine gezielte Frage stellen. In einem Fall fragte Paul eine junge Initiierte: »Erinnerst du dich an das Leben, in dem wir früher schon zusammen waren?« Sie erinnerte sich nicht. Vergeblich versuchte sie, sich die lange zurückliegende

Umgebung wieder ins Gedächtnis zu rufen, in der sie sich danach sehnte, den ECK-Meister zu finden, der ihr die Realisation Gottes geben konnte. Pauls Frage verfolgte sie jahrelang und diente ihr als Samen zur Kontemplation, der sie schließlich zur Befreiung der Seele führte.

Als ein neuer Lebender ECK-Meister 1971 den spirituellen Mantel übernahm, waren jene frühen Initiierten vor eine Entscheidung gestellt. Warum waren ihre inneren Erfahrungen mit ihm nicht mehr dieselben wie jene, als sie mit Paul begannen? Ein Grund, den sie übersahen, war ihre fortschreitende Entfaltung in den Jahren seit damals.

Einige schenkten ihre Hingabe der Person des Lebenden ECK-Meisters, anstatt auf den unveränderlichen Mahanta zu schauen. Beunruhigt und aufgewühlt durch das Erscheinen eines neuen Lehrers war es ganz natürlich für sie, sich in Gedanken in ihre spirituelle Kindheit von einigen Jahren zuvor zurückzuversetzen. Zu ihrer äußersten Bestürzung fanden sie die gegenwärtigen Offenbarungen viel weniger phänomenal als die von gestern.

Paul Twitchell sagt in dem Buch *Die Flöte Gottes*: »Am Anfang steht das Kind, das sucht und dann zu einem Menschen wird, der überall nach Gott sucht, nur nicht am richtigen Ort. Er findet seinen Lehrer, wird zum Schüler und schließlich selbst zum Meister.«

Wenn sich die Seele auf die reinen Gottwelten zubewegt, verschwinden die phänomenalen Erfahrungen und werden durch das größere Licht und den größeren Ton Gottes ersetzt.

Die Mehrheit der ECK-Initiierten überquert die Brücke von einem Lebenden ECK-Meister zu seinem Nachfolger ganz leicht. Sie stellen alle Zweifel beiseite, die in ihrem Verstand aufsteigen. Ihre Herzen bleiben rein und gütig. Nur die Hingebungsvollen und diejenigen, die Zweifel, Lust und Unglücklichsein vertreiben, können das Geschenk Gottes erhalten.

»Als ich zu diesem Weg geführt wurde«, bekennt unlängst ein Briefschreiber, »war ich wirklich skeptisch... bis ich meine erste Erfahrung im Inneren hatte. Jetzt weiß ich, daß dies der Weg für mich ist und immer war.«

Der Traumzustand verändert sich allmählich, während wir tiefer in die Welten unseres Seins vordringen. Das Leben verlangt, daß die Seele sich entweder vorwärts oder rückwärts bewegt. Nichts steht still.

Vor einer Weile erbat ein ECKist spezielle Hilfe, um sich an seine Träume zu erinnern. »Seit ich vor einigen Monaten Deinen Brief erhielt«, schreibt er, »habe ich größere Aufmerksamkeit auf das Erinnern meiner Träume gelegt. Genau wie Du sagtest, ist der Erfolg wirklich bemerkenswert. Ich erinnere mich an meine Traumerfahrungen viel besser als in der Vergangenheit.... Du hattest ganz recht, denn diese Träume sind oft vor uns verschleiert oder verborgen.« Seine Bewußtheit hat sich erweitert, seit er sich der Führung des Hörbaren Lebensstromes, des ECK, geöffnet hat.

Kein ECK-Meister wird zum ECK-Initiierten sagen: »Komm, wir wollen dich in die Wiege zurücklegen!« Kann ein Küken seine Schale zurückverlangen? Während wir uns spirituell entfalten, tritt die Realität unseres inneren Lebens in neue Dimensionen ein, und wir müssen uns mit ihr verändern.

Derjenige, der Gott aufrichtig liebt, erträgt viele Prüfungen und Neubewertungen, aber schließlich erfüllt er seine Bestimmung und tritt in die Reihen des Alten Ordens der Vairagi ein. Jeder dieser großen ECK-Meister stand einst denselben Prüfungen gegenüber, denen Sie heute gegenüberstehen.

18
Wie man ein Traumbuch führt

Dieses Kapitel handelt davon, wie man an seine inneren Erfahrungen herangeht und sie in einem Traumbuch aufzeichnet.

Jeder, der schläft, tut dies, weil die Seele den Körper vorübergehend verlassen hat. Manche moderne Traumforscher meinen, daß der Schlaf während der ersten sechzig bis neunzig Minuten überwiegend traumlos ist, da sich die Gehirnwellen verlangsamen. Es heißt, daß sich diese »traumlose« Phase mit einer zweiten kürzeren Phase abwechselt, welche aus aktivem Träumen besteht.

In beiden Fällen jedoch befindet sich die Seele in Ihren geheimen Welten, sortiert dort Ereignisse des vergangenen Tages und sucht nach einer Möglichkeit, diese zu lösen.

Wir beneiden Menschen, die sich nicht nur an ihre Träume erinnern, sondern deren Träume neue Erkenntnisse für die Wissenschaft liefern. Dies sind die Forscher, die bei dem Versuch, ein komplexes Problem zu lösen, gegen eine Mauer rennen und dann durch ein

Traumerlebnis einen Schlüssel für die Lösung dieses Problems bekommen.

Ein Chemiker, von dem wenige gehört haben, war Friedrich Kekulé von Stradonitz aus Deutschland. Er hatte einen Traum, der es ihm ermöglichte, eine Entdeckung von heute weitreichendem wirtschaftlichem Nutzen zu machen. Im Jahr 1865 verbrachte er viele Stunden mit dem Versuch, die Molekularstruktur des Benzols zu erkennen, welche ein Rätsel für die Wissenschaft war. Eines Nachts träumte er von einer Schlange, die sich in den Schwanz biß. Aus diesem Bild entstand der Benzolring. Benzol wird heute für die Herstellung von Farben, Lösungsmitteln und Kunststoffen verwendet.

Wenige von uns sind Erfinder, wir werden jedoch alle gefordert. So wie Kekulé von Stradonitz Schwierigkeiten bei seiner Forschung mit Hilfe eines Traums überwand, können auch wir unsere Probleme lösen.

Unterbrechen Sie Ihr Leben nicht durch einen Frontalangriff auf Ihre Traumwelten, sondern lenken Sie zu Anfang lieber nur ein wenig Aufmerksamkeit auf Ihre Träume. Statt zu versuchen, Ihre Träume täglich von heute bis in alle Ewigkeit aufzuschreiben, wählen Sie einen Tag in der Woche aus, an dem Sie am ehesten einige Minuten Ruhe haben. Sie können das Traumstudium während eines Mittagsschlafs beginnen. Stellen Sie sich einen Wecker auf zwanzig Minuten, wenn Sie müde sind, und legen Sie sich ein Notizbuch zurecht. Richten Sie Ihre Aufmerksamkeit auf den Mahanta, den Lebenden ECK-Meister; aber tun Sie dies auf eine lockere, leichte Art — fast wie bei einem beiläufigen Gedanken.

Sagen Sie sich nun, daß Sie einen friedlichen Mittagsschlaf haben werden und daß Sie sich, wenn Sie aufwachen, ein wenig an das erinnern werden, was in den anderen Welten geschieht. Schlafen Sie dann ein.

Wenn der Wecker klingelt, notieren Sie alles, woran auch immer Sie sich erinnern können, ganz gleich wie unsinnig es erscheint. Mit der Zeit können Sie Ihr Traumstudium ausdehnen, denn diese Methode ist selbst in einer lebhaften Familie leicht durchzuführen.

Die erste Regel beim Führen eines Traumbuches ist, in einfacher Sprache zu schreiben. Vielschichtige Ideen in alltäglicher Sprache aufzuschreiben ist harte Arbeit. Ein Traum kann so viele Einzelheiten enthalten, daß Sie vom Wesentlichen abgelenkt werden können. Um dieser Gefahr zu entgehen, schreiben Sie den Traum in seiner ganzen Länge auf. Dann legen Sie ihn beiseite. Betrachten Sie am Ende des Monats jene inneren Erlebnisse nochmals, die besonders auffallen. Verkürzen Sie sie auf das Wesentliche. Stellen Sie sich vor, Sie seien ein Redakteur bei *Reader's Digest*. Sammeln Sie Ihre besten Erfahrungen und Offenbarungen, soweit Sie welche haben, und schicken Sie sie dem Meister in Ihrem Initiiertenbericht. Dies ist eine einfache Art, Karma aufzulösen.

Ihr Traumbuch ist eine Landkarte. Auf ihr sammeln Sie Ereignisse Ihres spirituellen Lebens. Mit der Zeit wird langsam aus der besonderen Art, wie Sie die Bilder in Ihren Träumen aufzeichnen, eine Struktur entstehen. So werden Sie ein Wegbereiter, ein Forscher, in den Himmeln Gottes.

Hilfe aus Träumen in sehr weltlichen Dingen kann Finanzen betreffen. Ein Träumer sah einen Stier. In früheren Traumaufzeichnungen hatte er festgestellt, daß der Stier für ihn einen symbolischen Bezug zur Börse hatte und steigende Kurse bedeutete. Aber in diesem Traum sah er das paradoxe Bild eines stillstehenden Stiers. Er beschrieb dieses Bild mit einer hübschen Redewendung: »Er stand stock*-steif«. Er interpretierte dies richtig als einen vorübergehenden Stillstand der Börsenkurse und nicht als einen großen Sturz. Daher behielt er seine Wertpapiere, statt mit Verlust zu verkaufen. Einige Tage später stiegen die Kurse wieder.

Ein Traumbuch kann auch eine allgemeine Warnung vor Gefahren geben. Es kann einem Menschen ein Überblick darüber gegeben werden, worauf er achten soll, statt daß ihm alle Namen und Gesichter der Übeltäter gezeigt werden. Diese scheinbare Lücke im Traumdienst ist kein Versehen. Der Mahanta, der Lebende ECK-Meister, arrangiert die Traumwelt des ECKisten. Er gibt dem Träumer genug Informationen, damit er, wenn er möchte, seine eigenen Träume deuten kann.

Sonst würde der Träumer ein blindes Vertrauen in Träume entwickeln und wenig davon haben. Er ist dafür verantwortlich, Stabilität in seine eigenen Welten zu bringen, denn er hat es wissentlich oder unwissentlich zugelassen, daß andere sie durcheinanderbrachten.

Einem Träumer wurde ein zukünftiger Zustand durch das folgende Erlebnis auf der Astralebene gezeigt. Jemand band ein plumpes, eineinhalb Meter langes Krokodil mit einem langen Seil an seine Taille. Um der Bedrohung zu entgehen, flog der Träumer in den Himmel, hoch über Felder und Wälder. Das Krokodil folgte ihm wie ein bösartiges Etwas am Ende seines nabelschnurartigen Seils. Der Träumer lieferte

---

*Wortspiel im Englischen: stock bedeutet zum Beispiel *Baumstumpf*, aber auch *Aktie*.

die Flugenergie, welche es dem Reptil ermöglichte, seine Luftangriffe gegen ihn zu führen.

Der Träumer war wie das Leitflugzeug in einem Luftkampf. Mit komplizierten Ausweichmanövern entging er den Krokodilszähnen lange genug, um das Seil aufzuknoten und dann das Krokodil zu Tode stürzen zu sehen.

Der Traum bedeutete folgendes: Jemand in seinem physischen Leben wollte ihn an ein Projekt mit einem eingebauten selbstzerstörenden Mechanismus binden. Der Träumer wurde gewarnt: »Sei auf der Hut. Der Plan wird sich gegen dich auswirken.« Seine Kenntnis von Ausweichmanövern würde ihm Zeit geben, die Bindungen an jene zu lösen, die planten, seinen Interessen zu schaden. Dieser Traum verschaffte ihm einen Vorteil. Mit Gegenmaßnahmen gewann er die Oberhand über die Verschwörung, die ein paar Tage später sichtbar wurde.

Der folgende Traum hat eine eher indirekte Bedeutung. Er versuchte, dem Träumer die Schwierigkeiten aufzuzeigen, die bestehen, wenn man von einem hohen Bewußtseinszustand herabsteigt und sein alltägliches Leben weiterführt. Er befand sich auf einem hohen Turm. Seine Aufgabe bestand darin, den Turm hinauf und hinabzuklettern, ein gefährliches Unterfangen. Als er einmal zum Fuß des Turms hinabkletterte, wickelte sich das um seine Taille geschlungene Sicherheitsseil um sein Bein und ließ ihn kopfüber nach unten baumeln. Verzweifelt griff er nach der Leiter am Turm, und es gelang ihm, sich wieder aufzurichten und den Boden sicher zu erreichen.

Dies war eine spirituelle Erfahrung. Die Einzelheiten lassen sich nicht so logisch aneinanderreihen, wie manche Bilder in einem Traum. Aber der Träumer *wußte*, er mußte achtsam sein. Er durfte niemandem gestatten, ihn unvorbereitet zu überrraschen, während er sich in einem höheren Bewußtseinszustand befand. Ein solches Hindernis könnte seine Welt auf den Kopf stellen und ihn möglicherweise zerstören.

Manche Menschen können sich an ihre Träume einfach nicht erinnern. Wenn jedoch die Zeit gekommen ist, wird der Mahanta einem dabei helfen, sich an eine Erfahrung von spirituellem Wert zu erinnern.

Zum Abschluß, ein Traumbuch ist eine spirituelle Straßenkarte, eine Aufzeichnung Ihrer Reisen im Fernen Land. Jede Reise wird Ihnen ein besseres Verständnis für die Gesetze des Lebens geben, und damit ein volleres Verständnis der Liebe, denn die Liebe ist die universale Lehre von ECK.

Jetzt ist die Zeit gekommen, Ihr Traumbuch zu beginnen.

19

Der Heilige Träumer

Das innere Leben des Träumers beginnt sich zu entwirren, sobald er das Studium von ECK aufnimmt. Der Schauplatz der subtilen Welten des Träumers wird durch den Eintritt des Mahanta geheiligt, der karmische Lasten durch den kreativen Umgang mit Träumen tilgt.

Ein häufiger Grund für Fehlschläge im ECK-Programm ist, daß man sich zu niedrige spirituelle Ziele setzt. Zu diesen Zielen gehört es, die Gottheit um bessere Gesundheit, größeren Reichtum oder einen liebenden Partner zu bitten, welches nur Wünsche des menschlichen Bewußtseins sind. Das einzige lohnende Ziel für jede Seele ist Ihre Rückkehr zu Gott. Der Lebende ECK-Meister stellt den direktesten Weg zurück zum Ozean der Liebe und Güte vor. In seinen Vorträgen weist er ständig auf den inneren Tempel hin, wo der Mahanta den Chela trifft.

Eine Frau von den Philippinen, die ihren Dank für eine vor kurzem erhaltene Antwort vom Lebenden ECK-Meister ausdrückte, wies auf die Verbindung zwischen dem Inneren und Äußeren Meister hin. Sie schreibt: »Etwa um dieselbe Zeit wie das Datum des Poststempels auf Deinem Brief erhielt ich einen ähnlichen Brief von Dir im Traumzustand. Ich kann mich jetzt nur an ein paar Sätze erinnern, aber er gab mir so viel Bestätigung...«

Die Traumerfahrung bietet ein passendes Lehrinstrument zu den ECK-Kursen. Dadurch kann der Träumer die Furcht und den Zweifel vermeiden, die ihn oft während der Kontemplation lähmen. Voller Vertrauen begrüßt er jetzt den Meister, der ihn in die höheren Ebenen des Himmels erhebt. Bei der Initiation etabliert der Vi-Guru eine esoterische Verbindung zwischen sich und dem ECKisten. Sanft beseitigt der Lebende ECK-Meister Hindernisse wie Furcht, Depression und Einsamkeit. So öffnet sich das Bewußtsein des Chela, um ein gewisses Maß an Licht und Ton zu empfangen.

Die Angst vor dem Tod wird durch Träume gemildert. Ein ECKist aus dem Gebiet der großen Seen erzählt: »Vor ein paar Nächten hatte ich einen Traum... er handelte von der Angst vor dem Tod. Ich saß mit dem Inneren Meister an einem Lagerfeuer und fragte, ob die Seele den Körper nach dem Tod überlebt. Das Lagerfeuer begann sich zu bewegen, bis es unter mir war, und mein Körper wurde von den Flammen verzehrt. Als mein Körper vollständig verbrannt war, konnte ich erkennen, daß ich immer noch da war!«

Er lernte durch seine eigene Erfahrung, daß die Seele ewig ist und daß Sie keinen Anfang und kein Ende hat.

Sehr oft wird man im Traumreich mit Furcht konfrontiert. Eine Frau hatte sich einmal im Keller eines Museums verirrt. Dieses Bild stellte die Gefangenschaft der Seele in den materiellen Welten dar. Als sie schließlich auf den Ausgang stieß, kam sie vom Kellergeschoß ins Freie hinaus. Augenblicklich zog drohend ein Wirbelsturm am Horizont auf, aber sie unterdrückte ihren Schrecken, indem sie ihr geheimes Wort sang. Ein weißes Licht, wie ein Kugelblitz, kam auf sie zu und erschreckte sie noch mehr als der Tornado. Während sie weiterhin ihr Wort sang, verlor sie die Furcht vor dem weißen Lichtball, der sich nun sanft mit ihrer Aura vereinigte. Der Tornado war vergessen.

Die Hingabe an den Heiligen Geist besiegt die Furcht. Eine innere Erfahrung der oben erzählten Art bildet Widerstandskräfte, um anderen Prüfungen im täglichen Leben zu begegnen.

Das Motiv der Angst taucht wiederholt in Träumen auf. Ein Chela von der Westküste der Vereinigten Staaten träumte von einem Angriff durch ein Rudel Wölfe. Sie rief um Hilfe, und als Antwort hörte sie ein »Peng«. Die Wölfe heulten und rannten weg. Als nächstes erschien das Gesicht von Wah Z, dem Inneren Meister, auf dem Bildschirm ihres Verstandes, und dies brachte sie zu einer wichtigen Erkenntnis: »Denke daran, das ECK um Hilfe zu bitten.«

Und was ist der Innere Meister? Nur das ECK! Die Göttliche Kraft formt das Bild eines Spirituellen Reisenden, zu dem der Träumer eine enge Beziehung entwickelt hat.

Eckankar-Seminare tragen dazu bei, das innere Band der Kommunikation zwischen Meister und Chela herzustellen. Bei einem Regionalen Eckankar-Seminar in Greensboro, Nord-Carolina, erzählte jemand, daß er dort einige Stunden früher angekommen sei — aber im Traumzustand. Ihm war gesagt worden, der Lebende ECK-Meister wünsche ihn zu sehen. Tausend Dinge tauchten auf, bevor er dorthin gelangen konnte.

Persönliche Belastungen mußten vor dem Treffen gelöst werden. Bestürzt fragte er sich, ob dies alles bedeute, daß er nicht würdig sei, dem Ruf des Meisters zu antworten. Der Mahanta besänftigte seine Sorge: »Nimm dir Zeit!« Nachdem er den ganzen Kram erledigt hatte, war er bereit, den Lichtspender zu treffen — zuerst im Traum, und kurz danach im Physischen.

Es ist kaum notwendig, daß der Äußere Meister auf Seminaren jemandem die Hand schüttelt. Das bedeutendere Treffen ereignet sich mit dem Inneren Meister entweder in der Kontemplation oder im Traumzustand.

Der Traummeister, welcher der Innere Meister ist, ist ermächtigt, tiefe Einsicht in das Bewußtsein des Träumers einsickern zu lassen. Das folgende Beispiel berichtet, wie ein ECKist empört war, weil er den Verdacht hatte, ein Mahdis habe empfohlen, ihn bei der Initiation zu übergehen. Er teilte seine Ansichten von dieser spirituellen Ungerechtigkeit einer Freundin mit, welche die Angelegenheit in die Kontemplation mitnahm. Ein ECK-Meister kam in einem Traum und überreichte ihr ein Päckchen in Geschenkpapier. Die Träumerin wollte das Geschenk zurückweisen, weil sie glaubte, es nicht zu verdienen.

»Du hast das Geschenk bereits«, versicherte er ihr. »Dies ist nur die Verpackung, damit du dir bewußt bist, es empfangen zu haben.«

Er wies darauf hin, daß Menschen, die versuchen, einem anderen ein Geschenk vorzuenthalten, und nicht erkennen, daß es nur die leere Verpackung ist, die sie ihm verweigern, riskieren, selbst das Geschenk zu verlieren. Den Heiligen Geist kann man nicht täuschen. Ihr Freund hatte in Wirklichkeit die Initiation durch einen Mangel an Selbstdisziplin nicht erreicht. Der Heilige Geist kennt die wahren Tatsachen. Sobald wir unsere Verdächtigungen dem ECK übergeben, löst Es die Angelegenheit zum Wohl des Ganzen. Der ECKist kann jetzt seine Fähigkeit gebrauchen, sich in andere Welten zu begeben und ein größeres Instrument für den Heiligen Geist zu werden. Ein Initiierter bot sich an, die Botschaft von ECK den Nichtinitiierten zu bringen. In einem Traum durfte er einen sehr guten Freund mit Eckankar bekanntmachen. Seinem Bekannten wurde die Rolle des Karma gezeigt und auch, wonach die Seele in dieser Existenz wirklich strebt.

Zwei Tage später wurde sein Freund gefährlich verletzt, aber innerlich hatte er bereits die Ursache für das Karma erkannt. Der ECKist andererseits fand Trost in der Tatsache, daß der Heilige Geist ihn einen Träger für die Botschaft spiritueller Befreiung hatte sein lassen.

Freuen Sie sich jede Nacht auf den Schlaf, denn ich werde Ihnen in Ihren Träumen begegnen. Genießen Sie die Stunden des Tages, in denen Sie die ECK-Prinzipien ausprobieren können, denn Sie alleine schaffen Ihre Welten.

Der Heilige Träumer bewegt sich sein ganzes Leben lang auf heiligem Boden.

20
Ein paar Worte über Drogen

Es ist bedauerlich, wenn der Lebende ECK-Meister Briefe von drogenabhängigen Leuten erhält, die zu Eckankar kommen möchten.

Die ECK-Meister erkennen, daß Drogen, ausgenommen solche, die rechtmäßig von einem Arzt verschrieben werden, den, der sie nimmt, auf die zerstörerische und entwürdigende Stufe der Lust* hinabziehen, eine der fünf Leidenschaften des Verstandes, von denen im *Shariyat-Ki-Sugmad* die Rede ist. Diese Leidenschaft wird ihn mit der Zeit auf die Bewußtseinsstufe eines Tieres zurückführen.

In den 60er und frühen 70er Jahren entwickelte sich das Drogenbewußtsein dahingehend, daß Menschen, die Drogen nahmen, sich gezwungen fühlten, andere, die keine nahmen, in die Drogenszene einzuführen. Bei Parties war es ein beliebter Trick, das Essen oder das Getränk von jemandem zu »würzen«, um den unvorsichtigen Gast »aufzulockern«.

---

*Lust im Sinne des Englischen *lust* in der Bedeutung *übermäßige sinnliche Begierde*

Medizinische Forscher begannen gerade erst, sich auf die Gefahren zu konzentrieren, die Drogen für den Verstand bedeuteten. Das waren die blauäugig naiven Jahre, als der Mißbrauch von Drogen unter den Jugendlichen des Landes in Schulen und im Militärdienst alarmierend anstieg. Kaum jemand war sich der Folgen bewußt, die von den ehrfurchtgebietenden Herren des Karma in ihren karmischen Aufzeichnungen verbucht wurden.

Es ist ein schwerwiegendes spirituelles Vergehen, den Bewußtseinszustand eines anderen gegen seinen Willen zu verändern, und dazu gehört auch, unfreiwillige Opfer durch den Druck von Altersgenossen und Freunden zum Nehmen von Drogen zu verleiten.

Der folgende Hilferuf zeigt die mentale Angst, die von einer schlimmen ersten Erfahrung mit LSD verursacht wurde. »Kürzlich«, sagt die Schreiberin, »tat ich etwas, das ich wirklich sehr bedaure. Ich nahm eine halluzinogene Droge. Ich weiß wirklich nicht, warum ich sie nahm. Vermutlich deshalb, weil ich so sein wollte wie alle anderen in der Schule. Ich hatte keine Ahnung, wie es sein würde. Ich wollte, es wäre nie geschehen. Es hat bei mir einige ziemlich schlimme Sachen bewirkt, und ich weiß nicht, wie lange ich das noch aushalten kann. Ich habe das Gefühl, ich verliere meinen Verstand.« LSD hatte ihre Gedanken auf Selbstmord gerichtet.

Wenn jemand töricht genug ist, einen anderen dazu zu bringen, Drogen zu nehmen, muß er mit dem Opfer mehrere Leben lang reinkarnieren, bis die Wirkungen der Sucht gebrochen sind. Der Mahanta wird seine Bitten, ihn in die höheren Welten zu erheben, ignorieren, bis die letzte Spur dieser Schuld zurückgezahlt ist.

Drogen greifen die physische, emotionale und mentale Struktur des Menschen an, der in ihre Falle geht, und zerstören sie schließlich. Eine im Geschäftsleben festgestellte Wirkung ist der Verlust von konsequenten, vernünftigen Entscheidungen bei dem, der Drogen nimmt.

Der Verstand besteht aus vier verschiedenen Teilen. Der von Drogen anfangs am meisten beeinflußte Teil ist die Buddhi-Fähigkeit, das Instrument für das Denken, das Unterscheidungsvermögen und die Urteilsfähigkeit. Ein ECKist, der Drogen generell meidet, findet sich mehr als befähigt, den Kollegen, die der heimtückischen Drogengewohnheit erlegen sind, in der Konkurrenz einen Schritt voraus zu sein.

Das Ziel von ECK ist die Erhaltung der Individualität, was zu spiritueller Freiheit führt. Der Abhängige öffnet seine Aura für niedere Astralwesen und kann das Recht verwirken, dem Weg von ECK zu folgen, während er von Drogen beherrscht wird.

Eine Frau berichtete, daß auf einer Party LSD in ihr Getränk gegeben wurde. Die für den Streich verantwortliche Gruppe von Leuten hatte beschlossen, sie aus ihrer Schale herauszuholen, und sie damit fast bis zur Selbstzerstörung gebracht. Das Eingreifen des Mahanta, des Lebenden ECK-Meisters, befreite sie aus den verzerrten Höllen des Wahns, die sie an den Rand des Selbstmordes trieben. Das ECK bewahrte sie in recht dramatischer Weise davor, diese Absicht auszuführen. Während einer Reihe von Jahren danach begegnete ihr der Mahanta auf den inneren Ebenen, um langsam den Schaden zu reparieren, der dem Emotional- und dem Mentalkörper zugefügt worden war.

Der Leser täte hier gut daran, die Folgen zur Kenntnis zu nehmen, die den psychischen Verbrechern zustießen, die sich als ihre Freunde ausgaben. So gut wie alle von ihnen sind auf die eine oder andere grauenhafte Weise umgekommen. Eine der beteiligten Personen lebt noch, wurde aber als unheilbar krank diagnostiziert. Die ECKistin andererseits erlangte wieder ihre Gesundheit dank des Schutzes, der vom Mahanta gewährt wurde.

Oft wenn ein Brief von jemandem, der Eckankar mit Drogen vermischt, meinen Schreibtisch erreicht, schicke ich einen Brief zurück, mit dem ich ihn von dem Weg von ECK entferne, bis er sich von diesem zerstörerischen Werkzeug des Kal, der negativen Kraft, losreißen kann.

Wenig weiß der, der Drogen nimmt, davon, daß seine Suspendierung aus Mitgefühl geschieht — und aus Achtung vor dem spirituellen Gesetz von ECK. Das Ergebnis für jeden, der mit Drogen spielt, während er die Spirituellen Übungen von ECK praktiziert, ist ein schwerer Rückschlag in der spirituellen Entfaltung. Lassen Sie ihn zuerst die Gewohnheit ablegen — was sicherstellt, daß er diese grundlegende Selbstdisziplin erworben hat — dann kann er wieder an den Lebenden ECK-Meister herantreten, um die Erlaubnis zu erbitten, mit den ECK-Werken fortzufahren.

Die Erfahrungen eines Menschen, der verstandesverändernde Drogen nimmt, ganz gleich wie anziehend oder erfüllend sie erscheinen mögen, bringen ihn nicht weiter als bis zur niederen Astralebene und gewiß nicht zum höchsten Ziel Gottes. Er gehört nicht auf den Weg von ECK aufgrund des Schadens, den er sowohl sich selbst als auch den Menschen, die um ihn sind, zufügt.

Dies ist eine strenge Warnung bezüglich der Gefahren von Drogen im Leben eines Menschen, der Gott ergeben ist. Hätte ich die Worte dafür, würde ich das noch stärker betonen. Jeder, der das spirituelle Gesetz mißachtet, indem er ein unschuldiges Opfer dem entwürdigenden Schrecken von Drogen aussetzt, oder selbst Drogen nimmt, muß den Herren des Karma ganz direkt Rede und Antwort stehen. Der Mahanta, der Lebende ECK-Meister, läßt ihn allein, damit er seine eigenen Lektionen lernt.

<u>ECK ist der Weg für die Seele, die aufrichtig nichts anderes als den direkten Weg zu Gott sucht.</u> Die Person muß frei sein von Drogen, wenn sie nicht von einem zugelassenen Arzt verschrieben sind.

Hiermit sollen alle sehen und wissen, was der Lebende ECK-Meister von Drogen hält. Er zeigt nur die Fallen und Hindernisse auf, die zwischen der Seele und Ihrem höchsten Ziel der spirituellen Befreiung in diesem Leben und dem Erreichen des Himmelreiches stehen.

21
Die Methoden des Schwarzmagiers

Ein Mensch, der seine Pflicht Gott gegenüber vernachlässigt, hat Gott niemals vollständig gesehen. In dem Buch *Der Zahn des Tigers* erörtert Fubbi Quantz die Legende vom gefallenen Engel. Es ist die Geschichte eines Wesens, das hoch stieg auf der Leiter des spirituellen Erfolges, aber seiner Verpflichtung Gott gegenüber nicht nachkam.

»Obwohl die geistige Hierarchie ihn vielleicht ausschließt, ist Gott immer bereit, ihm die Rückkehr auf den Weg zu ermöglichen«, sagte Fubbi in einer Lektion mit Paul über die Anbetung des Moloch, die Anbetung der Persönlichkeit. (Lesen Sie Kapitel elf in dem Buch *Der Zahn des Tigers*.)

Der Schwarzmagier ist auf einfache, unerfahrene Leute angewiesen, um die Anbetung der Persönlichkeit zu fördern, denn seine Macht beruht auf Unwissenheit. Es gibt mehrere Anzeichen dafür, daß in einem Menschen die Kal-Kraft stärker ist als das ECK, und dazu gehören folgende:

(1) Zeigen Sie ihm Geld, und er wird sich überlegen, wie er es von Ihnen bekommen kann. (2) Schaffen Sie

Frieden in Ihrem Heim, und er wird versuchen, ihn zu brechen. (3) Wenn Sie sagen: »Dies ist die Wahrheit«, wird er versuchen zu beweisen, daß das nicht so ist.

Das Potential, in Ungnade zu fallen, ist eine echte Gefahr, wenn sich die Lust nach Macht in den Vordergrund drängt. Ganz gleich, welch hohen Stand jemand auf seiner Reise zu Gott erlangt, er kann als gefallener Stern enden, wenn er das Sugmad nicht wirklich gesehen hat.

Ein Schwarzmagier dient seinem eigenen Vergnügen und bringt die Unvorsichtigen rücksichtslos um all ihr Hab und Gut, denn sein Gott ist Mammon. Das Licht und der Ton Gottes sind seinem Herzen fremd, weil die Leidenschaften des undisziplinierten Selbst in die tiefsten Winkel dessen gekrochen sind, was einst der heilige Tempel des Allerhöchsten war.

Die Zauberei kam unter der Menschheit in der Zeit der Hyperboräer auf, in den frühen Tagen des Menschen auf der Erde. Damals war Kai-Kuas der Lebende ECK-Meister, der den psychischen Kräften entgegenwirkte, indem er die wenigen Auserwählten, die ihn verstehen konnten, ECK lehrte. Die Varkas-Könige regierten mit einem Netz von Furcht, das von den unsichtbaren Kräften der dunklen Seite gewebt wurde.

Die Varkan-Herrscher, die das Mischen der Energien zum Zwecke der Zerstörung gut beherrschten, riskierten keinen Widerstand gegen ihre Herrschaft im Königreich. Kai-Kuas wurde durch den Gebrauch des magischen Auges in seinem Versteck entdeckt, gefangengenommen und hingerichtet. Der Stab der ECK-Macht ging jedoch auf seinen Nachfolger über, um Kal Niranjans Versuche, die göttliche Botschaft des ECK in dieser prähistorischen Zeit auszulöschen, zu vereiteln.

Kai-Kuas ging, gemäß der Tradition aller Lebenden ECK-Meister, in die Stille. Es heißt, daß all diese Sonderbeauftragten Gottes hier nur eine bestimmte zugeteilte Zeitspanne haben. Schüler, die Kai-Kuas auf den inneren Ebenen sehen und mit ihm sprechen konnten, erhielten dort weitere Anweisungen von ihm. Aber im Äußeren wurden sie und andere zu dem nächsten Lebenden ECK-Meister geführt.

Dieses Vorgehen wird von den ECK-Meistern aller Zeiten immer genauso angewendet. Der Lehrer kommt, um seine Botschaft zu bringen, erhebt die Erleuchteteren in die spirituellen Ebenen und verläßt dann das irdische Theater, um in der Stille zu arbeiten, entweder hier oder auf der anderen Seite.

Rebazar Tarzs lehrt heute auf diese Weise, obwohl er immer noch einen physischen Körper hat. Er arbeitet in der historischen Art und Weise, die Jesus von dem Orden der Vairagi kopierte.

Die ECK-Meister verbleiben innerhalb ihrer eigenen Linie und arbeiten völlig entgegengesetzt zu den Methoden der Kal-Agenten, die mit Taktiken der Macht und der Furcht wild darum kämpfen, jeden kläglichen Rest von Kontrolle festzuhalten.

<u>Um schwarze Magie aufzuheben, ist man auf seine eigene Integrität angewiesen.</u> Paul erzählte folgende Geschichte von William Bishop, dem ersten Direktor eines frühen Museums auf Hawaii. Als Bishop zum erstenmal auf die Inseln kam, wurde er todkrank. Jemand informierte ihn darüber, daß seine mysteriöse Krankheit von schwarzer Magie herrührte, verursacht von örtlichen Kahunas, Zauberdoktoren. <u>Bishop brach ihren Zauber, indem er sich einfach weigerte, ihre Macht anzuerkennen, und besiegte sie dadurch.</u>

Ein Schwarzmagier hat einen bestimmten Grad an Wissen darüber, wie unsichtbare Energien vom

Hörbaren Lebensstrom abgespalten werden können, aber er lenkt sie auf Dunkelheit und Zerstörung. Mit der Kraft, in Träume einzudringen, kann er Schrecken durch Alpträume bringen. Der Träumer zittert und fragt sich, was so plötzlich die feine Waagschale in seinen Angelegenheiten aus dem Gleichgewicht gebracht hat. Monster erscheinen, Kräfte zerren am Astralkörper, und seltsame, schreckliche Phänomene treten ihm gegenüber.

Die Furcht wächst, und mit ihr beschleicht der entwaffnende Einfluß des Magiers das Opfer. In der Anfangsphase zerbricht er die Gelassenheit des Menschen, um so Kontrolle über den Verstand zu haben. In seinem Verlangen nach schierer Macht kümmert sich der Magier nicht einen Deut um die Freiheit der Seele.

Ein Trick, der angewendet wird, um das psychische Zuhause des Opfers zu verletzen, geschieht durch einen Traum, in welchem dem Opfer gesagt wird, es solle einen Brief von dem Magier erwarten. Wenn es den Umschlag öffnet, wird eine posthypnotische Beeinflussung ausgelöst, die den ursprünglichen Traumkontakt des Schwarzmagiers verstärkt. Der Betreffende wird hinters Licht geführt und gibt unbewußt eine kleine Ecke von sich selbst an eine äußere Kraft ab, die ganz und gar nicht auf sein Wohlergehen bedacht ist.

Der Schwarzmagier kriecht Schritt für Schritt in das Leben seines Opfers. Jeder emotionale Trick wird benützt, um die beiden immer enger aneinanderzubinden.

Um eine psychische Attacke zu überstehen, können mehrere Schritte notwendig sein: (1) Ein bewußtes Schließen der emotionalen Türe gegen den Eindringling. Alle Fotos, sowie Erinnerungsstücke von einer zerstörenden Persönlichkeit müssen aus dem Haus entfernt werden. (2) Ein ständiges Singen des HU oder des persönlichen Wortes des Initiierten. (3) Ein tatsächlicher Kampf auf den inneren Ebenen, wobei der Eindringling durch Selbstverteidigungstechniken oder mit einer Waffe, die gerade zur Hand ist, vertrieben wird. (4) Viel Schlaf in jeder Nacht.

Das alte Gesetz des Schutzes lautet folgendermaßen: »Nichts kann uns verletzen, wenn wir es nicht selbst zulassen!«

Menschen, die unter psychischen Angriffen stehen, müssen eine Entscheidung treffen, ob sie dem Herrn von Licht und Ton folgen wollen oder dem Herrn der Dunkelheit. Unschlüssigkeit erzeugt einen gespaltenen Energiefluß im Menschen. Ich bekam Berichte von Leuten, die Herzattacken erlitten, weil sie sich von ihren Emotionen in zwei verschiedene Richtungen zur gleichen Zeit ziehen ließen. Geben Sie die Anbetung des Moloch auf. Der Preis ist zu hoch.

Folgende Technik wird einen Schwarzmagier von Ihren Welten ausschließen: Schließen Sie vor dem Einschlafen Ihre Augen und sehen Sie sich vor einem riesigen Berg aus Licht stehen, aus dem die zauberhafteste Melodie des Hörbaren Lebensstromes fließt.

Stellen Sie sich nun vor, wie Sie den Weg entlang auf eine riesige Türe zugehen, die einen Eingang in die Seite des Berges sichert. Die massive Bauweise der Türe kann einer Atombombe standhalten.

Gehen Sie hinein und schließen Sie die Türe hinter sich zu. Beachten Sie, wie leicht sie sich bewegen läßt, trotz ihrer großen Höhe und massiven Konstruktion. Wenn die Türe geschlossen ist und Sie sich in sicherem Gewahrsam befinden, verriegeln Sie die Türe ganz fest. Lassen Sie das Vorhängeschloß einschnappen, schieben Sie den Riegel vor und bringen Sie die Querstange an ihren Platz—dann drehen Sie sich um und gehen Sie geradewegs in die Welten von Licht und Ton.

In extremen Fällen ist es vollkommen in Ordnung, verschiedene äußere Kammern innerhalb des Eingangs zu schaffen. Jede Kammer ist gleichermaßen durch eine riesige Türe geschützt; alle sind gegen die Nacht gesichert.

Seien Sie sich einer Sache bewußt: Die Schutztüre besteht aus der Substanz des ECK Selbst. Nichts kann durch Es hindurchkommen!

Der Lebende ECK-Meister kann Ihnen helfen, die dunkle Kraft durch den Gebrauch des mächtigen Schwertes des Sugmad zu bekämpfen — aber nur, wenn Sie zuhören.

22

Der Mahanta und Seelenreisen

Die Aufgabe von Eckankar ist es, dem einzelnen zu zeigen, wie er durch die Techniken des Seelenreisens den Weg heim zu Gott findet.

Die erste Begegnung eines Menschen mit dem Mahanta, dem Lebenden ECK-Meister, kann ein ganz gewöhnliches Ereignis sein, das wenig Interesse an Gott hervorruft. Sie kann vorübergehen, ohne daß der Sucher irgendeine Bedeutung darin erkennt. Der besondere Augenblick geht verloren wegen der alltäglichen Umstände, unter denen er stattfindet.

Andererseits hat die Begegnung vielleicht die gegenteilige Wirkung und verursacht eine heftige Reaktion bei der Person, der sich der Meister zum ersten Mal zuwendet.

Zum Beispiel erzählt eine Frau aus einem der südlichen Staaten der U.S.A., wie sie Mitte der fünfziger Jahre Wah Z in einer Hotellobby in San Francisco traf. Er gab ihr ein Exemplar von *ECKANKAR — der Schlüssel zu geheimen Welten* von Paul Twitchell, ein Buch, welches ihrem Geschmack nicht entsprach. Einiges davon unterstützte ihre eigene Philosophie, aber im großen und ganzen hatte es keinen Wert für sie. Der Besucher verbarg seine Identität vor ihr, und alle Erinnerung an dieses Ereignis wurde aus ihrem bewußten Verstand gelöscht.

Dreißig Jahre später erfuhr sie seinen Namen, als sie zu einem Eckankar-Treffen kam, wo sie überrascht war, sein Bild auf dem Umschlag eines Buches zu sehen; es war Wah Z, der gegenwärtige Lebende ECK-Meister. Außerdem lag da auch ein Exemplar des Buches *ECKANKAR—der Schlüssel zu geheimen Welten*, das tatsächlich erst 1969 veröffentlicht worden war. Sowohl der Mann als auch das Buch sahen genauso aus, wie sie es aus der Lobby in San Francisco — damals, Mitte der fünfziger Jahre—in Erinnerung hatte. All die verlorenen Erinnerungen an dieses Treffen mit dem Spirituellen Reisenden brachen über sie herein. In den dazwischenliegenden Jahren hatte sie die Vorbereitung abgeschlossen, die notwendig ist, um den Meister zu erkennen.

Wie paßt ihre Geschichte zum Seelenreisen? Der Mensch wird durch die Prüfungen des täglichen Lebens vorbereitet, den Meister zu treffen, und danach beginnt er mit seinem Training für das Seelenreisen. Der Meister kann die Seele aus der spirituellen Dunkelheit befreien, und jene Frau hatte ihn gefunden.

Seelenreisen ist für die Seele ein Mittel, direkt nach Hause zu Gott zu gehen, doch es ist überraschend, die vielen niedriger angesetzten Motive mancher Leute, die es lernen möchten, zu sehen. Einige möchten Seelenreisende sein, um heilen zu können. Andere möchten ihren Lebensunterhalt damit verdienen, Privatpersonen ausspionieren oder Geschäftsgeheimnisse stehlen, oder sie suchen Anerkennung in den Nachrichtenmedien dadurch, daß sie Verbrechen aufklären oder vermißte Personen finden. Jedes Motiv wird angegeben, außer der echten Sehnsucht nach Gott.

Nachdem man den Mahanta getroffen hat, verwendet der Meister den Traumzustand, um den Chela darauf vorzubereiten, das Licht oder den Ton zu empfangen.

Ein Initiierter, der versuchte, in der Kontemplation auf eine bestimmte Ebene zu gehen, wurde vom Inneren Meister in die inneren Welten mitgenommen. Der Meister fuhr ihn bei Nacht durch eine Wohngegend. Die Häuser zogen schnell vorüber. Plötzlich brach das hellste Licht, das man sich vorstellen kann, aus einer Lücke zwischen den Häusern hervor. Sein blendender Blitz war wie Magnesium, das in einer Chemiestunde abbrennt. Aber der Mahanta wußte, daß das reine Licht Gottes den Chela wegen der Unreinheiten in ihm zerstören würde, und fuhr ihn deshalb rasch an dem Licht vorbei, damit Es das empfindliche Spirituelle Auge des Initiierten nicht verbrannte.

Zuerst hatte dieser Chela nur den Ton der Ebene gehört, welcher ihn in das Ferne Land erhoben hatte. Aber er wußte, daß beides, Licht *und* Ton, für eine spirituelle Vollendung notwendig sind. Der Ton brachte ihn zu dieser Ebene, aber das Licht war da, ihn seinen Weg durch die Dunkelheit sehen zu lassen.

Seelenreisen ist das Heimgehen der Seele zu Gott — eine einfache und direkte Erklärung für eine Öffentlichkeit, welcher der Begriff nicht geläufig ist; es ist die Rückkehr der Seele zum Ort Ihrer Erschaffung.

Seltsamerweise vergessen sogar jene Menschen, die eine Erfahrung Gottes hatten, später das enge Band, das einmal zwischen der Seele und dem Sugmad existierte. Einige sorgen sich um den Grad des spirituellen Status ihres Meisters im Vergleich zum Format vergangener Meister.

Es ist eine Eigenart der Natur des Menschen, daß er sich gerne mit Dingen von Bedeutung in Verbindung bringt, obwohl er nichts dafür getan hat, das zu verdienen. Vor einigen Jahren nannte Johnny Carson in seiner »Tonight Show« den Namen einer Stadt an der Ostküste, und im Publikum brach Applaus los, offenbar von Leuten, die in dieser Stadt lebten. Carson fragte mit verwundertem Blick: »Was haben Sie je für die Stadt getan?«

Die Leute, die ihrer Stadt Beifall spendeten, hatten deren Ruhm auf sich selbst übertragen, was ihnen ein Gefühl besonderer Wichtigkeit gab. Ihnen war es, als seien sie bedeutendere Menschen, weil ihre Heimatstadt ein wohlbekannter Ort war.

Menschen in Religionen bekommen eine Befriedigung aus zweiter Hand, wenn Außenseiter eine hohe Meinung von ihrem Führer haben; sie fühlen sich selbst besser. Aber dies ist das soziale Bewußtsein im Menschen, das mit der Wahrheit nichts gemein hat.

Würde es daher etwas ausmachen, wenn der Führer von Eckankar, der Seelenreisenbewegung, ein untergeordneter ECK-Meister mit begrenzter Autorität wäre, wie es Tamaqui von Deutschland im späten 19. Jahrhundert war? Wäre jemand gewissenhafter bei seiner Kontemplation, wenn ein voll verkörperter Mahanta auf Erden wandelte?

Die ECK-Lehre macht absichtlich keine genaue Aussage über die Länge der Zeitspanne zwischen den Verkörperungen des Mahanta, des Lebenden ECK-Meisters. Die Zahl der angegebenen Jahre kann fünf bis eintausend Jahre sein, zweihundert bis fünfhundert Jahre, fünfhundert bis tausend Jahre oder mehrere hundert Jahre. Begriffe wie »mehr oder weniger« belassen die tatsächliche Rückkehr des verkörperten Mahanta als offene Frage.

Der Mahanta kann in Zeiten spiritueller Gefahr schon innerhalb von zwei Jahren zurückkehren, oder das Universum sieht ihn vielleicht zweitausend Jahre lang nicht. Wäre es anders, so wäre die ECK-Lehre einer äußeren Autorität ausgeliefert, anstatt sich auf die inneren Offenbarungen zu stützen, welche einem vom Mahanta, dem Lebenden ECK-Meister, gegeben werden. Kein Meister kann den vollen Titel des Mahanta, des Lebenden ECK-Meisters, in die inneren Ebenen mitnehmen, wenn er sich vom Körper zurückzieht. Das Wort *Lebend* schließt diese Möglichkeit aus, denn es bedeutet einen Meister im physischen Körper. Deshalb ist Paul Twitchell nicht der Mahanta, der Lebende ECK-Meister, noch kann irgendein vergangener Meister dieser Kategorie zugerechnet werden. Jemand, der die Mahantaschaft verdient hat, behält diesen Bewußtseinszustand, wenn er für immer in die höheren Welten geht. Beispiele dafür sind Lai Tsi, Tomo Geshig, Gopal Das und andere. Die Erweiterung des Bewußtseins ist ein kontinuierlicher Prozeß, der niemals endet und der sogar über den Mahantazustand hinausgeht.

Jeder, der sich fragt, was er mit einer spirituellen Übung tun soll, die ihn anweist, das Bild des Mahanta, des Lebenden ECK-Meisters, auf den Bildschirm des Verstandes zu setzen, sollte diesen Bildschirm betrachten und seinen spirituellen Führer sehen. Der Mahanta ist das ECK, und alle, die vorbereitet sind, werden den Sat Guru treffen. Das ECK erreicht die Menschen durch Seine lebendige Verkörperung, den Meister der jeweiligen Zeit, denn es gibt keinen anderen Weg in das Königreich Gottes.

Es gibt vier Hauptunterteilungen in der Linie der ECK-Meister: (1) Der Mahanta, der Lebende ECK-Meister, der alle fünf bis tausend Jahre ein neues spirituelles Zeitalter einleitet, (2) der Mahanta Maharai, welcher der Lebende ECK-Meister ist und im Mahanta-bewußtsein arbeitet, (3) der Maharaji, der Lebende ECK-Meister, der noch nicht der Mahanta ist, und (4) ein ECK-Meister, einer der unzähligen und im allgemeinen unbekannten spirituellen Adepten, die dem spirituellen Führer von Eckankar bei seiner Mission helfen.

Viele Stufen der Macht sind den Wesen in jeder Unterteilung zugeteilt, je nachdem, ob sie den Stab der ECK Macht halten oder den spirituellen Mantel des Mahanta tragen.

Es erhebt sich die Frage: Wie kann ein Viertinitiierter die spirituelle Stufe eines Sechstinitiierten abschätzen? Beurteilt ein Mahdis die Verdienste eines Maharaji?

Was wichtiger ist, ist daher naheliegender: Wie komme ich mit dem Licht und Ton von ECK zurecht? Wenn jemand Seelenreisen will, muß er im Einklang mit der Idee eines Lebenden ECK-Meisters sein, denn der Meister ist das Mittel, welches das Göttliche ECK uns gibt, um die Welten Gottes zu erreichen.

Ein besorgter Mahdis schrieb, daß er seit seiner Zweiten Initiation kein geheimes Wort mehr habe. Noch habe er innere Gespräche mit dem Mahanta oder irgendwelche Erfahrungen im Seelenreisen gehabt. War mit dem ECK-Programm irgendetwas nicht in Ordnung? Er fuhr fort und berichtete, daß er regelmäßig einen Lichtball während der spirituellen Übungen oder später im Bett während des Traumzustandes sehe.

Das Verbindungsglied mit dem Mahanta — der Lichtball — wurde von ihm einfach übersehen, weil er solch ein Teil von ihm war. Jeder, der das Licht sieht oder den Ton Gottes hört, ist außerhalb des Körpers, selbst wenn die Augen dabei offen bleiben. Dies ist *eine* Art des Seelenreisens.

Die Bewegung der Seele über die menschlichen Sinne hinaus ist ein so natürlicher Prozeß, daß man ihn in seiner Einfachheit leicht übersieht. Anstatt sich entmutigen zu lassen, sollte man noch einmal über das Wesen des Seelenreisens im *Shariyat-Ki-Sugmad* und den ECK-Kursen nachlesen.

Die Ankerpunkte des spirituellen Wachstums sind richtig gesetzt, wenn jemand den feinen, packenden Ruf der Seele gehört und den Meister getroffen hat. Die karmischen Muster der Vergangenheit arbeiten sich nun rasch ab, und der Chela beginnt, die ekstatischen Zustände spiritueller Freiheit zu erleben.

Deshalb hängt Seelenreisen heute vom Mahanta, dem Lebenden ECK-Meister, ab. Alles nur Mögliche wird getan, um der Seele zu helfen, in dieser Lebensspanne durch Seelenreisen, die Erweiterung des Bewußtseins, Befreiung zu erlangen.

Jeder Chela kann dem Lebenden ECK-Meister in seinem monatlichen Initiiertenbericht schreiben, ob er im Seelenreisen Fortschritte gemacht hat oder nicht.

23

Seelenreisen heute

Das alte Mißverständnis in bezug auf das Seelenreisen besteht immer noch: daß es eine okkulte Projektion aus dem Körper hinaus in die Astralebene ist. Seelenreisen ist jedoch allumfassend. Es ist eine moderne Art, von der Seele auf Ihrer Reise heim zu Gott zu sprechen.

Einige Phasen, die man erfahren kann, während man in ECK ist, sind folgende: Vision, Traum, Seelenreisen, ECKshar-Bewußtsein und Gottbewußtsein. Diese Aspekte unterscheiden sich voneinander durch eine Steigerung von Licht und Ton für den Menschen.

Jedes Stadium vermittelt ganz bestimmte Erfahrungen, und jedes führt zu einer höheren Stufe. Die Vision ist eine Vorstufe der Seelenreisenerfahrung. Der Mensch ist noch an den physischen Körper gebunden und will sich nicht auf eine neue Suche nach Gott einlassen, besonders wenn dies bedeutet, sich aus der Sicherheit seines engen menschlichen Bewußtseins hinauszuwagen. Aber eine Vision ist ein guter Anfang, in dieser Lebensspanne das Reich Gottes oder Gottrealisation zu erreichen.

Ein Beispiel für eine Vision ist folgender Bericht eines Arztes aus Kalifornien. In der Kontemplation entspannte er sich und erklärte sich zum Kanal für den Mahanta (Pause), das Sugmad (Pause) und Sat Nam (Pause). Nach einer kurzen Wartezeit wollte er schon aufgeben, da anscheinend nichts geschah. Dann sah er durch sein Spirituelles Auge verschiedene farbige Strahlen, die vom Himmel herab in ihn einströmten. Die verschiedenen Farben standen für den Mahanta, das Sugmad und für Sat Nam.

Dann sagte eine Stimme zu ihm: »Das ist nicht alles, was es gibt.« Er hatte den Eindruck, mit dem Übrigen sei das ECK gemeint, der Heilige Geist Gottes. Nun erklärte er sich zum Werkzeug für das ECK, und alle Himmel füllten sich mit dem ECK als Licht und Ton. In seinen Worten »Eine wundervolle Erfahrung«.

Wenn jemand eine solche Vision hat, ist er kurz davor, die tieferen Dinge des ECK zu sehen.

Der Traum ist im allgemeinen die nächste Phase, die der Mahanta, der Lebende ECK-Meister benützt, um einen neuen Chela zu unterrichten. Der einzelne wird feststellen, daß seine Träume gegenüber den Tagen vor ECK ihre Struktur zu verändern beginnen. Die vage Nebelhaftigkeit, das Nichtssagende der Träume, beginnt sich aufzulösen. Man stellt fest, daß in den inneren Welten eine neue Richtungsweisung stattfindet. Sie wird zuerst in Träumen von zunehmender Klarheit und Bedeutung wahrgenommen.

Der erleuchtete Traum ist folglich der zweite Teil der Lehren des Mahanta. Verstehen Sie mich recht, zwischen den verschiedenen Erfahrungsphasen gibt es keine starren Grenzen. Sogar ein fortgeschrittener ECK-Initiierter kann gewöhnliche Träume und Visionen haben, wenngleich dies selten ist. Im allgemeinen ist es so: Je höher man auf dem Weg zu Gott kommt, umso mehr lebt und bewegt man sich wirklich in vollem Bewußtsein in all den Welten, die man betritt. Träume und Visionen sind eine erhöhte Bewußtseinsstufe im Vergleich zu dem, was die meisten Menschen außerhalb von ECK kennen, aber in ECK ist unser Ziel totale Bewußtheit.

Das folgende Beispiel eines Traumes zeigt das zweiteilige Spiel des ECK: geben und empfangen. In einem Traum gab der Mahanta einem ECK-Träumer eine Photographie von dem Träumer und zwei jungen Männern. Sie standen neben einem Laternenpfahl, und der Träumer gab ihnen etwas. Als der ECKist erwachte, war die Bedeutung des Traumes klar: Er gab diesen beiden Menschen Licht.

Aber dieser Traum führte zu einer weiteren Erfahrung. In einer Bemühung, den Traum tiefer zu verstehen, ging er in die Kontemplation und schlief wieder ein. Nun erwachte er und befand sich in Sat Lok, der Seelenebene. Dies war kein Traum, sondern ein tatsächlicher Besuch in dieser ersten der wahren spirituellen Welten. Hier traf er Rebazar Tarzs, der ihn den Weg der spirituellen Reife lehrte. Dieser Mensch hatte genügend Verständnis von ECK, um andere zu unterrichten. Die Botschaft bedeutete für ihn, sich im Leben zu engagieren.

Dies war eine Traumerfahrung, die mit einem Besuch der Seelenebene endete, welche die Trennungslinie zwischen den materiellen und den spirituellen Welten ist. Beachten Sie, daß hier keine scharfe Trennungslinie zwischen der Traumphase und einer höheren besteht.

Nach der Vision und dem Traum kommt das Seelenreisen. Dies ist überaus wichtig in der spirituellen Entfaltung des einzelnen. Es bedeutet, daß er sich bemüht, bewußt in die unsichtbaren Welten Gottes zu gehen. Dies geschieht in Übereinstimmung mit dem Ziel der Seele, die in immer größerer Bewußtheit für das Sugmad, für Gott, arbeiten soll.

Obwohl Seelenreisen den niederen Welten von Raum und Zeit angehört, ist es oft ein Weg, auf die direkteste Weise durch die materiellen Welten hindurch zu den spirituellen Welten zu gehen. Deshalb ist es eine wertvolle Fähigkeit, die von fast jedem gelernt werden kann, der willens ist, die Zeit und die Geduld zu investieren. Seelenreisen ist eine Brücke über den Abgrund, der das menschliche vom spirituellen Bewußtsein trennt.

Seelenreisen ist eine natürliche Weiterentwicklung, die man durch die Spirituellen Übungen von ECK erreicht. Ein Chela aus Afrika legte sich ins Bett, bedeckte seine Ohren mit Kissen und lauschte dem ECK-Ton, der wie ein zischender, rauschender Wind in einiger Entfernung war — aber doch sehr nahe und in seinem Inneren. Bald fühlte er eine saugende Bewegung am Scheitelpunkt seines Kopfes, aber er fürchtete sich nicht. Dann fühlte er, wie er sich völlig von seinem physischen Körper löste und im Raum über dem Bett schwebte.

»Dieser ganze Raum war erleuchtet von schimmernden Atomen und hellen riesenhaften und winzig kleinen Sternen«, sagte er. Er sah sich an und entdeckte, daß er sich im strahlenden Seelenkörper befand, sehr jugendlich und voller Energie und Kraft.

Dann sang er »Sugmad« in einer sanften Melodie. In diesem Moment erkannte er, daß all die Atome und all die Sterne ein Teil von ihm waren. Während er ruhig für sich sang, vibrierte ständig eine Energie und strömte aus ihm heraus, um alle Dinge und Wesen in diesem endlosen Universum der Sterne zu erhalten. Er fühlte Barmherzigkeit und Liebe für alle Wesen in diesem Universum des Lichts. Er erlebte einen großen

Ton, der aus seinem Zentrum strömte und alles in seinem Universum berührte und freudevollen Segen, Leben und Kraft spendete. Dies ließ ihn, weil er gegeben hatte, in spiritueller Ekstase zurück. Die Ekstase kehrt sogar jetzt, in seinem physischen Zustand, wieder zu ihm zurück. Dies war eine Erfahrung von kurzer, dem Sugmad (Gott) erwiesener Huldigung und hat sein Leben in jeder Hinsicht wertvoller gemacht.

Diese Erfahrung begann als Seelenreisen, aber sie ging darüber hinaus und endete als spirituelle Reise zu Gott. Eine Berührung Gottes ist nicht das Sugmad in Seiner Gesamtheit, weil die Gotterfahrung in ihrer Gesamtheit den Menschen zerstören würde, und das würde einen Rückschlag für viele Jahrhunderte bedeuten.

Die klassische Seelenreisenerfahrung besteht darin, den menschlichen Körper in voller Bewußtheit zu verlassen und das Licht und den Ton Gottes direkt in den Seelenkörper fließen zu lassen. Aber manche Menschen haben dies bereits in früheren Inkarnationen getan und haben kein Verlangen, das ABC der spirituellen Schule noch einmal zu durchlaufen. Der Mahanta gibt ihnen vielleicht ein paar kurze Seelenreisenerfahrungen zur Auffrischung, und von da an gehen sie weiter zum Sehen, Wissen und Sein. Diese Phase der Erfahrung in ECK ist das ECKshar-Bewußtsein. Zu sehen, zu wissen und zu sein sind die Eigenschaften der Seele, denen auf der Seelenebene und darüber die wesentliche Aufmerksamkeit gilt.

Anfänger im Seelenreisen bleiben gewöhnlich nahe beim Körper. Der Mahanta oder sein Vertreter werden dem einzelnen helfen, über den menschlichen Bewußtseinszustand hinauszugehen und eine kurze Reise in die nahe Astralebene zu unternehmen. Zu diesen Erfahrungen kann die Wahrnehmung gehören, sich aus dem Körper hinauszubewegen, durch Decken oder Wände zu gehen und in eine Dunkelheit hineinzufliegen. Ein kleiner Lichtfleck schimmert am Rande der Dunkelheit, und der Anfänger im Seelenreisen taucht in das Licht ein, das eine Welt von Licht ist. Hier spaziert er vielleicht in Städten durch Straßen, die jenen auf Erden sehr ähnlich sind. Die Leute jedoch sind mit Aufgaben beschäftigt, die auf der Erde unbekannt sind: Sie heißen Neuankömmlinge willkommen, die auf der physischen Ebene verstorben und bereit sind, ihr Leben auf der Astralebene fortzuführen, sie führen Menschen, die zufällig während eines Traumes zur Astralebene gekommen sind, und sie dienen der spirituellen Hierarchie in vielen anderen Dingen, die routinemäßig getan werden, um das Leben in den Welten Gottes in Gang zu halten.

Seelenreisen ist ein Mittel, den Ton zu hören und das Licht Gottes zu sehen — in einer Art und Weise, wie es im menschlichen Körper nicht geschehen kann. Der Ton und das Licht sind die Welle, auf der die Seele in das Reich des Himmels zurückkreist; sie sind die Zwillingsaspekte des ECK. Wenn ein Mensch die Phasen der Visionen, der Träume, des Seelenreisens und des ECKshar-Bewußtseins durchlaufen hat und ein erfahrener Reisender in allen Regionen Gottes ist, dann erhält er die Erleuchtung Gottes. Dies ist Gottbewußtsein, und man kann hier nicht mehr darüber sagen, weil Worte versagen.

Erfahrung ist alles in ECK. Ein Mensch kann all die Bücher über Glauben und Spiritualität in den Bibliotheken lesen, aber in den Welten Gottes wird ihm das Lesen nichts einbringen. Nur die Erfahrung kann uns durch die Umwege und Sackgassen des Lebens geleiten und uns zum Reich des Allumfassenden bringen. Die Kunst und Wissenschaft des Seelenreisens ist ein Meilenstein auf der höchsten Reise der Seele zu Gott.

24
Der Weg des ECK-Vidya

Jeden Monat werden in vielen Briefen ECK-Vidya Lesungen erbeten. Der Begriff *ECK-Vidya* bedeutet eigentlich umfassendes Wissen und ist die Fähigkeit, spirituellen Einblick auch in den kleinsten Teil des eigenen Lebens zu gewinnen.

Paul Twitchell schätzte einmal, daß rund dreißig Prozent der Post, die er erhielt, Bitten um irgendeine Art von Lesung enthielt. Es besteht eine natürliche Neugier, etwas über die Vergangenheit, Gegenwart und Zukunft zu erfahren. Gegenwärtig sind jedoch nur die ECK-Meister in der Lage, diese ECK-Vidya-Lesungen zu geben.

Zur Information: Eine Akasha-Lesung untersucht vergangene Leben, die die Seele in der Physischen Ebene und der Astralebene verbracht hat. Die nächste Kategorie von Lesung ist die Seelen-Lesung, die ein Studium der Leben beinhaltet, die auf den inneren Ebenen jenseits des Physischen und des Astralen verbracht wurden. Die dritte Art ist die ECK-Vidya-Lesung, und sie untersucht zusätzlich die in der Zukunft enthaltenen Möglichkeiten.

Paul Twitchells spirituelle Pflichten entwickelten sich dermaßen, daß er schließlich Ende 1969 alle Lesungen einstellte. Er brauchte oft drei Tage bis zu einer Woche, um eine einzige Lesung fertigzustellen, die fünf oder mehr eng mit der Maschine geschriebene Seiten umfaßte. Dieser Dienst war möglich, bevor die ECK-Mitgliedschaft auf tausende von Chelas anstieg, wurde aber völlig undurchführbar, als in den frühen Siebziger Jahren und später eine wachsende Anzahl von Menschen dem Weg von Eckankar zuströmte.

Es sollte nicht vergessen werden, daß das ECK-Vidya nur ein Aspekt des breiten Weges von ECK zu Gott ist. Man darf sich nicht gestatten, von seinem Ziel der Gottrealisation abgelenkt zu werden.

Sollte sich jemand entscheiden, das ECK-Vidya für sich selbst zu erforschen, ist es besonders wichtig, nur seine eigenen Aufzeichnungen zu untersuchen. Es ist eine Verletzung des spirituellen Gesetzes, ohne ausdrückliche schriftliche Genehmigung des Lebenden ECK-Meisters die persönlichen Aufzeichnungen von irgend jemandem zu lesen. Nur er kann bestimmen, ob jemand alle Anforderungen, um ein ECK-Vidya-Leser zu sein, erfüllt. Mißlingt es, die Energiefelder zu sondieren, so erscheint ein verzerrtes und ungenaues Bild, und man fügt sich selbst großen spirituellen Schaden zu, wenn man die Aufzeichnungen eines anderen liest. In der Regel betrachten die ECK-Meister Fubbi Quantz und Yaubl Sacabi diese Aufzeichnungen nicht mehr, ebensowenig Rebazar Tarzs.

Ich tat es eine Zeitlang während meines Trainings, aber nie für jemand anderen. Dies war ein persönliches Studium unter der Anleitung des Inneren Meisters, des Mahanta. Man stellt fest, daß der Heilige Geist alles, was zur Liebe und zum Glücklichsein nötig ist, direkt aus dem Gewebe dieses gegenwärtigen Augenblicks zur Verfügung stellt.

Nur selten mache ich mir die Mühe, künftige Ereignisse wahrzunehmen, und dann nur aus dringenden Gründen, denen auf keine andere Weise entsprochen werden kann.

Die am häufigsten gestellten Fragen betreffen spirituelle Angelegenheiten, Finanzen, Gesundheit und Familie. Ein Chela möchte aus Ungeduld eine beschleunigte spirituelle Entfaltung; einer will etwas wissen über Stärken und Schwächen seiner Persönlichkeit; jemand bittet um Einblick in die Gefahren, wenn man zwei Wegen zur gleichen Zeit folgt, oder um Einblick darüber, wie sich eine Liebesbeziehung entwickelt.

Die Spirituellen Übungen von ECK öffnen einen für das ECK-Vidya nach dem Ermessen des Inneren Meisters. Dies ist das beste Vorgehen, denn es hat beim spirituellen Sucher weniger Verschleiß zur Folge, wenn er in die Geheimnisse des Göttlichen Geistes in einem Tempo eintritt, das für ihn richtig ist.

Ein Chela berichtet, daß er seine Beförderung und Gehaltserhöhung vorausgesehen hat. »Komisch, ich sah dieses Ereignis tatsächlich vor einigen Wochen im Inneren«, schreibt er. »Doch als mein Chef es mir mitteilte, war ich überrascht wie ein Schulkind, das in der Schule seine erste Eins bekommt. Ereignisse im Innern zu sehen und gleichzeitig zu erkennen, daß ich diese Ereignisse nicht als selbstverständlich betrachten kann, ist und war ein Wunder in meinem Leben.«

Der Hauptzweck des ECK-Vidya ist es, ein besseres Verständnis seines eigenen Lebens zu gewinnen.

Offen gesagt können die meisten Fragen, die man hat, viel einfacher und völlig zufriedenstellend beantwortet werden, wenn man sich auf den gesunden Menschenverstand verläßt. Die verbleibenden unbeantworteten Fragen können in den ECK-Büchern und ECK-Kursen erforscht werden, und die Ergebnisse nimmt man dann mit in die Kontemplation, um eine definitive Antwort zu erhalten. Ist man ehrlich mit sich selbst, wird die Lösung einer besonders verzwickten Situation durch die Anwendung dieser Methode bald offensichtlich.

Überdies, wenn man ungeduldig ist und die spirituellen Werke von ECK nicht in einem gemäßigten Tempo angeht, kann einem das Einblicke eröffnen, für die man nicht bereit ist. Eine junge Dame wollte den geheimen Weg des ECK-Vidya erlernen. Sie folgte peinlich genau einer Reihe von spirituellen Übungen, und die Aufzeichnungen öffneten sich für sie im Traumzustand. Die Ergebnisse waren jedoch nicht das, was sie erwartet hatte. Das vergangene Leben, das sie kurz zu sehen bekam, hatte tragisch geendet, aber es offenbarte ihr eine Schwäche in ihrer emotionalen Veranlagung. Dieser Einblick ließ sie ihre Haltung zurechtrücken, so daß die Emotionen weniger Macht über sie hatten als zuvor.

Mit dem Abschluß dieser Erfahrung bat sie, daß die Enthüllungen gestoppt würden, und sie wurden es. Sie erkannte nun die Weisheit, in ihren spirituellen Angelegenheiten in einem natürlichen Tempo voranzuschreiten.

Unlängst brach eine Frau das spirituelle Gesetz, indem sie sogenannte ECK-Vidya-Lesungen gab und sie in Rechnung stellte. Sie erwies ihren Kunden einen schlechten Dienst, indem sie sie glauben machte, daß diese Lesungen von der niederen Astralebene das einzig Wahre seien. In solchen Fällen kommt die spirituelle Entfaltung automatisch zum Stillstand.

Ein Studium der Vergangenheit ist lediglich ein Betrachten toter Bilder. Kein spiritueller Schüler wünscht sich dies. Vielmehr sieht und kennt man die Kräfte und Ströme, die ständig um einen herumwirbeln, denn dies ist die spirituelle Realität, die man sucht — nicht die der Vergangenheit und auch nicht die der Zukunft. Das bedeutet es, im Hier und Jetzt des Heiligen Geistes zu leben.

Jeder kann ein gründliches persönliches Studium der von den ECK-Meistern angewandten Methoden betreiben, um seine persönlichen Seelenaufzeichnungen zu sehen. Er muß gewillt sein, sich langwierigen Disziplinen zu unterziehen, während er langsam vom Mahanta geöffnet wird. Wie beim Studium von Eckankar muß man kühn und mutig sein — denn die Furchtsamen finden Gott nie.

25

Der sanfte Kuß Gottes

Vor einigen Jahren konnte ich zum ersten Mal Paris besuchen. Hier war sie, die sagenumwobene Stadt, wo die römischen Eroberer im Jahre 52 v. Chr. eine Kolonie an einem verkehrsreichen Knotenpunkt gegründet hatten. Hauptstadt der Franken im sechsten Jahrhundert, Zentrum der Französischen Revolution im achtzehnten Jahrhundert, im Zweiten Weltkrieg von den Nazis besetzt, blieb Paris die glanzvolle Schöne Europas.

Am Flughafen sagte mir eine Frau in den Sechzigern voller Stolz und zweifellos in Erinnerung an reichliche Erfahrungen aus dem Zweiten Weltkrieg: »Nicht ein einziger Mann ist sicher in Paris, und ich muß es ja wissen — denn dies ist meine Stadt!«

Paris war auch meine Stadt gewesen — bei mehreren verschiedenen Gelegenheiten in den letzten Inkarnationen, zum letzten Mal beim unglückseligen Feldzug Napoleons von 1812 nach Moskau. Er hatte eine Armee von sechshunderttausend Mann geführt und im Juni die Grenze nach Rußland überschritten, doch bis Oktober hatten die Russen seinen Rückzug in die klirrende Kälte erzwungen. Nur fünfzigtausend französische Soldaten entkamen der russischen Armee.

Gemeinsam mit anderen jungen Männern aus Frankreich war ich gezwungen worden, meine Frau und meine Heimat zu verlassen, um in den Krieg zu ziehen. Es gab keine Wahl bei dieser Entscheidung, denn alle wehrfähigen Männer bekamen den Befehl, in Napoleons Armee einzutreten. Der Feldzug nach Rußland fand im Sommer statt, aber wir bekamen kaum jemals den Feind zu Gesicht — er war wie eine Geisterarmee, die sich uns immer entzog, bevor es zu einer Gegenüberstellung in der Schlacht kam.

Im Spätherbst wurde ich bei dem hastigen Rückzug der Franzosen außerhalb von Moskau schwer krank. In meinen letzten Tagen wurde ich dort von einer jungen Russin gepflegt, deren Familie volkstümliche Heilmittel benutzte und so versuchte, meine Gesundheit nach einer schweren Lungenentzündung wiederherzustellen. Alle Bemühungen waren umsonst, da Frostbeulen meine schwindende Gesundheit noch zusätzlich schwächten.

Napoleon hatte es versäumt, die notwendigen Pläne auszuarbeiten, um seine große Armee mit Nahrung und Kleidung zu versorgen, und folglich verließ ich jenes Leben als ein vollkommen desillusionierter Mensch. Napoleons kurzsichtige Pläne und unsere Pechsträhne waren die Ursachen für mein vorzeitiges Hinübergehen. Unsere Sommeruniformen, die nach dem harten Sommerfeldzug zerfetzt waren, waren als Schutz gegen das feindselige russische Klima gänzlich ungeeignet.

In dieses Leben habe ich zwei starke Empfindungen mitgebracht, die direkt auf jene Zeit Anfang des neunzehnten Jahrhunderts zurückzuführen sind. Eine davon ist eine starke Abneigung gegen kalte

Witterung, solange sie nicht absolut notwendig ist. Außerdem respektiere ich Menschen, die für große Projekte sorgfältige Pläne machen.

Was hat diese Geschichte eines vergangenen Lebens mit dem spirituellen Leben in ECK zu tun? Die meisten Menschen wissen nichts von der Fähigkeit der Seele, in ein Erdenleben nach dem anderen wiedergeboren zu werden. Noch weniger Menschen wissen, wie sie sich die Erinnerungen an vergangene Leben zurückholen können, so daß die Lektionen von einst in der Gegenwart nutzbringend verwendet werden können.

Wir leben unser Leben, als gäbe es nur dieses eine — der Anfang und das Ende von allem, was des Nachdenkens wert ist. Ist es falsch zu sagen, daß die Seele einen physischen Körper nur einmal bewohnt? Daß Sie sich niemals zuvor unter der Disziplin eines Meisters wundgerieben hat? Daß Sie nie andere Inkarnationen beim Tode der jeweiligen Körper verließ, um heute zu Ihrer weiteren Erziehung wiedergeboren zu werden?

Paul Twitchell enthüllte Eckankar Mitte der sechziger Jahre und war der Lichtspender bis zu seinem Tod im Herbst 1971. Sein wertvollstes Geschenk, um die innere Sehnsucht des Menschen nach Gott zu stillen, war es, das Wissen von Licht und Ton Gottes in einfache Worte zu fassen, denn ohne Licht und Ton bleibt das Tor zum Himmel verschlossen.

Der Zugang zu Eckankar, der Uralten Wissenschaft des Seelenreisens, ist höchst einfach. Seine spirituellen Übungen bringen uns über Kummer, Not und Enttäuschung hinaus. Karma — die Sünde vergangener Tage — wird durch das kosmische Licht und den kosmischen Ton des Göttlichen Geistes, des ECK, reingewaschen, welches die einzige Möglichkeit ist, von alten Vergehen gereinigt zu werden.

Die Werke von ECK sind ein Hilfsmittel für alle, die ein sinnvolles Studium ihres Verstandes und ihrer Emotionen aufnehmen wollen. Unsere Persönlichkeit setzt sich aus Talenten und Unzulänglichkeiten zusammen, die sich in vergangenen Leben entwickelt haben. Jedem Persönlichkeitsproblem liegt eine Ursache zugrunde, und ein Trauma aus einem vergessenen Leben zwingt uns, uns auf eine bestimmte Weise zu verhalten, es sei denn, die Kraft des Göttlichen Geistes kann in das Bewußtsein eintreten, um die mechanischen Gewohnheiten der reflexhaften Reaktionen des Verstandes auf Reize außer Kraft zu setzen.

Freud und seine Anhänger gehen nicht weit genug, uns dabei zu helfen, uns selbst kennenzulernen. Studien über den Verstand setzen sich nur flüchtig mit den oberflächlichsten Teilen unserer Persönlichkeit auseinander, aber sie nähern sich niemals der Schwelle des erleuchteten Bewußtseins des ECKshar.

Die Wissenschaft ist verblüfft, wenn sie den wahren inneren Menschen ahnt, dessen tiefgehende Wahrnehmungen sich dem oberflächlichen Herumbasteln der Verhaltensforschung entziehen. Hypnose, oft ein banaler Zeitvertreib, ist der tiefste Punkt, den Verstandesheiler bei ihrer Suche nach dem unbekannten Wesen erreichen, das Sie sind, mit Ihren angeborenen Rätseln aus vergangenen Tagen.

Wissen über die tote Vergangenheit ist als solches von geringem Nutzen für uns. Wozu ist Wissen gut ohne das Licht des Verstehens?

* * *

Der Parisbesuch brachte noch eine weitere Einsicht: Die Schöpfung ist hier beendet. Einige Jahre zuvor hatte ich diesen Besuch in einem Traum gesehen, der den kurzen Aufenthalt in bemerkenswertem

Detail zeigte. Der Traum war sehr exakt, bis hin zur Tapete im Hotelzimmer. Der kleine Raum mit seiner hohen Decke war in dem Stil möbliert, der in den Tagen Napoleons Mode war.

Der Himmel wird, genauso wie Paris, von jedem Menschen, der ihn besucht, anders gesehen. Meine Eindrücke von Paris wären vor der Ankunft flüchtiger gewesen, hätte es da nicht den Traum gegeben, der die Dinge aufzeigte, die mich dort erwarteten.

Unsere Vorstellung vom Himmel ist in ähnlicher Weise eine romantische Phantasie. Seelenreisen ist eine persönliche Möglichkeit, um den Himmel hier und jetzt zu sehen. Sobald wir ihn sehen, richten wir unser Leben für die Gegenwart und die Ewigkeit besser ein.

Wir wollen, daß der Himmel aus juwelenbesetzten Städten aus Licht besteht (und solche gibt es), mit Engeln, die wie Schmetterlinge in einem Garten herumflattern (auch das gibt es), aber uns verlangt danach, die geheiligten Höhen in der Begleitung von Heiligen zu bereisen und sie dabei in nüchterne Debatten zu verwickeln, die Ewigkeiten dauern. Welch ein langweiliger, leerer, eintöniger und furchtbar nutzloser Himmel!

<u>Barmherzigkeit und Gnade allein bringen niemanden zum Gottbewußtsein.</u> Das ist ein Streich religiöser Denker, und er hat unzählige Laien in den Hauptreligionen irregeführt.

<u>Seelenreisen</u> ist eine spirituelle Reise, die das Reich des universalen Verstandes überschreitet. <u>Es führt die Seele zur Seelenebene, wo wir in das Anfangsstadium der Selbsterkenntnis eintreten.</u>

* * *

Eine Erfahrung im Himmel kann eine ziemlich alltägliche Sache sein. Eine Frau und ihre Tochter kamen beispielsweise einmal auf den inneren Ebenen zu mir, um sich mit mir zu unterhalten. Wir hatten uns bei einem ECK-Seminar in Seattle im Staat Washington getroffen, Jahre bevor ich der Lebende ECK-Meister wurde.

Unser Spaziergang führte uns zu ihrem Haus, wo ihr Mann uns bat mitzuhelfen, eine Kommode vom Bürgersteig in ein Schlafzimmer zu tragen. Er bot einen Apfel und ein paar Erdbeeren als Bezahlung an.

Nachdem die Kommode nach drinnen geschleppt worden war, sagte er, mitten im Schieben und Rücken, wie im Scherz, doch mit ernster Absicht: »Sie schulden mir zwei Cent Wechselgeld.« Er fand, daß das Obst mehr wert war als meine Hilfeleistung, nun, da die Kommode sich im Inneren des Hauses befand.

Statt zwei Cent hielt ich ihm zwei nagelneue Dollarnoten hin. Er entriß sie mir mit nur mildem Protest: »Ich habe nur Spaß gemacht, aber okay.«

Traurig verließ ich ihn, denn meine Hilfe war von Herzen gekommen; die schmutzige Hand der Gier hatte ein Geschenk der Liebe mißbraucht. Dadurch hatte er sich Schulden beim Heiligen Geist aufgeladen.

Dies fand auf der Astralebene statt, einer niederen Abteilung des Himmels. Viele Menschen gehen nach ihrem Tod dorthin, aber der Stand der Tugend unter den dortigen Wesen ist immer noch betrüblich niedrig. Negative Charakterzüge folgen uns von der Erde in den Himmel, dann in späteren Leben wieder zur Erde zurück. Karma und Reinkarnation sind rücksichtslose Raubtiere, und niemand kann ihnen entkommen, es sei denn, sein starkes Verlangen nach Freiheit bringt ihn zu dem Spirituellen Reisenden, dem Lebenden ECK-Meister.

Der Mann stand grinsend da, die zwei grünen Geldscheine in der Hand. Ein Berg von Schwierigkeiten würde auf ihn zukommen, bis die Waage der Gerechtigkeit sich ausbalanciert hätte, doch er würde andere für sein Unglück verfluchen.

Ich ging weiter in das Ferne Land, auf der Suche nach Seelen, die den sanften Kuß Gottes verdient hatten. Der Spruch »Viele werden gerufen, aber nur wenige werden auserwählt« ist heute noch genauso wahr wie vor zweitausend Jahren.

Im Silbernen Zeitalter, dem zweiten der vier großen Zeitalter der Schöpfung, haben ECK-Meister dem primitiven Menschen beigebracht, Feuer zu machen und Saatkörner für die Nahrung auszusäen. Von alleine konnte der frühe Mensch den Zusammenhang zwischen einem Samenkorn in der Erde und der daraus wachsenden Pflanze nicht erkennen.

Diese Blindheit in bezug auf Ursache und Wirkung ist noch heute das unerbittliche Problem des Menschen. Das menschliche Bewußtsein weigert sich einzusehen, daß alle Handlungen Konsequenzen haben. Der Lebende ECK-Meister veranschaulicht das Gesetz der Balance am Beispiel von zeitgenössischen Gebräuchen.

Er bringt spirituelle Befreiung und kämpft dafür, der Unwissenheit Einhalt zu gebieten, die von der orthodoxen Kirche ihren Anhängern auferlegt wird, um sie zu beherrschen. Die Kirche behauptete einst, daß die Erde das Zentrum des Universums sei. Zweifler wie Galilei bekamen es mit der Inquisition zu tun, als sie ihre Zweifel an diesen Lehren der Kirche verlauten ließen.

Die Kirche behauptete außerdem, daß (1) die Erde flach sei, daß (2) Sem, Ham und Japheth die Stammväter der drei existierenden Rassen seien, der braunen, schwarzen und weißen — doch Kolumbus machte diese Theorie bei seiner Rückkehr aus Amerika durch die Entdeckung des roten Menschen zunichte — und daß es (3) eine Sünde sei, freitags Fleisch zu essen. Selbst diese Regel ist jetzt verschwunden, aber hat irgendjemand alte Sünder aus dem Fegefeuer entlassen für Sünden, die heute keine Sünden mehr sind? Wie können wir das Gottprinzip dazu bringen, zu uns zu kommen? Singen Sie leise diesen Gebetsgesang in Augenblicken des Ärgers oder der Not: »HU- (hjuu)... Mahanta.« HU ist ein uralter Name für Gott, während Mahanta ein Bewußtseinszustand jenseits des Christusbewußtseins ist.

Singen Sie »HU... Mahanta« mit leicht und sanft ausgehaltenem Atem. Tun Sie dies zu Hause oder sogar während Sie Auto fahren. Im Laufe der Zeit werden Sie wissen, was es bedeutet, eins mit dem Göttlichen Geist zu werden.

Spirituelle Freiheit kommt, wenn alle Begrenzungen des Körpers, des Verstandes und des Geistes durch das Licht und den Ton Gottes aufgelöst worden sind, jedoch drängt der Lebende ECK-Meister das göttliche Wissen niemandem auf.

Ja, Sie befinden sich in dem Ihnen zustehenden Bewußtseinszustand — aber wie lange wollen Sie noch darin bleiben?

Für immer?

26

Prinz oder Bettler?

Der Strom von ECK möchte uns in ein besseres Leben tragen, doch zuerst müssen wir Seine Hilfe annehmen. Zu Anfang sind wir alle spirituelle Bettler, und wir müssen nur zu unserer spirituellen Bestimmung als Prinzen Gottes erwachen.

Im achten Jahrhundert unserer Zeitrechnung wurde ein Lebender ECK-Meister der spirituelle Berater von Karl dem Großen, dem König der Franken. Dies war Ketu Jaraul. Wenig ist von ihm bekannt, außer daß er Karl den Großen in den Grundsätzen des ECK-Vidya, der uralten Wissenschaft der Prophezeiung, unterwies. Diese Fähigkeit, die Zukunft zu erkennen, war eine unschätzbare Hilfe für den König, während er einen Kurs durch die gefährlichen Zeiten seiner Herrschaft steuerte. Das Training von Ketu Jaraul erlaubte ihm, ein Prinz von ECK zu werden, anstatt lediglich der König eines irdischen Reiches zu sein.

Eines Tages erfuhr Karl der Große, daß gewisse fränkische Adelige planten, ihm Schaden zuzufügen. Es widerstrebte ihm, sie zu bestrafen, weil ihre Schwerter für seine Sache von großem Wert waren. Um Rat darüber einzuholen, wie er mit der Verschwörung umgehen solle, entsandte er eine Gruppe von Vertrauensleuten, um die Meinung seines Sohnes, der sich in einem entfernten Kloster aufhielt, zu erfahren.

Als die Gesandten dort ankamen, fanden sie Pippin, seinen Sohn, im Garten damit beschäftigt, Unkraut zu jäten. Sie berichteten ihm von den Verrätern und fragten, was zu tun sei, aber Pippin weigerte sich, einen Rat zu erteilen. Dies bekümmerte sie sehr, denn sie fürchteten den Zorn des Königs, sollten sie ohne Antwort zurückkehren.

Bald darauf kehrten des Königs Männer nach Hause zurück. Karl der Große begann, sie genauestens darüber auszufragen, was Pippin während ihres Besuches gemacht hatte.

»Er hat nur Unkraut gejätet«, sagten sie.

»Hat er gesagt, warum?«

»Damit nützliche Pflanzen im Garten freier wachsen können«, erwiderten sie. Zu ihrer Überraschung sagte der König: »Ihr habt eine gute Nachricht mitgebracht.«

Ketu Jaraul hatte ihn für das ECK-Vidya, die Goldenzüngige Weisheit, geöffnet. Karl der Große erkannte, daß die Antwort, die er suchte, in den Handlungen seines Sohnes im Garten verborgen war. Der Lebende ECK-Meister hatte ihm gezeigt, wie die unterschiedlichen Ebenen des Lebens einander wie Planeten umkreisen, jede abhängig von denen, die sie umgeben. Mit anderen Worten, ein Ereignis von Bedeutung für den Staat konnte verstanden werden, indem eine einfache Begebenheit mit Hilfe der besonderen Einsicht von ECK geprüft wurde.

Der König zögerte nicht länger, sondern entfernte die Verschwörer aus seinem Bereich. Das ECK-Vidya hatte ihm gezeigt, daß seine Feinde Unkraut in seinem Königreich waren und hohe Ämter innehatten, die besser mit treuen Anhängern besetzt sein könnten. Damit war das Problem beendet.

Ketu Jaraul, der Lebende ECK-Meister, war für die spirituelle Führung dieses bedeutenden Herrschers, Karl des Großen, verantwortlich. Seine Regierungszeit wird heute als ein goldenes Zeitalter in einer Zeit angesehen, in der es sonst im Westen nur große spirituelle Dunkelheit gab.

Das goldene Zeitalter trat ein, weil Karl der Große unter der Führung des Lebenden ECK-Meisters der Zeit stand. Er wurde vom menschlichen Bewußtsein in die höheren Zustände von ECK angehoben, vom Bettler zum Prinzen.

Der Reichtum des Lebens von Karl dem Großen ist für Sucher eines jeden Zeitalters möglich, und zwar nicht die materiellen Reichtümer, sondern die Reichtümer des Heiligen Geistes. Das ECK-Vidya, einer der Zweige des ECK-Wissens, ermöglicht uns, ein Problem zu verstehen, doch es liegt an uns, es zu lösen, indem wir unsere kreative Vorstellungskraft gebrauchen. Das ECK-Vidya schätzt unsere Stärken ab, die wir in der Vergangenheit entwickelt haben, Stärken, die uns dabei helfen können, in diesem Leben Erfolg zu erlangen.

Es ist ein Grundsatz in ECK, daß ein selbstgemachter Traum besser ist als einer, der von jemand anderem für uns geschaffen wurde.

Hier ist ein Beispiel, wie man die Gegenwart verändern kann, sobald uns das ECK-Vidya einen Einblick in den Grund eines Problems gegeben hat. Vor ein paar Jahren befand ich mich auf dem Weg nach Hause von einem ECK-Seminar. Mein Flugzeug war bereit, vom Terminal zur Startbahn zu rollen, als es aus unerklärlichen Gründen nicht starten durfte.

Der Pilot war zu verblüfft, um die Verzögerung durch die Sprechanlage zu erklären; er sagte nur, daß eine entfernte Sturmfront die Fluglotsen veranlaßt hätte, den regionalen Luftverkehr anders als geplant abzuwickeln. Dies verzögerte alle Abflüge von unserem Flughafen.

Das ECK-Vidya öffnete sich und zeigte mir, daß es nur die negativen Kräfte waren, die sich zusammenballten, um meine Reise zu behindern. Deshalb wandte ich die folgende Technik an, welche die Kal-Kraft in vielen Situationen neutralisieren kann.

Es handelt sich um eine Technik der Visualisierung. Ich lehnte mich in meinem Sitz zurück und schloß die Augen. Innerlich sang ich HU, den uralten Namen für Gott. Dann sah ich mich in meinem Spirituellen Auge an zwei Orten: a) in dem liegengebliebenen Flugzeug und b) sicher am Flughafen meines Bestimmungsortes angekommen. Als nächstes erzeugte ich in meiner Vorstellung das Bild eines Besens mit langem Stiel. Während ich weiter HU sang, fegte ich in meiner Vorstellung einen sauberen Weg zwischen den Punkten A und B.

Dann handelte ich, »als ob« ich Herr meines eigenen Universums sei. Durch die inneren Kanäle gab ich dem leitenden Fluglotsen den Befehl, den Flug zum Start freizugeben.

Seien Sie vorsichtig mit dieser Übung, denn zwischen den spirituellen und den psychischen Künsten befindet sich nur eine dünne Linie. Der Unterschied ist folgender: Manipulieren Sie niemals irgendjemanden durch unsichtbare Energie, damit er in Ihre Pläne paßt. Wenn Sie jedoch eine Übereinkunft mit einer Organisation (wie beispielsweise einer Fluglinie) getroffen haben und dabei etwas die Ausführung Ihrer Übereinkunft behindert, betrachten Sie es als ein Eindringen der Kal-Kraft in Ihren psychischen Freiraum.

Nehmen wir beispielsweise an, Ihr Reisebüro bucht für Sie ein Flugticket für einen Flug in eine andere Stadt. Ihr Ticket ist bezahlt, der Flug ist planmäßig angesetzt, und Sie sitzen im Flugzeug. In der Zwischenzeit erzeugt die negative Kraft einen Sturm, um den Abflug Ihres Flugzeuges zu verzögern. Dies ist ein berechtigter Grund, die oben angeführte spirituelle Übung zu versuchen.

Nicht anwenden sollte man sie in folgender Situation: Sie entschließen sich ganz spontan, irgendwohin in die Ferien zu fliegen. Am Schalter der Fluglinie informiert Sie ein Angestellter, daß der Flug ausgebucht ist. Versuchen Sie nicht, die geheimen Kräfte heraufzubeschwören, um den Angestellten dazu zu bringen, einen Platz für Sie zu finden.

Ein Prinz in ECK lernt, wie man das benutzt, was Paul Twitchell einmal die vorwärtstreibenden (projector forces) und die rückwärtsziehenden Kräfte (tractor forces) genannt hat. Sie sind kein Ersatz für gute Planung.

Welche Rolle also wählen wir im Leben, die des Prinzen oder die des Bettlers? Der ECK-Initiierte ist auf Aktion ausgerichtet, darauf, einen kreativen Weg zur Lösung von Schwierigkeiten zu finden, welchen die spirituellen Bettler dieser Welt niemals in Betracht ziehen würden. Wir haben es mit den Kräften der Natur zu tun und lernen dabei, wann wir vorwärts gehen und wann wir zurücktreten sollen. <u>Es ist besser, durch Handeln einen Fehler zu machen, als aus Furcht vor Fehlern in Untätigkeit zu verharren.</u>

Karl der Große erreichte für sich und seine Landsleute Größe, weil er etwas über die Ebbe und Flut des

ECK gelernt hatte. Er war fähig, sein Wissen zum besseren Wohlergehen von vielen anzuwenden.

Die Ängste und Möglichkeiten, denen er gegenüberstand, sind nicht größer oder geringer als diejenigen, denen Sie in Ihren eigenen spirituellen Welten gegenübertreten müssen. Alles, was von dem Gottsucher erwartet wird, ist, daß er sich selbst überwindet. Sie haben — wie Karl der Große — die Hilfe des Lebenden ECK-Meisters der Zeit. Wenn Sie gelernt haben, damit umzugehen, kann das ECK-Vidya ein wirklicher Vorteil in Ihrem spirituellen Leben werden.

Die Herausforderung bleibt: Wollen Sie der Prinz Gottes sein oder ein Bettler bleiben? Der Unterschied zwischen beiden ist so einfach wie das uralte Lied des HU.

Und das hängt von Ihnen ab.

27
Die Saat des Glücks

Unsere Entfaltung erfolgt nach drei Grundsätzen: Lernen, Wachsen und Wissen. Sie verbinden die Vergangenheit, Gegenwart und Zukunft.

Eine alte Geschichte berichtet von Alexander dem Großen, als er ein Junge war. Sein Vater, König Philipp II. von Mazedonien, kaufte ein wildes junges Pferd, das ihn sein eigenes Gewicht, aufgewogen in Silber, gekostet hatte. Das Problem war, daß niemand es reiten konnte.

Der König übergab das Pferd einem Soldaten, der seit Jahren Pferde trainiert hatte. Das Pferd warf ihn immer wieder ab. Philipp bewunderte das edle Tier, aber ohne Training war es als Kriegspferd unbrauchbar. Der Soldat sagte zum König: »Ich kann gar nichts tun, um aus ihm ein Kriegspferd zu machen. Es ist besser, es loszuwerden.«

Alexander hatte gerade seinen täglichen Unterricht bei Aristoteles, seinem berühmten Lehrer, beendet. Er beobachtete die vergeblichen Versuche des Soldaten, das wilde Pferd zu reiten. Als er hörte, wie der Soldat dem König riet, das Tier loszuwerden, rannte Alexander auf sie zu und rief:»Laßt mich! Ich kann es reiten!« Die beiden Krieger lachten über den Jungen. Wenn sich schließlich ein erfahrener Reiter nicht auf dem Pferd halten konnte, was sollte da wohl ein Schuljunge ausrichten können?«

»Wenn du es reiten kannst«, sagte Philipp, »gehört es dir.«

Alexander nahm dem Soldaten den Zügel ab und sprach ruhig auf das Pferd ein. Bald beruhigte es sich, und die Angst wich aus seinen Augen. Blitzschnell sprang der Junge auf seinen Rücken, und das Pferd jagte im Galopp davon. Nach einem langen Ritt akzeptierte es den Jungen auf seinem Rücken, und so ritt Alexander nach Hause.

Der König war erstaunt, als er den Jungen und das Pferd in einer Staubwolke daherdonnern sah. »Gehört es wirklich mir?« fragte Alexander sehnsüchtig.

»Ja, wenn du mir sagst, wie du es angestellt hast, es zu reiten, während niemand anderer das geschafft hat.«

»Du hast mir immer gesagt, ich solle die Dinge mit Sorgfalt beobachten«, sagte Alexander, »und dann die daraus gelernte Information benützen, um das Problem zu lösen.«

»Das ist richtig.«

»Ich bemerkte, daß der Soldat seinen Rücken der Sonne zugekehrt hatte. Dies warf den Schatten des Pferdes vor diesem auf den Boden. Aber es fürchtete sich vor seinem Schatten, und so drehte ich es der Sonne zu, beruhigte es und stieg dann auf. Als es des Laufens müde war, kehrte ich nach Hause zurück. Nun erschreckte es sein Schatten nicht mehr, obwohl die Sonne hinter seinem Rücken stand.«

Alexander hatte den Samen der Bewußtheit in sich. Er war fähig, den Grund für die Angst des Pferdes zu sehen, was sein Vater und der Soldat nicht konnten. Also gab König Philipp ihm das Pferd.

Die Saat des Glücks oder der Bewußtheit, die Alexanders Obhut übergeben war, wurde später zur Eroberung mißbraucht, von der er glaubte, daß sie den Frieden der Seele bringen würde. Stattdessen führte sie zu seinem frühzeitigen Tod. Seine Suche nach Glück war vergeblich, trotz all seiner siegreichen Schlachten. Die meisten ECK-Initiierten von heute kennen die spirituellen Gesetze besser als Alexander. Die Saat des Glücks, die ihnen anvertraut ist, wird dazu benützt, spirituellen, nicht materiellen Hunger zu stillen.

Die Geschichte von Alexander stammt aus der Vergangenheit. Nun wollen wir näher an der Gegenwart nach der Saat des Glücks suchen, welche das Geschenk des Bewußtseins ist. Folgender Vorfall ereignete sich im Oktober 1986 auf dem Weltweiten ECK-Seminar in St. Louis, Missouri.

Ein Student, der sein ECK-Studium erst im vorhergehenden Frühjahr begonnen hatte, ging vor dem regulären Programm am Sonntagmorgen zum HU-Singen. Als er in den Gesang einstimmte, befand er sich im Seelenkörper und trieb auf einen Wirbel von Licht zu. Dieser Wirbel befand sich unter einem anderen riesigen Wirbel, der Aber-Milliarden von Meilen weit reichen mußte. Beide glichen Tornados.

Eine starke Kraft pulsierte in dem kleineren Wirbel, aber er nahm seinen Mut zusammen und ging durch die wirbelnde Masse hindurch. Dort fand er eine prachtvolle Stadt, die wie ein aufrecht stehender hohler Zylinder mit vielen Stockwerken aussah. Jedes Stockwerk enthielt Lichter, Bäume, Pflanzen und auch andere Seelen.

Er befand sich auf einem Balkon irgendwo am inneren Rand der vertikalen Stadt. Er beugte sich über ein Geländer und schaute nach oben und unten in den weiten offenen Mittelpunkt der Stadt. Dann erinnerte er sich an den großen Wirbel darüber. Von diesem kam eine Plattform in der Gestalt eines Halbmondes herunter, die bei seinem Stockwerk anhielt. Zwei spirituelle Wesen unterhielten sich in seiner Nähe, und er hörte, wie eines sagte: »Es wird wieder einer initiiert.«

Als nächstes befand er sich auf der Plattform in einem Kreis aus Licht. Er blickte aus diesem Licht hinaus und sah die spirituellen Reisenden von ECK — Wah Z, Peddar Zaskq und Rebazar Tarzs — die lächelnd um ihn herumstanden. Die Plattform erhob sich durch den kleineren Wirbel und trat in den größeren ein.

Plötzlich schoß Blaues Licht von allen Seiten auf ihn zu und bedeckte und blendete ihn fast mit Seiner Intensität. Dies war das Blaue Licht des Mahanta. Das Licht wurde nach ein paar Minuten schwächer, und er konnte wieder die Meister sehen, die vor ihm standen.

Wah Z begrüßte ihn mit offenen Armen, umarmte ihn und sagte: »Du wirst lernen.«

Peddar Zaskq (Paul Twitchell) umarmte ihn und sagte: »Du wirst wachsen.«

Rebazar Tarzs umarmte ihn und sagte: »Du wirst wissen.«

Der Neophyt wurde fast sofort wieder zum HU-Gesang des Seminars zurückgebracht, als der Ansager dort das Singen mit den Worten »Es möge Segen sein« beendete.

Dies war die Saat des Glücks für den Initiierten. Es war die wahre ECK-Initiation, das Geschenk des Bewußtseins. Nun muß er zusehen, daß die Saat Früchte trägt. Er ist sich bereits bewußt, daß er in der höheren Bewußtheit von ECK ist, wenn er mit anderen spricht oder seine Arbeit tut. Die Saat des

Glücks ist das Wissen, daß der Mahanta immer bei ihm ist. Dies ist das Antlitz des Meisters, das in allen leuchtet, denen er begegnet.

Er hat nun die anfängliche Verbindung mit ECK, dem uralten Tonstrom. Wie Alexander in der Vergangenheit wird er durch Beobachten lernen, aber er wird über das intellektuelle Lernen hinausgehen. Wie in seiner Erfahrung auf dem ECK-Seminar in der Gegenwart wird er durch die ECK-Initiationen wachsen. Und in der Zukunft wird er durch die Goldenzüngige Weisheit wissen. Dies ist das ECK-Vidya, die uralte Wissenschaft der Prophezeiung.

Die Goldenzüngige Weisheit bedeutet einfach folgendes: Das ECK beleuchtet gewisse Stückchen an Information, die man hört oder liest und die andere Menschen nicht erfassen. Deshalb wird sie »Goldenzüngig« genannt. Dies ist das ECK-Vidya in einer seiner vielen Formen. Der Schlüssel, diese Hinweise zur besseren Handhabung unseres Lebens zu verstehen, liegt in der Saat des Glücks — der Bewußtheit, die durch die Spirituellen Übungen von ECK und die Initiation geöffnet wird.

Sogar chinesische Glückskekse können vom ECK benützt werden, um einem die Goldenzüngige Weisheit zu schenken. Aber vertrauen Sie nicht blind auf sie, denn wenn der Mahanta einmal die Seele zu unterrichten beginnt, verlassen Deren Angelegenheiten den Ring des Schicksals, der die eigentliche Ebene dieser Glückskekse ist. Sie können Glückszettel, die Ihren spirituellen Charakter aufbauen, akzeptieren und sich an ihnen erfreuen. Weisen Sie aber unbedingt diejenigen zurück, die Sie begrenzen oder bedrohen.

Ein chinesischer Glückskeks trägt einen Samen in sich, einen Glückszettel. Manche sagen einem, wie man sich verhalten soll, andere sind Versprechungen oder

Warnungen für die Zukunft. Schauen Sie nach den anhebenden Botschaften. Der Satz »Ein neues Kapitel in Ihrem Leben wird geschrieben« kann Sie zum Beispiel zu einer wichtigen persönlichen Veränderung beflügeln. »Welche Vorbereitungen auch immer Sie treffen, sie werden wohl endgültig sein«, könnte eine Warnung sein, manche aktuelle Pläne wegen ihres langanhaltenden Einflusses sorgfältig zu überdenken. Manche Botschaften sind einfach sehr vernünftig. »Wenn du zum Einkaufen gehst, zeige nicht dein Silber.« Das ist das Gesetz der Wirtschaftlichkeit. Eine gute spirituelle Ermahnung, die das Zurückfließen der Liebe zeigt, ist folgende: »Wenn du ständig gibst, wirst du ständig haben.« Prophezeiungen, die wir alle gerne haben, lauten unter anderem so: »Dein Leben wird glücklich und friedlich sein«, »Viele Ideale werden Wirklichkeit« und »Deine gegenwärtigen Pläne werden erfolgreich sein.«

Glückskekse sind eine der leichteren Seiten des ECK-Vidya, und das ECK kann einen einfachen Glückskeks wählen, um Ihr Bewußtsein auf Trab zu bringen. Jeder ECK-Initiierte, der die Saat des Glücks (die Bewußtheit) besitzt, kann seine wahre Bedeutung leicht herauslesen. Die Führung des Mahanta ist ohne Grenzen, aber der ECKist muß in der Lage sein, sie zu erkennen.

Die Saat des Glücks beinhaltet das große Rätsel der »Drei, in den Dreien, in den Dreien«: die Vergangenheit, die Gegenwart und die Zukunft, Lernen, Wachsen und Wissen und den Einzelnen, den Mahanta und Sugmad.

Wo ist Ihre Saat des Glücks?

28

Das Auge des Tigers

Die Delaware-Indianer, die ursprünglich aus den östlichen Wäldern Nordamerikas kamen, initiierten die Knaben des Stammes in die Mannbarkeit durch ein Ritual, das sie die Wache der Jugend nannten.

Wenn ein Knabe die Pubertät erreichte und für die größere Rolle des Kriegers im Training bereit war, mußte er alleine in den Wald gehen und viele Tage fasten. Dies geschah, um seinen Mut zu erproben, aber auch, um ihn erkennen zu lassen, daß die Natur, während sie für jene, die ihre Gesetze nicht kennen, ein harter Lehrer ist, zugleich auch eine unterstützende Kraft ist, die dem hilft, der ihrem Flüstern lauscht.

Die schwere Prüfung des Fastens und der Einsamkeit im Wald diente dazu, das Dritte Auge des Jugendlichen zu öffnen und ihn fortan im Land der Träume und Prophezeiungen umherschweifen zu lassen. Sie sollten ihn in all den kommenden Jahren führen, wenn er ein angesehener Krieger seines Volkes sein würde.

Die Seele gleicht sehr dem Delaware-Indianerknaben. Auch Sie wird einer Lernatmosphäre ausgesetzt, in der Sie die Notwendigkeit für ein ganzheitliches Erwachen erkennt.

Das *Auge des Tigers* bedeutet demnach folgendes: Es ist der Ausdruck in den Augen eines Menschen, der durch die Prüfungen des Lebens die Fähigkeit erlangt hat, in seinem eigenen besten spirituellen Interesse zu handeln. Er bringt sein Leben in Ordnung und löst Probleme, die ihn einst auf der Straße zu Gott gelähmt haben. Er ist nicht länger der Träge, der einen kraftlosen Schlag gegen Schwierigkeiten führt, dann aber niedergeschlagen seine Hände faltet und sagt: »Ich lasse es das ECK tun, aber Es funktioniert nicht.«

Für einen, der die menschliche Natur studiert, ist es offensichtlich, daß der Mensch in der Gesellschaft ohne Zweifel einen spirituellen Niedergang erleidet. Unter den Leuten auf der Straße schwinden die alten Ideale von Mut, Unabhängigkeit und Stärke. Das Vertrauen in das innere Selbst ist schwach, und dasselbe trifft auf einen Großteil der äußeren persönlichen Selbstbestimmung zu. Jeder, der bei vollem Verstand ist, versucht, von unserer großväterlichen Regierung soviel wie möglich an »kostenloser« Hilfe zu bekommen. Und so zu handeln wird als ein »Recht« des Menschen angesehen.

Wo passen Sie als ECK-Initiierter in dieses unwirkliche Bild unserer Gesellschaft? Wie passen Sie sich dem Leben in einer Umgebung an, wo die Abhängigkeit von anderen die Norm ist? Wie in aller Welt kann die Seele Ihren Blick auf das Reich Gottes gerichtet halten, wenn Ihr Rücken inmitten der Sklaven des Materialismus gebeugt ist?

Der Mensch mit dem Auge des Tigers ist ein Führer, der auf Schwierigkeiten zugeht, die ihn lähmen wollen. Er hat die Formel für die ECK-Meisterschaft erhalten. Jetzt handelt er, um sich durch die Geheimnisse der Zukunft hindurchzuarbeiten und bringt die Früchte seiner kreativen Imagination, welche den Beginn aller spirituellen Entfaltung bedeutet, in den gegenwärtigen Augenblick ein.

Die Menschen um uns herum gehören zwei Klassen des Bewußtseins an: den Erwachten und den Schlafenden. Die Erwachten bewegen sich auf das Licht und den Ton von ECK zu, welche ihnen vom Mahanta gebracht wurden, aber die Schlafenden ziehen es vor, von der Arbeit anderer zu leben. Die letzteren sind wie die männliche Biene, welche ein Schmarotzer auf Kosten der Arbeiterbiene ist. Passenderweise besitzt sie keinen Stachel.

Eine Seele, die in den Gefilden der Erde untätig ist, so wie Sie es einst in den Gärten des Himmels war, ist wie eine Biene ohne Stachel. Sie befindet sich in einer nutzlosen Inkarnation und muß in einem weiteren Leben zur Erde zurückkehren.

Die Schlafenden haben nicht das Auge des Tigers. Sie wissen auch nicht, was es ist, und sie würden es auch nicht erkennen, wenn sie es sähen. Sie sind die Drohnen, die es niemandem gestatten werden, sie für die Ankunft des Mahanta, der Licht und Ton in die Stille der Dunkelheit bringen kann, zu wecken.

Die meisten Menschen sind unproduktiv und werden sehr ärgerlich, wenn man ihnen das sagt. Neid und Gier sind ihr Glaubensbekenntnis, und die Leidenschaft für noch mehr Besitztümer ist eine Beschäftigung, die ihre ganze Zeit in Anspruch nimmt. Gehässigkeit, Negativität und Klatsch sind immer gegenwärtig. Sie sind im Leben die Nehmenden, anstatt die Gebenden. Leid und unglückliche Ereignisse begleiten sie von der Wiege bis ins Grab.

Nur der Mahanta, der Lebende ECK-Meister, hat die Fähigkeit, die Talfahrt des heutigen spirituellen Niedergangs aufzuhalten. Er ist der alleinige Gesandte mit der spirituellen Kraft, um ein neues goldenes Zeitalter zu etablieren und die Wucht der negativen Kräfte in die spirituellen Kräfte umzuwandeln. Erwählte Initiierte werden trainiert, um den Gefangenen des Kal zu sagen, daß nur ein einziger Schlüssel ihre Zellen aufschließt: die Spirituellen Übungen von ECK.

Die Botschaft des Mahanta an die Seele ist die Realität der spirituellen Befreiung in dieser Lebensspanne. Wer außer dem Mahanta kann jemanden über sich selbst hinaus anheben?

Die meisten Menschen wollen nicht für ihr eigenes Überleben verantwortlich sein, sondern wollen, daß andere Menschen oder Behörden sie unterstützen. Ein Artikel, der vor kurzem im Magazin *Time* erschien, berichtet über eine Kirche auf dem Land im Süden von Illinois, die jahrelang von den Spenden der Kollekte abhängig gewesen war, um ihre Rechnungen zu bezahlen. Aber ein Stück Land, das der Kirche vor Jahren vermacht worden war, brachte ihr eine Ölquelle, die Öl im Werte von 10.000 Dollar monatlich lieferte.

Der unverhoffte Glücksfall für die Kirchenkasse brachte ein Problem mit sich. Eine Flut von Anfragen ging von Bittstellern ein, die Almosen für alles wollten, von Mietzahlungen bis zu Dachreparaturen. Um das Problem noch zu erschweren, begann noch eine zweite Quelle, Öl hervorzubringen, und verdoppelte so die Einnahmen.

Die Bittsteller sind ein Beispiel für Menschen, die nichts getan hatten, um das Geld zu verdienen, die es aber als religiöses Recht empfanden, etwas davon abzubekommen. Der menschliche Zustand versäumt kaum eine Gelegenheit, denn er erwartet immer, etwas umsonst zu erhalten.

Was ich sagen möchte, ist folgendes: Alle, die erwarten, zum Himmel zu gelangen, müssen etwas tun, um dorthin zu kommen. Die unbequeme Wahrheit in ECK ist, daß nicht jeder in dieser Lebensspanne zum Himmel gelangen wird. Die Nehmenden, diejenigen, die schlafen, haben die spirituellen Übungen überhaupt nicht oder nicht lange genug ausgeführt, um den Beginn des Erwachens des spirituellen Selbst zu erleben.

Der Mensch, der mit dem Auge des Tigers sieht, entdeckt eine Fülle von Möglichkeiten zu wachsen, ungeachtet der Niederlagen, die er einstecken muß. Das Summen des ECK-Tonstroms weckt sein Verlangen, ein Mitarbeiter Gottes zu sein. Menschliches Verlangen muß jedoch zerfallen, bevor die größere Liebe der Seele dem dienen kann, was über das Selbst hinausgeht und dauerhafter als dieses ist.

Der Mensch ist in seiner menschlichen Zwangslage ein Opfer des Gesetzes der Neigungen. Das *Shariyat* kennzeichnet ihn als jemanden, der nach materialistischen Lösungen von Problemen sucht und folglich Menschen anzieht, die Materialisten sind.

Auf der anderen Seite zieht ein Initiierter, der von den destruktiven Merkmalen des Verstandes frei ist, solche Menschen an, die spiritueller Natur sind.

Der Weg zum Himmel wird uns im *Shariyat-Ki-Sugmad* beschrieben, aber das eigentliche Ausarbeiten dieser hohen Bestimmung wird in der Abgeschiedenheit Ihrer Kontemplation vollzogen.

Tun Sie auf alle Fälle, was Sie zu tun fähig sind, um ein eigenes Einkommen zu haben, aber geben Sie nicht die Sozialfürsorge auf, wenn Sie von ihr leben müssen. Worauf es dabei ankommt ist, einen *allmählichen* Übergang von der Abhängigkeit zur Unabhängigkeit zu schaffen. Beginnen Sie darüber nach- zudenken, wie Sie bereits mit einem kleinen Schritt auf lange Sicht ein auf sich selbst gestellter Mensch werden können.

Dieser Artikel hätte seinen Zweck verfehlt, wenn ich Sie entweder mit einem Schuldgefühl zurückließe oder unfähig, ohne Unterstützung in den Umständen zu überleben, in denen Sie sich gerade befinden. Der springende Punkt ist dieser: Verändern Sie zuerst Ihr Denken, und bemühen Sie sich dann allmählich, sowohl in den materiellen als auch in den spirituellen Welten für sich selbst zu sorgen.

Nehmen Sie aber all die Hilfe des Mahanta an, die Ihnen gegeben wird, bis Sie diesen Zustand der Selbstmeisterschaft erreichen.

29
Das Gesetz der Dankbarkeit

Das Gesetz der Dankbarkeit besagt einfach, daß in einem dankbaren Herzen Reichtum erblüht. Eine ECK-Initiierte unternimmt ausgedehnte Reisen ins In- und Ausland. Auf ihren Reisen hat sie beobachtet, daß viele Menschen ein zufriedenes und angenehmes Leben führen, viele andere aber von der Hand in den Mund leben.

Sie fragte sich, warum sie sich wohl in den richtigen Lebensumständen befand, um ECK zu studieren, viele andere hingegen nicht. Was hatte sie getan, um die Freiheit des spirituellen Lebens zu verdienen? Waren diese anderen Opfer ihres eigenen Karma und ernteten einfach den angemessenen Lohn für das, was sie in der Vergangenheit gesät hatten? Sie wußte es nicht.

Während ihr das Reisen die Bewußtheit brachte, nicht auf Grund eines guten Geschicks selbstgefällig zu werden, fragte sie sich, was wohl Selbstgefälligkeit ausgleichen könnte.

In einem Wort: Dankbarkeit.

Um die Jahrhundertwende lebte im Mittelwesten der Vereinigten Staaten ein Mann, der von Armut heimgesucht wurde. Er dachte sich alle möglichen Projekte aus, um für einen ausreichenden Lebensunterhalt für seine Familie zu sorgen, aber meistens schlugen seine Pläne fehl.

Es handelt sich um Wallace D. Wattles, den Autor des Buches *Das Gesetz des Reichwerdens*. Darin zeigt er eine einzigartige Methode auf, um ein Leben in Überfluß zu erreichen. Die Ideen in diesem Buch entsprechen oft den spirituellen Konzepten von Paul Twitchell in dem Buch *Die Flöte Gottes*. Deshalb ist es einer Betrachtung wert.

Seine wiederholten Fehlschläge veranlaßten Wattles, sich selbst genau unter die Lupe zu nehmen. Warum hatten andere Menschen Erfolg, wenn doch ihre Fähigkeiten nicht größer waren als seine eigenen? Er fing an, die Philosophien von Descartes, Spinoza, Emerson und anderen zu studieren. Er akzeptierte schließlich das monistische Prinzip einer »Einzigen Substanz«, die für die gesamte Schöpfung verantwortlich ist. Er ging damit noch einen Schritt weiter und nahm an, daß ihn diese unvoreingenommene Kraft mit allem Reichtum des Lebens versorgen würde, wenn er sich nur richtig an sie wendete.

Wir kennen diese Kraft als die ECK-Kraft. Auf der Mentalebene wirkt Sie durch die Universale Verstandeskraft. Die letztere Kraft ist neutral, wie die reine Kraft des ECK; aber im Gegensatz zu dem ECK ist sie äußerst instabil. Unser Verstand besteht aus dem gleichen unbeständigen Stoff. Und ist er nicht trotzdem ein wundervolles Instrument von ECK, wenn er richtig gebraucht wird?

Vom ersten Tag an, an dem Wattles den ECK-Strom entdeckte, bis zu seinem vorzeitigen Tod im

Jahr 1911, pflegte er ein starkes geistiges Bild dessen zu formen, was immer er sich wünschte. Dann verwirklichte er tatsächlich durch die Kraft der Visualisierung seinen Traum, ein Leben in Fülle zu erlangen. Er wußte, daß diese Meisterkraft immer jenen mit einem dankbaren, wissenden Herzen einen rechtmäßigen Anteil an den guten Dingen geben würde.

Aber dennoch: Sobald das ECK uns Seine Segnungen gewährt — wie oft denken wir daran, sie anzuerkennen? Anerkennung geschieht durch Dankbarkeit, welche unsere Herzen für das ECK geöffnet hält. Wenn Dankbarkeit verlorengeht, ist das Resultat spirituelle Armut.

Dankbarkeit erscheint auf subtile Weise. Einmal ging ich in ein Klassenzimmer auf den inneren Ebenen, um Kindern dabei zuzusehen, wie sie Rechnen lernten. Der Lehrer fragte einen Jungen mit leuchtenden Augen: »Wenn du eine Tomate hättest und bräuchtest zehn, wieviele müßtest du noch kaufen?«

Der Junge überlegte einen Moment, dann sagte er: »Keine! Ich würde meine Tomate auseinanderschneiden, die Samen einpflanzen und *viele* Tomaten wachsen lassen.« Der Lehrer, beeindruckt von dem Einfallsreichtum des Jungen, akzeptierte die Antwort. Der Junge hatte dem Leben gegenüber eine Aufgeschlossenheit, die ihn das Leben umfassender betrachten ließ als andere.

Der Kernpunkt dabei ist, daß kreative Menschen, die das Geschenk des Lebens schätzen, oft in die geheimen Kammern des kreativen Verstandes schlüpfen. Ihre Lösungen sind ausgewogen und einfühlsamer als diejenigen von Menschen, die sich einzig auf die Vernunft als ihre Hauptstütze verlassen. Dankbarkeit öffnet Quellen der Kreativität, weil ein dankbarer Mensch entspannt ist. Dies gestattet ihm, sich über seine Umstände mit einem objektiven Verstand klar zu werden. Wie der Junge in der Geschichte erhält ein kreativer Mensch oft dreidimensionale Antworten auf seine Fragen.

<u>Kreativität, Fülle und Dankbarkeit gehen folglich Hand in Hand.</u>

Das ECK wird uns alles geben, was wir benötigen. Zuerst müssen wir lernen, das Beste im Leben zu erwarten, und bereit sein, dafür zu planen und zu arbeiten. Zweitens brauchen wir ein klares geistiges Bild dessen, was wir wünschen. Drittens muß dieses Bild ständig aufrechterhalten werden in der Gewißheit, daß das ECK jeden rechtmäßigen Wunsch erfüllen wird. Viertens muß Dankbarkeit dasein für alles Gute, das man erhalten hat.

Auf solch eine Weise half das ECK vor Jahren meiner Familie. Im Jahr 1975 sollte das ECKANKAR-Büro von Las Vegas, Nevada, nach Menlo Park, Kalifornien, umziehen. Das Management hatte es arrangiert, Lastwagen für die Angestellten zu mieten, damit sie selbst umziehen konnten. Die Fracht der Lastwagen würde jedoch ihren Besitzern auf Grund von Reise- und Lagerschwierigkeiten mehrere Tage lang nicht zugänglich sein.

Unsere Tochter war noch nicht einmal achtzehn Monate alt, folglich mußten ihre Wiege, ihr Laufställchen und ihr Kinderstuhl mit uns im Auto transportiert werden. Dies bedeutete, daß wir mit einem Anhänger fahren mußten, aber leider hatten wir kein Geld, einen zu mieten.

Dann wendete ich die oben genannte Methode an.

An ein paar Abenden, bevor meine Frau und ich Nevada verlassen sollten, machten wir in Las Vegas eine Abschiedstour und kamen an einer öffentlichen Spielhalle vorbei. Einem Anstoß des Inneren Meisters folgend, hielten wir an, um ein Spiel zu spielen. Zu unserer großen Überraschung gewannen wir beide. Unsere Gewinne reichten gerade aus, um die Mietkosten für den Anhänger zu bezahlen. Das ECK deckte unseren Bedarf durch diesen glücklichen Umstand.

Dankbarkeit für Geschenke, die wir bereits erhalten haben, setzt neue Kräfte in Bewegung, die ein Leben in Fülle aufrechterhalten. Ein dankbarer Mensch stellt im allgemeinen fest, daß die Fenster der spirituellen Möglichkeiten für ihn offenstehen.

Als ich einmal im Fernen Land weilte, beschloß ich, einen Nachbarn an einen entfernten Ort zu führen. Die Reise querfeldein führte durch Sümpfe, kalte Bergbäche und anderes wildes Gelände. Immer wieder schimpfte dieser Mensch, weil ich auf dem Weg blieb. Er wollte ihn verlassen und eine Abkürzung nehmen. Jedesmal sagte ich: »Der Weg ist schneller.«

Schließlich wurde er ärgerlich über das Tempo unseres Vorwärtskommens und ging alleine weiter. Er dachte, er könnte alleine schneller sein, weil er körperlich stärker war als ich. Aber ich kannte die Tücken der Gegend.

So lief er davon und war außer Sichtweite. Unsere Wege kreuzten sich oft, da ich nach ihm Ausschau hielt. Jedesmal, wenn ich vor ihm an einem Rastplatz ankam, wurde er zunehmend aufgebrachter. Ständig rannte er in Sackgassen und verschwendete wertvolle Zeit und Energie. Seine Entschlossenheit, als erster an unserem Bestimmungsort anzukommen, wurde an jedem Rastplatz verbissener.

Es war eine Reise mit unzähligen Hindernissen. Müdigkeit überkam ihn, diesen Neuling im Fernen Land. Er begann, seine Ausrüstung wegzuwerfen, aber er ließ sie verstreut auf dem Land anderer Leute liegen. Als sein Führer war ich für die Abfälle verantwortlich. Also hob ich die zurückgelassenen Ausrüstungsgegenstände auf — Kochutensilien, Wanderstock, ja sogar seine Feldflasche. Diese Dinge sollten meine eigene Reise unterstützen und nicht beeinträchtigen.

Der Weg war mir vertraut, also konnte ich mit Muße reisen. Von den weggeworfenen Vorräten konnte ich vor seiner Ankunft an jedem Rastplatz eine Tasse Tee machen. Die Campingausrüstung, die ihm zur Last geworden war, war mein Segen.

Schließlich erreichte er sicher das Ende der Reise, aber er war erschöpft von dem Konflikt mit seinem Ego. Er dachte, seine innere Zerrissenheit sei durch meine Entschlossenheit verursacht worden, auf dem Weg zu bleiben, als er dies für unnötig hielt. Dessen ungeachtet war es tatsächlich sein privater Kampf mit der wetteifernden Einstellung seines eigenen Verstandes; ich wurde vom Geist der Dankbarkeit getragen.

Das Leben wird lohnender sein, wenn wir das Geheimnis der Dankbarkeit lernen. Wattles lernte dies schließlich im fortgeschrittenen Alter. Jemand, der für alles Gute dankbar ist, wird den Reichtum des Himmels in den bescheidensten Details seines spirituellen Lebens finden.

<u>Das Fenster der Dankbarkeit öffnet uns die Himmel Gottes.</u>

30
Das gehört alles mit zum Spiel

Eines Tages beobachtete ich von meinem Wohnzimmerfenster aus Sunny, den orangefarbenen Kater unseres Nachbarn. Offensichtlich hatte da eine Maus im hohen Gras hinter unserem Hof geraschelt. Auf leisen Sohlen schob sich Sunny langsam und ganz behutsam vorwärts, jeder Muskel angespannt, um sich auf die Beute zu stürzen.

Zehn Minuten später war Sunny erst eine halbe Körperlänge weit ins hohe Gras vorgedrungen. Es schien, als ob er alles richtig mache: Die Ohren gespitzt, um auch die kleinste Bewegung der Maus zu hören, seine Bewegungen langsam und bedacht, und sein starkes Verlangen, die Maus zu fangen. Aber Sunny arbeitete, ohne es zu ahnen, gegen sich selbst.

Je näher er der Maus kam, desto aufgeregter wurde er. In seiner wachsenden Aufregung begann sein Schwanz ein Eigenleben zu führen und schlug wild gegen das hohe Gras. Aber Sunny schien herrlich ahnungslos, daß sein Schwanz ihn verriet.

Schließlich machte er einen großen Satz, ging aber leer aus. Die Maus hatte sich in Sicherheit gebracht.

Nur allzu oft spielen wir das Spiel des Lebens wie eine Katze mit einem unkontrollierten Schwanz. Unser Verlangen nach Gott ist ehrenwert, aber wir haben nicht die Disziplin, unser Ziel zu erreichen.

Ein kleiner Käfer lief draußen vor meinem Badezimmerfenster ganz nahe an der Wand entlang. Er näherte sich der Ecke, ohne zu merken, daß eine Spinne dort ihre Netze gesponnen hatte. Der Käfer rannte in ein Netz hinein. Dies alarmierte die Spinne, die oberhalb gewartet hatte, wo sie an einem der feinen seidenen Fäden hing. Die Spinne glitt an ihrer Leiter hinunter, um hinter dem Käfer zu landen und ihn zu inspizieren, dann schoß sie zurück nach oben zu ihrem Ausblick. Einen Augenblick später kam die Spinne zum Angriff herab und landete diesesmal auf dem Käfer.

In einem Ausbruch verzweifelter Bewegung stießen die beiden aufeinander. Sofort kletterte die Spinne wieder zu ihrem günstigen Aussichtspunkt zurück. Der Käfer lag still da. Anscheinend hatte die Spinne ihre Beute vergiftet.

Der Käfer war seinen Weg entlanggetrottet, mit sich selbst beschäftigt, bis er in die Jagdgründe der Spinne geriet. Dies kostete den Käfer fast das Leben. Der Fehler gipfelte in einem kurzen, aber heftigen Gefecht. Nach dem Angriff schien der Käfer besiegt. Eine Zeitlang lag er still da, aber er sammelte nur Kräfte. Nach kurzer Zeit bewegte sich der Käfer wieder. Er stand auf, machte ein paar Fehlstarts in die Richtung, wo das Spinnennetz am dichtesten war, ging dann aber langsam ein Stück auf seinem anfänglichen Weg zurück, bis er außer Gefahr war. Dann ging er weiter zu seinem ursprünglichen Ziel. Diesesmal jedoch nahm der Käfer eine Abkürzung und umging das Netz der Spinne. Ein Besuch war genug.

Wir versuchen gewöhnlich, das zu tun, was richtig ist, aber die Erfahrung lehrt uns, es besser zu machen.

Eine ECKistin befand sich beim Essen mit einer neuen Bekannten, einer Frau aus einem Kurs, den sie besuchte. Die ECKistin hatte vor, an diesem Abend zu einer ECK-Veranstaltung zu gehen, und ohne zu überlegen, machte sie eine Bemerkung darüber zu ihrer Bekannten, die, wie sich herausstellte, eine Wiedergeborene Christin war. Die Frau achtete niemanden, der andere Wertvorstellungen hatte als sie selbst. Sie überhäufte die Initiierte mit einer Flut von Fragen, die diese zu beantworten versuchte, obwohl sie wußte, daß dies zu nichts führen würde. Das Essen war ruiniert und wahrscheinlich auch ihre Freundschaft.

Bald nach dieser unglücklichen Begebenheit bekam die ECKistin einen vereiterten Zahn. Der Schmerz wurde immer schlimmer, sogar nachdem der Zahnarzt den Zahn gezogen hatte. Er erklärte, daß es eine »trokkene Zahnhöhle« sei, ein Umstand, bei dem sich die Wunde nicht schließt. Folglich gelangten Speisen oder Flüssigkeiten direkt bis zum Knochen.

Die ECKistin verstand, daß der Schmerz in ihrem Mund daher rührte, daß sie bei ihrer Bekannten den Mund nicht gehalten hatte. Für die Zukunft nimmt sie sich jetzt vor, mehr Urteilsvermögen zu gebrauchen, wenn sie mit jemandem über Eckankar plaudert. Wenn Leute aus reiner Neugierde fragen, wird sie ihnen sagen: »Es ist ein Studium spiritueller Prinzipien.« Und wenn sie sie weiter mit Fragen bedrängen, wird sie hinzufügen: »Es ist zuviel, um es in ein paar Minuten zu erklären. Wenn Sie wirklich etwas darüber wissen wollen und nicht nur aus Höflichkeit fragen, besorge ich Ihnen ein Buch.«

So ist das Spiel des Lebens.

Und so ist es auch für einen jungen Mann, der wiederum aus einem anderen Blickwinkel das Spiel des spirituellen Überlebens lernt. Die meisten ECKisten bekommen Schwierigkeiten, wenn sie ihren Gefährten von den fernen Welten Gottes erzählen. Er macht genau das Gegenteil. Er unternimmt Seelenreisen in die anderen Welten und erzählt den Leuten dort von der Erde. Sie haben vielleicht ebensowenig Ahnung von Seelenreisen und von dem Licht und Ton Gottes wie die Leute hier. Aber das gehört alles mit zur Entfaltung.

Trotzdem lernt auch er wichtige Lektionen. Während des Seelenreisens zu einem neuen Ort fragt er die Leute dort nach dem Namen ihrer Stadt. Dann erzählt er ihnen, wo er herkommt und wie er hierhergekommen ist. Wenn sie sich nach Eckankar und dem Mahanta erkundigen, bietet er ihnen an, den Meister zu rufen, wenn sie ihm begegnen wollen. Gewöhnlich erscheint Wah Z, um sie zu begrüßen.

Aber an diesem Punkt begegnet der Mann seinen eigenen Lektionen. Er hat die Gewohnheit, mit den Fingern zu schnippen, wenn er wünscht, daß der Meister erscheint, aber der Mahanta ist in Wirklichkeit das ECK. Gelegentlich hat ihn Wah Z kurzerhand stehenlassen, indem er sagte: »Wir sehen uns später.« Der Chela denkt noch immer, daß das ECK oder der Heilige Geist etwas sei, das man herumkommandieren kann. Man kann Es jedoch nicht drängen, denn ECK unterhält das ganze Leben.

Der Chela muß sich nur als Kanal für ECK öffnen. Es wird entscheiden, was getan werden muß und was nicht. Dies alles gehört dazu, das Spiel des Lebens zu lernen.

Warum kommen einige gut in ECK voran, während andere es schwierig finden, irgendwelche spirituelle

Fortschritte zu erkennen? Der Schlüssel zum Erfolg oder Mißerfolg liegt letztendlich in uns selbst.

Ein Höherinitiierter erzählte von einem Traum, den er kürzlich hatte, und der ihm den Grund zeigte, warum er sich nicht an seine inneren Erfahrungen erinnerte. In dem Traum waren er und seine Frau auf einem Riesenrad, das höher und höher in den Himmel stieg. Bald bemerkte er, daß sie sich nicht mehr auf der Vergnügungsfahrt befanden, sondern sich von Ebene zu Ebene bewegten. Immer höher flogen sie. Er war noch immer auf dem Sitz, aber er hatte nicht gerade wenig Angst vor der großen Höhe. Schließlich, als er es nicht länger aushalten konnte, hielt er sich die Augen zu. Seine Frau sagte:»So kannst du doch nicht sehen«, worauf er antwortete:»Ich weiß, aber ich habe Angst hinzuschauen.«

Als er aufwachte, fand er die Traumerfahrung amüsant. Und jetzt weiß er, warum er sich an viele seiner inneren Erfahrungen nicht erinnern kann: er hat Angst hinzuschauen. Aber es ist ein guter Anfang, um zu verstehen.

Das Spiel des Lebens soll uns helfen zu verstehen, wie das ECK in unserem Leben arbeitet. Eines Tages verlor eine Frau die Geduld mit ihrem Ehemann, der ungewöhnlich stur war. Mit einem Seufzer sagte sie:»Du bist hier, mich Geduld zu lehren.« Er dachte einen Moment lang nach und erwiderte dann:»Und du bist hier, mich Liebe zu lehren.« Zumindest wissen sie es jetzt. Das ECK macht durch den anderen aus jedem ein besseres und spirituelleres Wesen.

Später hatte sie eine wunderbare Einsicht:»Also ist in gewisser Weise der schwierigste Mensch in unserem Leben auch eine Aufgabe, die uns von dem Sugmad zugeteilt wurde.«

Ob Katze, Käfer oder Mensch, wir alle lernen physisches oder spirituelles Überleben. Das gehört alles mit zum Spiel.

31

Die Odyssee der Seele

Die Seele erlangt spirituelle Freiheit, indem sie auf Ihrer Reise zu Gott drei Phasen durchläuft: (1) Unschuld, (2) Komplikation und (3) Vervollkommnung. Der Weg der Seele ist so sicher wie der Lauf der Sonne, und durch den Morgen, den Mittag und den Abend der Erfahrung des Lebens klettert Sie stetig den felsigen Berghang zur Gottrealisation empor.

Aber der Aufstieg ist qualvoll. Kummer, Einsamkeit, Hunger und Krankheit machen den Lebenstrunk bitter. Wir wollen Gott, aber diese spirituelle Odyssee bringt uns an unbekannte Orte in den weiten Welten des Bewußtseins. Doch von allem, was wir lernen, ist nichts notwendiger, als zu lernen, wie man eins mit dem ECK und ein Mitarbeiter Gottes wird.

Gleichnisse von der ungewissen Reise der Seele durch die drei oben erwähnten Stadien finden sich in den Bibliotheken. Ein Beispiel dafür ist *Der Graf von Monte Christo*, eine klassische Abenteuergeschichte von Alexandre Dumas, welche die turbulente Wanderung der Seele von der Unschuld zur Verfeinerung veranschaulicht, die Wanderung von der Unerfahrenheit zur Macht und dann zur Freude der Liebe.

Die Geschichte handelt von Ihnen und von mir in der Gestalt eines jungen Seemannes mit Namen Edmond Dantès. Im Alter von neunzehn Jahren liegt die ganze Schönheit und das Wunder des Lebens vor ihm. Er soll zum Kapitän eines Handelsschiffes befördert werden, was für einen so jungen Mann ungewöhnlich ist und was ihn zu einem wohlhabenden Gatten für seine Verlobte machen wird. Aber Verrat dreht das Rad des Schicksals, und er landet im Gefängnis. Ein alter Mönch erzählt ihm von einem sagenhaften Schatz, und als Dantès entflieht, findet er ihn.

Nun nimmt er die Identität des Grafen von Monte Christo an, aber alle Reichtümer der Welt können ihm nicht die Jahre des Leidens im Gefängnis ersetzen noch ihm seinen betagten Vater wiedergeben, der in seiner Abwesenheit an Hunger gestorben ist. Seine willensschwache Verlobte hat vor langer Zeit seinen Rivalen geheiratet, der mitgeholfen hatte, ihn an den Staatsanwalt zu verraten.

Dantès ist nicht länger ein naives Waisenkind im Leben, sondern wird zum schrecklichen Rächer. Wie er entscheiden wir uns als unerfahrene Seelen für die Macht, um uns zu behaupten. Wir treten in den zweiten Teil unseres spirituellen Trainings ein und machen uns die erbarmungslose Philosophie des »Auge um Auge« zu eigen. Dantès wird schließlich des Blutbades überdrüssig, das er bei denen anrichtet, die ihm Unrecht getan haben, und er legt das Schwert der Vergeltung nieder. Somit verläßt er die zweite Erziehungsphase der Seele, ein kompliziertes Leben der Nutzlosigkeit.

Nun tritt er in das Endstadium der Vervollkommnung oder der Erkenntnis ein. Wie Dantès möchten

Sie und ich die sinnlosen Schlachten beenden, die alle zerstören, die sich in unserem Kielwasser befinden. Jetzt hat die Seele einen gewissen Grad der Meisterschaft über Sich Selbst erlangt und hungert nach dem Ton und dem Licht Gottes. Die Runden der Erfahrung in allen Dingen des Lebens geben Ihr die Berechtigung, den Weg von ECK zu finden, welcher die ursprüngliche Lehre des Heiligen Geistes für die Menschheit ist.

In der Zeit der Erkenntnis versteht Dantès plötzlich, warum es Schmerz und Leid gibt. Im Zustand des spirituellen Gleichgewichts, das er durch all seine Erfahrungen erworben hat, erkennt er dieses Geheimnis Gottes: »Es gibt weder Freude noch Leid in dieser Welt; es gibt nur den Vergleich eines Zustandes mit einem anderen. Nur ein Mensch, der die schlimmste Verzweiflung gefühlt hat, ist fähig, die höchste Glückseligkeit zu fühlen.« Dementsprechend ist eine unreife Seele des Gottbewußtseins unfähig.

Das Leben ist nicht mehr als die Begegnung der Seele mit Sich Selbst in der Widerspiegelung der äußeren Welt. Anders als in einem Roman kann Sie nur ernten, was Sie sät.

In dem Buch *Die große Gemeinschaft der Schöpfung* wiederholt J. Allen Boone den Ausspruch der ECK-Meister, daß »Gedanken Dinge sind«. Boone erinnert sich an die Begegnung mit einem alten Goldsucher, der ihm erzählte, daß Klapperschlangen »ein besonderes Vergnügen daran haben, ihre Giftzähne in einen Weißen zu bohren«, daß sie aber selten einen Indianer verletzen.

Boone schloß daraus, daß das Reptil auf die unterschiedlichen Gedankenmuster reagiert, die von den beiden Menschen ausgesandt werden. Der Weiße wird von Kindheit an gelehrt, die Schlange zu fürchten (eine Zurückversetzung in den Garten Eden). Die Schlange bewertet die Denkweise, die auf sie gerichtet ist, und ist bereit, entweder mit einem Freund oder einem Feind umzugehen. Die Schlange ist äußerst empfindsam für jedes mentale Gift und vergiftet als Antwort darauf schnell ihren eigenen Bewußtseinszustand. Die Schlange reflektiert in Wahrheit die Gedanken des Feindes, und es kommt zu einer Begegnung ohne Gnade.

Der echte Indianer jedoch betrachtet eine wilde Kreatur als einen vielgeliebten jüngeren Bruder. Wenn er in den Bereich genau derselben Schlange kommt, hält er inne. Die beiden betrachten einander »wie ein großes und ein kleines Schiff auf See, die freundliche Botschaften austauschen«. Der Indianer, sagt Boone, wurde gelehrt, sich in Harmonie mit dem zu bewegen, was er das Große Heilige nannte. Wir nennen dies das ECK oder den Heiligen Geist.

Die Odyssee der Seele lehrt uns, mit den Gesetzen Gottes zusammenzuarbeiten. Viele Leben voller Stöße und Beulen sind notwendig, bevor sich alle Lektionen von der Gottheit eingeprägt haben. Und wenn das erreicht ist, dann <u>wird uns die Gnade gewährt, bewußt an den höchsten Aspekten der Heiligkeit teilzuhaben.</u>

Die liebende Beziehung zwischen dem ECK und Ihnen, einem Funken Gottes, wird in einem anderen Beispiel von Boone sehr gut erzählt. Als Junge war er von den Bildern der Indianer, die ihre Ponys ohne Zügel, Sattel oder Decken ritten, fasziniert. Später beobachtete er die Indianer, wie sie dasselbe Bravourstück in Buffalo Bills Wild-West-Show aufführten. Es war nicht klar, wie sie auf ihren Ponys bleiben konnten, während sie bei hoher Geschwindigkeit plötzliche Wendungen machten.

Schließlich gelang es ihm, einen Häuptling zu fragen, wie die Indianer in der Lage seien, auf dem bloßen Pferderücken so gut zu reiten. In Zeichensprache sagte der Häuptling, daß eine »freundliche und verständnisvolle Verbindung zwischen dem Indianer und dem Pony« bestehe. All ihre Interessen stünden in gegenseitiger Wechselbeziehung. Der Indianer und das Pony seien »eine einzige Einheit in Geist, Herz, Körper und Zielsetzung«. Genau das muß die Seele mit ECK werden.

Während wir in diesem Körper sind, befinden wir uns in einem eigenartigen Konflikt. Die meisten lebenden Dinge versuchen, um jeden Preis am Leben zu bleiben. Aber wie Schopenhauer, der deutsche Philosoph des 19. Jahrhunderts, beobachtete, wissen die Menschen nicht, was sie, wenn »die Existenz sichergestellt ist«, mit ihr anfangen sollen. Also versuchen sie, sich von »der Last der Existenz« zu befreien, »um nicht mehr das Gefühl haben zu müssen, ›die Zeit totzuschlagen‹«.

Hier handelt es sich um eine Seele im zweiten Stadium, dem Stadium der Komplikation, wie vorher erwähnt. Befreit von Wünschen und Sorgen werden fast all diese Menschen sich selbst zur Last. Diese Langeweile öffnet die Tür zum sozialen Bewußtsein, welches »die Menschen zu den größten Exzessen antreibt, ebenso wie das entgegengesetzte Extrem, die Not«.

<u>Der Mensch im dritten Stadium hält die Waage zwischen Wünschen und ihrer Erfüllung. Durch lange Erfahrung hat er den Vorteil erkannt, die Aussendung seiner Gedanken in die Welt zu kontrollieren. Kurz, er hat den losgelösten Zustand des gottbewußten Menschen erlangt.</u>

Die Odyssee der Seele ist jedes Opfer wert, denn sie führt zu Gott.

32

Auf des Messers Schneide

Eine wundervolle Geschichte von Somerset Maugham, dem beliebten englischen Schriftsteller des frühen bis mittleren 20. Jahrhunderts, erzählt von den Konflikten eines Menschen, der nach Gott sucht. Die Erzählung *Auf des Messers Schneide*, die in den meisten Büchereien zu finden ist, folgt dem Leben eines Piloten aus dem Ersten Weltkrieg, dessen Freund in einer Luftschlacht sein Leben opferte, um ihn zu retten. Aber die Schlacht, von der er niemals spricht, ist die zwischen dem spirituellen und dem sozialen Bewußtsein, und doch zwingt sie ihn, am Scheideweg eine Entscheidung zu treffen—nicht nur einmal, sondern viele Male. Er ist nach Amerika zurückgekehrt, ohne an dem Reichtum und Materialismus Geschmack zu finden, nach dem Amerika lechzt.

Der Mensch in ECK wird beständig mit des Messers Schneide konfrontiert. Der Mahanta unterzieht ihn wiederholten Prüfungen und wartet, um zu sehen, was für ihn von größerer Bedeutung ist — das ECK oder die trübe Verlockung der Gesellschaft.

In einer ernsthaften Unterhaltung mit Maugham nimmt sich der Pilot den sozialen Gott vor, von dem die Menschen glauben, daß er angebetet werden möchte. Er spricht von seinem Aufenthalt in einem Kloster, in dem die Mönche ihm keine Antworten geben konnten, die seine Fragen zum Schweigen brachten. Warum sollte ein allmächtiger Gott Verehrung wollen? Warum hat Er das Böse erschaffen? Was für ein Gott würde ein beflecktes Universum erschaffen und dann einem Engel für die Probleme darin die Schuld geben, wenn Gott mit all Seiner Macht den Dunklen Engel nach Belieben hätte aufhalten können?

Der Pilot war mit dem Versagen dieses sozialen Gottes, einer Schöpfung des menschlichen Bewußtseins, in Konflikt geraten. Die Werte der Kinder dieses Gottes, einschließlich derjenigen seiner Verlobten, waren Spielmarken aus Plastik anstelle von Goldmünzen. Seine Verlobte wollte die neueste Mode aus Paris; er wollte die Freiheit, nach Wahrheit zu suchen, die Freiheit zu reisen, um sie zu finden. Sie wollte sich am sozialen Trubel erquicken; er aber am Bewußtsein Gottes.

Unfähig, sich auf ein gemeinsames Ziel zu einigen, lösten sie ihre Verlobung. Dies war eine aus einer ganzen Reihe schmerzvoller Entscheidungen, die Maughams Held am Scheideweg zwischen spirituellem und sozialem Bewußtsein traf.

Scharfe Beobachtung des Piloten offenbarte die Angst, unter der die Menschen leiden. Es war nicht die Angst vor engen Räumen oder vor Höhen, die er in ihnen sah, sondern die Angst vor dem Tod und schlimmer noch, die Angst vor dem Leben. Diese Angst plagte Menschen »bester Gesundheit, wohlhabend, ohne jegliche [andere offensichtliche] Sorgen«.

Das soziale Bewußtsein ist gewöhnlich der Ausgangspunkt für die meisten Menschen, die zu ECK kommen. Die spirituellen Übungen erheben sie zu dem höheren Zustand, wenn sie in die höheren Initiationen eintreten.

Walt Whitman, einer der größten Dichter Amerikas und ein alter Mann, als Maugham jung war, war auch ein Sucher der Wahrheit, der gegen die Werte des sozialen Bewußtseins nur rebellieren konnte. Sein Buch *Grashalme* kann man als religiöse Schrift betrachten, aber als dieser Gedichtband 1855 veröffentlicht wurde, wurde er von den Kritikern wütend angegriffen. Whitman, so griffen sie ihn an, war »mit Kunst so wenig vertraut wie ein Schwein mit Mathematik«.

Ohne Zweifel brachte Whitman die Gesellschaft mit seinen berühmten Ansichten über Sexualität in Wut — Ansichten, die nach dem heutigen Standard ziemlich harmlos sind. Immer der Verfechter individueller Freiheit, versetzte er dem Gott der Gesellschaft scharfe Hiebe in *Gesang von mir selbst*, einem der Gedichte in dem Buch *Grashalme*.

Er hatte die verwirrende Ansicht, daß er »sich abwenden und eine Weile mit den Tieren leben könnte«. Die Tiere lägen nicht nachts wach und weinten wegen ihrer Sünden; sie beschwerten sich nicht über ihre Lage. Auch gingen die Tiere ihm nicht auf die Nerven, indem sie über ihre Pflichten Gott gegenüber diskutierten. Sie hätten nicht den Wunsch, etwas zu besitzen. Außerdem verneigten sich die Tiere nicht voreinander, besonders nicht vor einem Tier ihrer Art, welches vor Tausenden von Jahren gelebt hatte.

Whitman verbrachte die meiste Zeit seines Lebens auf des Messers Schneide, indem er versuchte, eine Trennungslinie zwischen dem Ruf der Seele in ihm und dem Irrsinn der spirituell Toten im Äußeren aufrechtzuerhalten.

Der ECK-Initiierte ist Maughams Piloten einen Schritt voraus, der dachte, er müsse nach Indien gehen, um spirituelle Realisation zu finden. Der ECKist ist auch in seiner Entfaltung weiter als Whitman, wenn er weiß, wie töricht es ist, jene im menschlichen Bewußtsein zu verärgern, indem man ihren selbstgeschaffenen Gott lächerlich macht.

Des Messers Schneide ist die gelassene Losgelöstheit des Menschen von den Dingen dieser Welt; und doch kann er sich an ihnen als Segen des Lebens erfreuen, denn vergangenes Karma hat sie für seine Erfahrung herbeigebracht. Leiden, Armut oder Märtyrerschaft sind keine Tugenden, sofern nicht der einzelne diese Erfahrungen zur Reinigung der Seele benötigt.

Teilnehmer eines Eckankar-Seminars wurden gebeten zu erzählen, warum sie in Eckankar seien. Einer der Besucher antwortete im Sinn von Whitman und dem Piloten: Wenn er Dinge für sich selbst tue, so scheine es, als nützten sie anderen. Er wollte die Freiheit haben, seine eigenen Fehler zu machen, und konnte keinerlei Zwang von irgendwelchen äußeren Richtlinien tolerieren.

Seine Ansicht, wie das spirituelle Leben zu leben sei, ist der Wahrheit nahe. Ich möchte hinzufügen, daß es nicht die Dinge sind, die für das kleine Selbst getan werden, welche sich als gut für andere erweisen, sondern jene Dinge, die für das höhere Prinzip, für das ECK oder das Sugmad, getan werden. Ein Sucher Gottes steht immer auf des Messers Schneide mit seinem Unterscheidungsvermögen, und das läßt ihn nicht los.

Ein anderer Chela sagte, das vergangene Jahr sei eine Katharsis, eine Reinigung, für ihn gewesen. Eine

Reihe traumatischer Dinge geschah ihm, die ihn schließlich zu seiner Hingabe an den Inneren Meister führte. Er stellte fest, daß er zuerst schwer gebeutelt werden mußte, bevor er Hingabe lernen konnte.

Ein Geschäftsmann berichtet von einem wirklichen Widerstand dem ECK gegenüber, obwohl er sich dessen nicht selbst bewußt war. Er gibt zu, daß eine Menge von Veränderungen stattgefunden hat, seit er in ECK ist, aber er hat noch nicht entschieden, ob es das ECK war oder nicht. Er besitzt mehr Losgelöstheit im Umgang mit seinen Kunden, aber er möchte dies lieber sich selbst als eine persönliche Errungenschaft zuschreiben.

Eine ehemalige Lehrerin kommt mit des Messers Schneide gut zurecht, welche im Grunde genommen nichts anderes ist, als die Linie zwischen dem Dienst an sich selbst und dem Dienst an Gott. Sie fragt Neuinteressenten: »Was kann ich Ihnen erzählen?« Gewöhnlich bitten sie sie nicht, zu sprechen, sondern zuzuhören. Also hört sie zu: Dienst an Gott.

Die Klinge des Messers schneidet auf zwei Arten: Sie kann jemanden groß machen oder ihn vernichten. Die Prüfungen werden auf eine Art gegeben, die vom einzelnen nicht immer erkannt wird. Er wird aufgefordert, die Wahl zu treffen zwischen der Anerkennung durch andere oder dem Mahanta. Wenn er die Wahl richtig trifft, wird sein Leben von diesem Augenblick an anders sein, selbst wenn er nicht erkennt, daß er vom Meister geprüft wurde. Ich könnte Beispiele davon geben, aber die Erfahrung ist für jene, die des Messers Schneide begegnet sind, zu persönlich. Die Entscheidung stellt das höhere und niedere Selbst einander gegenüber, und die Antwort, die aus diesem Konflikt kommt, vermehrt oder verrringert Karma — ein Gewinn oder ein Verlust an Spiritualität.

Entscheidungen an Tausenden von verschiedenen Scheidewegen haben die Seele zum Mahanta geführt. Für einige ist der Weg schneller als für andere. Es hängt alles vom Verlangen der Seele ab, das Prinzip der göttlichen Liebe zu finden, welches wir das ECK nennen. Aber wenn der Chela zur letzten Wegkreuzung kommt und wählt, dem Inneren Meister zu folgen, wird sich sicher ein Treffen zwischen den beiden ereignen.

Wie steht es um Ihr Gleichgewicht auf des Messers Schneide?

33

Träger der Wahrheit

Der Fluß nach außen, der entsteht, wenn man von sich selbst gibt, öffnet die Tür zu spiritueller Entfaltung, während die Haltung des Nehmens sie verschließt. Aber der Mahanta fordert nie zu irgendwelchen Entbehrungen auf.

Jene mit dem Wissen des Ewigen, sagt das *Shariyat-Ki-Sugmad*, sind Männer und Frauen, die sich so sehr am Leben erfreuen, daß sie es riskieren, vollständig darin einzutauchen. Die Gesellschaft dieser Menschen schließt die ECK-Meister mit ein, deren Intensität der Liebe schon immer auf den Dienst an Gott ausgerichtet war.

Der Kampf zwischen dem Geben und Nehmen wird an dem Beispiel eines gewissenhaften Suchers veranschaulicht, der einer bestimmten religiösen Gruppe beitrat. Er widmete sich ganz ihrem Programm und machte stetige Fortschritte, denn er wollte dienen, während er jede nur erdenkliche, verfügbare Lektion in sich aufsog.

Nebenbei begann er durch freiwillige Hilfe bei der Förderung des Programms Geld zu verdienen; nicht viel Geld, aber genug, um die Ausgaben zu decken. Es widerstrebte ihm, einen Preis für seine Zeit zu verlangen, aber er nahm doch kleine Geschenke für seine freiwillige Arbeit an. Die wahre, aber unerkannte Belohnung, die ihm von allen Richtungen zufloß, war persönliche Entfaltung.

Dann kam die Weggabelung. Einige der älteren, mehr welterfahrenen Lehrer rieten ihm, mehr Geld für seine wertvolle Zeit zu verlangen. Oberflächlich gesehen schien ihr Rat plausibel: »Als fortgeschrittene Seele und fortgeschrittener Lehrer solltest du nicht für ein paar Dollar durch das ganze Land fahren.«

Dieser Mensch liebt, wie die meisten ECKisten, das Leben. Er wandte sich vom Weg des Gebens ab zu dem des Nehmens, weil die Seele die Erfahrung brauchte. Das bedeutet nicht, daß man nicht für ehrliche Arbeit bezahlt werden kann, aber mit seiner veränderten Haltung des Nehmens anstelle des Gebens begann er für sein Geschenk an Gott einen Preis zu verlangen. Nach kurzer Zeit schied er aus dieser religiösen Gruppe aus, weil die Freude weg war.

Auf der Suche nach dem nächsten Schritt in seinem spirituellen Leben trat er Eckankar bei. Leider brachte er seine alte Haltung mit: »Was kann das ECK für mich tun?« statt: »Was kann ich für das ECK tun?«

Auch interessierte ihn sein Beruf nicht mehr, denn die Freude zu wachsen war nun auf die Erwägung reduziert: Wieviel könnte er verdienen? Obwohl er immer mehr Überstunden machte, geriet er immer tiefer in Schulden.

Eines Tages erkannte er, daß er diese Erfahrung nicht länger brauchte, und daß seine Schwierigkeiten aus nichts anderem entstanden waren als dem ständigen Nehmen vom Leben, ohne dem Leben etwas dafür zurückzugeben. Als er diese subtile Lektion in sich aufgenommen hatte, kehrte er diese Talfahrt in seinem Bewußtsein um und begann wieder von sich selbst zu geben.

Eine Frau, die einigermaßen gelernt hatte, von sich selbst zu geben, die aber zögerte, sich als Werkzeug zu erklären, weil der Heilige Geist Talente fordern könnte, die sie nicht besaß, tat dies aber dennoch während eines größeren Eckankar-Seminars in Chicago. Jemand bat sie, zwei Leute in die Innenstadt zu fahren. Da sie ihren Fahrkünsten traute, fand sie, daß dies eine angenehme Aufgabe sei. Würde sie ihren Kassettenrekorder für einen Teil des Programms ausleihen? Gewiß! Sie ging noch einen Schritt weiter und stellte freiwillig die Tonstudio-Erfahrungen zur Verfügung, die sie auf der Rundfunkschule gelernt hatte. Die Seminarmitarbeiter nahmen ihre Fachkenntnis dankbar an. Jeder kleine Schritt im Geben führte zu einem weiteren.

Willens, ihre Talente zu teilen, kam sie zu der Schlußfolgerung: »Alles, was das ECK von mir wollte, als ich meine Hilfe anbot, war, die Dinge zu tun, die ich bereits tun konnte! Das heißt nicht, daß ich nicht gefordert wurde. Ich hatte eine großartige Möglichkeit, dabei zu wachsen.«

Ein Geschenk an den Heiligen Geist muß ohne Gedanken an Belohnung gegeben werden. Die Nichtinitiierten warten auf Nachrichten von ECK, und ihr erster Schritt könnte recht gut das Geschenk eines ECK-Buches sein, das in einen Flughafen, einen Bus oder in einen Waschsalon gelegt wurde. Jeder einzelne ECKist hat eine bestimmte Aufgabe, die Botschaft von ECK zu verbreiten, und arbeitet dabei in dem Bereich, in dem er anderen am meisten von Nutzen sein kann. Ein Mitarbeiter Gottes zu werden beginnt auf die einfachste Weise.

Eine Dame schrieb, daß sie ECK einer Freundin gegenüber bei der Arbeit erwähnte und dies tat, ohne zu verstehen, warum sie dieses Thema ansprach, denn sie drängt ihre Interessen anderen nicht auf. Ihre Bekannte erwies sich als »sehr interessiert an den Werken und verschlang geradezu alle Bücher, die ich ihr über dieses Thema gab«. Diese Frau verhielt sich als ein reines Werkzeug für den Heiligen Geist, denn Er sah, daß jemand bereit war, Seiner majestätischen Stimme zu lauschen, und hatte bereits den Weg bereitet.

Initiierte in einer österreichischen Stadt hatten einen ECK-Informationsvortrag in der örtlichen Pythagoras-Kepler-Schule geplant. Da mehrere Wissenschaftler vorhatten zu kommen, bereiteten sich die ECKisten auf Gebieten vor, die mit Pythagoras und Kepler zu tun hatten.

Inzwischen wurde der Vortrag von der Schule in eine örtliche Bank verlegt. Die Wissenschaftler kamen nicht, aber für die Hälfte der 44 Anwesenden war Eckankar neu. Nachdem die ECK-Bücher dem Publikum vorgestellt worden waren, verwickelten die jungen Besucher, meist Mitglieder einer örtlichen Kirche, die ECKisten in eine ernsthafte und begeisterte Diskussion über die Hauptpunkte von ECK.

Der Initiierte, der ein Gleichgewicht zwischen Geben und Nehmen hält, kann ein wirkungsvoller Träger des immerwährenden Evangeliums von ECK sein.

Der Lebende ECK-Meister verbindet die Seele mit dem himmlischen Tonstrom, der aus dem großen Zentrum Gottes in die darunterliegenden Welten fließt. Diese gewaltige Welle, die das ECK genannt wird, berührt alle Lebewesen und führt schließlich zur Wohnstatt des Sugmad.

34
Zusammenarbeit in ECK

Für Eckankar beginnt das spirituelle neue Jahr am 22. Oktober, dem Datum, welches an die Übergabe des Stabes der ECK-Macht erinnert. Wir sind in eine Zeit spiritueller Erneuerung eingetreten. Wieder erfolgt eine Beschleunigung des Lebensrhythmus. Dies ist der Augenblick für denjenigen, der ein Mitarbeiter Gottes werden möchte, sich darüber klarzuwerden, wo er auf diesem direktesten Weg zu dem Sugmad steht.

»Wir in ECK sind mehr daran interessiert zu sehen, daß der Chela er selbst wird, und nicht jemand anderer«, heißt es in dem Buch *Spirituelle Aufzeichnungen*. Die gleiche Beobachtung machte ein ECKist, der sagte: »Wenn jemand ein Höherinitiierter wird, wird er mehr er selbst, anstatt vollkommen zu werden.« Während wir uns in die höheren Bewußtseinszustände entfalten, erkennen wir, daß mit der größeren spirituellen Freiheit eine zunehmende Verantwortung einhergeht.

Jeder ECKist ist sich des spirituellen Gesetzes bewußt, daß alles in echter Münze bezahlt werden muß. Das bedeutet im spirituellen Sinn, daß wir unsere Entfaltung auf die eine oder andere Weise verdienen müssen. Der Schlüssel dazu ist in den vier Grundprinzipien von ECK enthalten: Das erste ist Selbstdisziplin, das nächste das absolute innere Vertrauen auf den Mahanta, das dritte sind die Spirituellen Übungen von ECK und das letzte ist die wahre Kontemplation der Werke von ECK.

Paul Twitchell führt in dem Buch *Spirituelle Aufzeichnungen* aus, daß »die ECK-Meister ihren hohen Stand nicht dadurch erreichten, daß sie vor Schmerzen flohen oder davor, Bequemlichkeit oder sinnliche Vergnügungen zu erfahren«. Die ECK-Meister sind harte Arbeiter im physischen Körper. Die ECKisten, die es mit ihrer spirituellen Entfaltung ernst meinen, werden sich durch das Fasten am Freitag disziplinieren.

Die Wesen, die in den Tempeln der Goldenen Weisheit arbeiten, sowohl auf der physischen Ebene als auch darüber, erhalten ihre Anweisungen von der spirituellen Hierarchie und führen ihre Pflichten im Stillen so erfolgreich wie möglich aus. Ihr Verhalten ist anhebend und fröhlich. Und warum auch nicht? Schließlich sind sie Mitarbeiter Gottes!

Ein Höherinitiierter aus Afrika wurde gefragt: »Was würdest du tun, um die Botschaft von ECK zu präsentieren, wenn du von heute auf morgen in die Vereinigten Staaten ziehen würdest?« Zuerst hielt er sich taktvoll mit seiner Antwort zurück, aber nach sorgfältiger Überlegung entgegnete er: »Um erfolgreich zu sein, müssen die Initiierten von ECK lernen zusammenzuarbeiten. Es müssen auch regelmäßig HU-Gesänge stattfinden.« Jene Gebiete, in denen dies praktiziert wird, sind im allgemeinen führend darin, die Nichtinitiierten zu erreichen.

Wenn wir zusammenarbeiten, um das zu erreichen, was immer wir uns als Ziel gesetzt haben, wird ein Wirbel für den Heiligen Geist geschaffen, in dem der Heilige Geist arbeiten kann. Unsere individuellen Bemühungen werden vielfach verstärkt, so daß die höchsten Ziele mit größerer Leichtigkeit erreicht werden.

Der ECKist, der auf irgendeine Weise im Stillen die ECK-Botschaft verbreitet, arbeitet für seine eigene spirituelle Entfaltung.

Es gibt eine Menge darüber zu sagen, was man gewinnt, wenn man dem ECK dient. Kurz gesagt, <u>wenn man gibt, ohne jemals an Belohnung zu denken, befindet man sich im ersten Stadium der Unsterblichkeit.</u>

35

Wie man ein ECK-Meister wird

Hier sind Anhaltspunkte für Sie, wie Sie sich zur ECK-Meisterschaft entwickeln können. Jemand behauptete, das einzige Lebewesen auf Erden, das frei von Langeweile ist, sei ein Hund. Ich würde gerne auch die ECKisten miteinbeziehen.

Ein ECK-Meister langweilt sich nie, ganz gleich, was er tut oder wohin er geht. Vor einigen Jahren erschien in der Illustrierten *Family Circle* [Der Familienkreis] ein Artikel von Charles Kuralt. Darin wurden klassische Haltungen außergewöhnlicher Persönlichkeiten untersucht, die, obwohl sie nichts von den Lehren von ECK wußten, bestimmt das Leben von ECK praktizierten.

Alle von Kuralts außergewöhnlichen Persönlichkeiten waren Menschen der Tat, genauso wie Sie das bei Ihrem Studium der ECK-Meister feststellen werden: Auf irgendeine Weise dienen sie dem Leben.

»Die Welt wird durch jede Handlung, deren einziger Zweck das Opfer ist, erhalten«, äußerte Yaubl Sacabi, »das heißt, das freiwillige Geschenk des Selbst.«

Ein Mann aus Minnesota, Mitte fünfzig, der es satt war, über sein Lieblingsprojekt — eine *direkte* Autobahn zwischen Duluth in Minnesota und Fargo in Nord-Dakota — zu argumentieren, hörte auf zu reden und begann zu handeln. Er schob einen stabilen Schubkarren hinaus, nahm eine Schaufel und ein Überbleibsel von einem John-Deere-Traktor. Er beschloß, die Straße selbst zu bauen — eine unmöglich weite Strecke von zweihundert Meilen.

Ein Vierteljahrhundert später, im hohen Alter von 81 Jahren, hatte der kräftige Mann elf Meilen vollendet und arbeitete genauso energisch für sein Ziel weiter.

Er war aber kein Narr. Der gesunde Menschenverstand ließ darauf schließen, daß sich eine direkte Autobahn sowohl für Minnesota als auch für Nord-Dakota als wirtschaftlicher Segen erweisen würde. Die elf gepflasterten Meilen, so hoffte er, würden die staatlichen Gesetzgeber dazu anregen, Mittel zu bewilligen, um das Projekt seiner Vision fertigzustellen. Und so arbeitete er alleine weiter, um sein Ziel zu erreichen.

Ein ECK-Meister wird den Initiierten eindringlich nahelegen, die höchsten Attribute totaler spiritueller Freiheit, totaler Bewußtheit und Selbstverantwortung zu erwerben und danach zu leben.

Es existieren noch Mythen von alten Religionen der Bewohner von Atlantis und der Hethiter. Priester hatten damals bereits ein Göttliches Wesen geschaffen, das sowohl rachsüchtig als auch gut war. Indem sie die Emotionen der Menschen zwischen Furcht und Liebe hin- und herzerrten, schlugen sie das Vertrauen und den Mut der Menschen nieder. In seinem Willen gebrochen, akzeptierte der Mensch unterwürfig die äußere Autorität und die Ketten spiritueller Gefangenschaft.

Auch heute noch sehnt sich die Menschheit nach einem gütigen, großväterlichen Gott, der die

Gesundheit wiederherstellt und das tägliche Brot gibt, einfach weil jemand darum bittet. Wo bleibt die Selbstverantwortung? Gott wird jedoch von den Tränen der Geschöpfe in den niederen Welten kaum berührt. Diese Tatsache schockiert den orthodoxen Verstand. Das Sugmad verwaltet in Wirklichkeit die Welten durch den Mahanta, den Lebenden ECK-Meister. Der Meister selbst, im physischen Körper, vertraut vollständig auf die ECK-Kraft, um alle Seelen zu erreichen, die bereit sind, eins zu werden mit der Essenz Gottes, dem ECK.

Wie bekommt ein Chela mit einem ernsten Problem Hilfe? Wenn jemand den Mahanta, den Lebenden ECK-Meister, um Hilfe bittet, mag das Problem zwar bestehen bleiben, aber der Bittsteller erlangt ein besseres Verständnis davon. Der Initiierte geht in sein Inneres, um einen besseren Weg zu finden, mit den Veränderungen des Lebens, mit Verlust oder Enttäuschung fertigzuwerden.

Alles wird in Übereinstimmung mit dem Karma und der spirituellen Entwicklung des einzelnen gegeben.

Totale Bewußtheit, ein Attribut der ECK-Meister, heißt, die Dinge als ein Ganzes zu sehen. Dies wird ein wesentliches Merkmal der Haltung des ECKisten, denn nun stellt er sich jedem Problem im Leben und findet Lösungen, ohne von irgend jemand anderem abhängig sein zu müssen.

Die ECK-Meister tauchen voll ins Leben ein. Das *Shariyat-Ki-Sugmad* versichert uns, daß der Ruf Gottes anders aussehen kann, als in einem Kloster oder heiligen Tempel zu dienen. Eine Geschäftskarriere oder Mutterschaft kann der Bereich sein, der den einzelnen vervollkommnet, der den Ruf der Seele beachtet. Wie können wir anderen Menschen am meisten dienlich sein?

Bisher haben wir gesehen, daß, um ein ECK-Meister zu werden, Mut, Einfallsreichtum und ein Verlangen, allem Leben zu dienen, erforderlich sind.

Ein anderer Mann, den Kuralt traf, war ein Professor für Englisch in Ohio. Die Universitätsverwaltung drängte ihn, mit siebzig Jahren in Pension zu gehen. Der Professor hielt an den Idealen von Arbeit und Würde fest und hatte den Wunsch, als ein produktiver Bürger seinen Beitrag für die Gemeinde zu leisten.

Sobald er bei der Schulverwaltung seine Rücktrittserklärung als Lehrer eingereicht hatte, eilte er hinüber zur Sporthalle und bewarb sich um eine Stelle als Hausmeister. Seiner Meinung nach war produktive Arbeit für das Überleben wesentlich. Durch den Englischunterricht im Klassenzimmer hatte er viele Lektionen gelernt, aber das tat er auch beim Putzen von Umkleideräumen.

Die Studenten verstanden schließlich sein Bedürfnis zu wachsen und zu lernen. Fünfzehn Jahre später, mit fünfundachtzig Jahren, hinterließ dieser jugendliche Geist seine Umgebung noch immer besser, als er sie vorgefunden hatte.

Vertrauen Sie sich dem ECKshar und dem Gottbewußtsein an. Eine Entschuldigung, daß zwanzig Minuten pro Tag zu viel Zeit seien, um sie mit den Spirituellen Übungen von ECK zu verbringen, zeigt wenig Selbstdisziplin. Das ist, wie wenn jemand davon spricht, ein Schriftsteller zu werden, aber alle möglichen Gründe angibt, warum er nicht schreibt. Die Wahrheit ist, daß er sich einfach nicht für das Schreiben einsetzt. Setzt sich der Chela für die Erweiterung seines Bewußtseins ein?

Ein Herr aus Tennessee brachte eine verblüffende Einsicht von einem Licht- und Ton-Workshop in Nashville mit nach Hause. Der Führer in ECK hatte sich etwa so geäußert: »Das Licht und der Ton sind die Schlüssel zur Selbst- und Gottrealisation. Was sind Sie gewillt, dafür aufzugeben?«

Der Korrespondent schrieb: »Ich muß sagen, das verblüffte mich. Lange Zeit habe ich mich selbst zum Narren gehalten und geglaubt, daß mir alles auf einem Silbertablett überreicht würde. Ich erkannte plötzlich, daß, auch wenn mir der Weg gezeigt wird, ich ihn letztendlich selber gehen muß!«

Die drei Dinge, die für die Befreiung der Seele vom Rad des Karma und der Reinkarnation nötig sind, sind der Lebende ECK-Meister, die wahre Initiation und der Hörbare Lebensstrom.

Der Initiierte verbringt mehr Zeit damit zu kontemplieren, er selbst zu sein und dem ECK zu dienen. Er strebt nach Glück durch Selbstdisziplin. Wer es lernt, den Bedrängnissen des Lebens nachzugeben, wird sowohl hier als auch im Fernen Land, dem Sitz des Ordens der Vairagi, überleben.

Ihr Schlüssel zur Selbstmeisterschaft ist in diesem Kapitel enthalten.

36

Die geheime Lehre

Die geheime Lehre ist der Teil des Shariyat-Ki-Sugmad, welchen der Mahanta durch die Spirituellen Übungen von ECK an den Chela weitergibt. Dies ist der einzig authentische Weg zu Gott, der Weg, den alle spirituellen Reisenden zur Meisterschaft nehmen.

Während Peddar Zaskq, den wir als Paul Twitchell kennen, mich durch die Schulung von ECK führte, wollte er mir das Konzept der Gottrealisation vermitteln. Einmal tat er dies durch einen anschaulichen Cartoon aus der *Phantom*-Serie, an die ich mich von den Sonntagscomics, die ich als Junge las, erinnerte.

Das Phantom war ein Dschungelheld, der eine auffallende violette Uniform trug. Immer maskiert, hielt er Recht und Ordnung in den Wäldern aufrecht und behielt gegen die dunklen Kräfte, die in sein Territorium eindrangen, die Oberhand. Er stammte aus einer langen Linie vergangener Phantome, welche jahrhundertelang die Beschützer der hilflosen Eingeborenen im Dschungel gewesen waren. Die Linie seiner Abstammung glich der des Ordens der Vairagi ECK-Adepten.

Peddar Zaskq hatte mich im Seelenkörper über die legendäre Zeitspur hinaus zur Kausalebene erhoben. Eine Szene entfaltete sich um die Erwählung und das Training eines jungen Knaben, der aus einer Reihe anderer Jungen ausgesucht und gewissenhaft trainiert wurde, um das nächste Phantom zu werden. Schritt für Schritt wurden ihm seine zukünftigen Aufgaben von seinem immer gegenwärtigen Lehrer gezeigt.

Eines Tages warf der Knabe sich vor einem Feuer zu Boden, welches die tiefe Dschungelhöhle erleuchtete. Hier begann er zu den Göttern der Eingeborenen zu beten, so wie er es von ihnen seit seiner Kindheit gesehen hatte. Augenblicklich trat sein Lehrer aus dem Schatten hervor und tadelte ihn: »Warum betest du?«

Der Junge gab keine Antwort, denn er ahmte die Eingeborenen nach, welche Animisten waren.

»Du mußt wissen, daß keine Götter, keine unsichtbaren Geister existieren außer dir selbst. Du bist wie Gott! Warum zu einem unsichtbaren Gott beten?«

Peddar Zaskq erklärte die Unmöglichkeit, jemals Gott zu werden. Aber der einzelne könne eines Tages den Mantel des Gottbewußtseins anlegen, was bedeutet, das ECK zu sein.

Das Entscheidende war hier, daß das alte orthodoxe Konzept von Gott aus meinem Kopf entfernt werden mußte, bevor die Liebe des Sugmad in mein Herz eintreten konnte. Dieses alte Bild von Gott war eine Verzerrung des Bildes im *Shariyat* und ein Schaden für das Kind von ECK.

Der Mahanta trifft uns innerlich in ganz unterschiedlicher Umgebung. Dies sind Orte für ihn, die Lehre mitzuteilen, die wir sofort zurückweisen würden, wenn er sie uns so gäbe, daß sie im Widerspruch zu unserem eingebauten Sinn für Anstand steht, für das, was richtig ist.

Aus diesem Grund wird die geheime Lehre auf unsere gegenwärtige Erziehung abgestimmt, bis wir in eine größere Vision der Wahrheit hineinwachsen können. Einmal reiste ich zu einem Vortrag auf den inneren Ebenen, wo Paul Twitchell zu einer Menschenmenge über den Heiligen Apostel Paulus sprach. Er stellte dem Publikum das Leben des Apostels in bezug auf den spirituellen Hintergrund dar, der die Handlungen dieses Mannes bestimmte. Die ganze Zeit über hielt er einen durchdringenden Blick auf mich im Publikum gerichtet, unter welchem ich mich vor Unbehagen krümmte. Dann, während des restlichen Vortrages, blickten seine Augen in die weite Ferne. Als er seinen Vortrag beendet hatte, fing er erneut meinen Blick auf und fragte mit der klaren Stimme der Telepathie: »Wirst du wiederkommen, um noch mehr zu lernen?« Es sah so aus, als gäbe es da noch mehr zu lehren, und es war tatsächlich so. Viele Male kam er, um mich bei meiner Suche nach dem höchsten Bewußtsein zu ermutigen, aber er hat mir die Lehren von ECK niemals auf irgendeine Weise aufgezwungen.

Eines Tages kam Paul während der Kontemplation, um mir zu sagen, ich solle in einen anderen Teil des Westens der Vereinigten Staaten ziehen. Diese Art von Neuigkeiten bestürzte mich gewöhnlich, denn ich war ein Mensch, der eine vertraute Umgebung sehr schätzte. Ich lebte Anfang der siebziger Jahre in Las Vegas, und Paul sagte, daß ich bald an die Westküste ziehen würde, vielleicht südlich von Los Angeles. Dieser Umzug schien damals höchst unwahrscheinlich, aber wie die Zeit bewies, kam es genauso, wie er es auf den inneren Ebenen vorausgesagt hatte.

Paul war zu dieser Zeit schon so lange in meinen inneren Welten dagewesen, daß ich zugebenermaßen ihn manchmal als selbstverständlich betrachtete, so wie es damals viele Chelas taten. Aber die Welle der Liebe, die von seinen Augen in meine floß, ließ wenig Zweifel über die Natur des Mahanta des Zeitalters.

Ein Schimmer in seinen Augen wies auf die Zukunft hin. »Ich glaube, wir werden dich nach Los Angeles bringen und nach einem Job suchen«, sagte er. »Das ECK-Vidya wird sich öffnen, wenn wir dorthin gehen.«

Ein heftiger Widerstand erhob sich in mir. Ich war zu Hause und fühlte mich wohl, warum also sollte ich weggehen und es mir schwer machen? Ich schlug vor: »Wir müssen doch nicht die ganze Strecke fahren! Ich kann wahrscheinlich das ECK-Vidya heute abend beim Schlafengehen bekommen.«

Aber Paul bestand gutmütig darauf, auf alle Fälle dorthin zu gehen. »Es wird Schweinefleisch und Bohnen geben«, sagte er und wies damit darauf hin, daß gutes Essen für eine Weile rar sein würde.

»Oh, das ist in Ordnung«, erwiderte ich allzu schnell. »Ich mag Schweinefleisch und Bohnen.« Sechs Monate später sollte ich diesen Eifer bedauern, denn mehrere Wochen vergingen, in denen ich ohne Arbeit war, und es gab tatsächlich sehr wenig zu essen außer Schweinefleisch und Bohnen mit Brot. Diese Veränderung sollte mich einer Seite des Lebens aussetzen, die mir später in meinen gegenwärtigen Pflichten als das spirituelle Haupt von Eckankar helfen würde. Deshalb, ob Härte oder nicht, ich ging.

Die geheime Lehre ist mehr als ein nur eingebildetes, fades Dahersagen von Worten aus einem alten Buch in einem weit entfernten Tempel. Der Mahanta, der Lebende ECK-Meister, gibt einem Chela wirkliche

Erfahrung auf den spirituellen Ebenen. Diese Arbeitsweise ist dem orthodoxen Verstand ein Rätsel, der sich daran gewöhnt hat, hohle Predigten von der Kanzel zu ertragen. Trotzdem ist es die einzige Art, die ich kenne, eine reine Einsicht in die Schöpfung Gottes zu erhalten.

Eines Abends machte ich die spirituellen Übungen und befand mich auf einer selbstgeschaffenen Reise durch Zeit und Raum. Während ich in der Kontemplation saß, wiegte ich mich vor und zurück, wie das Pendel einer Uhr. Plötzlich schlüpfte ich in den Seelenkörper und begann mich schnell auf den inneren Ebenen zu bewegen. Angst hatte mich gelähmt, bis ich sie schließlich losließ, durch eine begrenzende Mauer brach und mich rückwärts einen endlosen Korridor uralter Säulen entlangbewegte, während der Ton des ECK wie das pfeifende Röhren einer Flugzeugturbine an meinen Ohren vorbeirauschte.

Im Verlauf dieser Erfahrung stellte ich fest, daß starke magnetische Lichtwellen von mir als Seele ausgingen, während ich einen geheimen Namen Gottes sang. Wellen des Tons flossen nach außen, um einen unüberwindlichen Schild aufzubauen, der meine Reise beschützte. Ich war eine Seele und sah, wie mein Bewußtseinszustand blitzschnelle Veränderungen in seiner Umgebung beim Reisen durch Zeit und Raum akzeptierte. Dies war ein Ausflug in die Welten des Seins, und somit gab es niemals wirklich ein Reisen irgendwohin—denn die Seele hält sich immer im gegenwärtigen Moment auf und läßt die Illusion von Zeit und Raum zusammenbrechen.

Im Seelenkörper hatte ich das Schlafzimmer verlassen, war aus den physischen Universen herausgeglitten und hatte sie weit hinter mir gelassen. Ich erkannte mich als Seele — zeitlos — und die Welt als klein, belanglos und unbedeutend. Sie war nur dann von Bedeutung, wenn ich mich entschied, ihr bewußte Reflexion teilwerden zu lassen, und diese Entscheidung würde mich genau in ihr Zentrum versetzen.

In der Zwischenzeit war ich bewußt anwesend in einer Region, die räumlich und zeitlich weit jenseits des irdischen physischen Firmaments lag, weit entfernt und doch so nahe wie mein Herzschlag. Dies ist schwierig zu beschreiben, und aus diesem Grund müssen Sie Ihr Bestes tun, die Formeln von ECK zu erlernen und selbst zu sehen, wie Sie weiterkommen.

Wah Z bedeutet die geheime Lehre. Das Shariyat wird in freien Versen, Erzählungen, Legenden oder Geschichten gelehrt. Wie Paul darüber im Vorwort zum *Shariyat-Ki-Sugmad*, Buch Eins, sagte: »Manchmal aus Allegorien oder Fabeln. Aber alles in allem ist sie die gesamte Wahrheit, prägnant in all ihren Teilen, und sie legt jedem dar, woraus das Leben wirklich besteht und wie es zu leben ist.«

Bevor Sie dieses Leben verlassen, machen Sie sich die Mühe, die geheime Lehre von ECK zu erlernen. Es ist das Gesetz der Liebe, welches allein Sie zu Gott bringen kann.

37

Reise zur Gottrealisation

Die Initiierten von ECK werden sich darüber bewußt, daß es tatsächlich möglich ist, Selbstrealisation und Gottrealisation zu erreichen und das Himmelreich zu realisieren, während man noch im Körper lebt.

Wenn wir aufhören, uns zu entfalten, geschieht es einfach deshalb, weil wir die spirituellen Ziele vergessen haben, die vor uns lagen, als wir ursprünglich den Weg von ECK betraten. Eines der ersten war, die Verbindung mit dem ECK-Tonstrom herzustellen. Nachdem dies stattgefunden hatte, kümmerten sich einige von uns nicht allzusehr darum, was als nächstes passierte. Keine weiteren Reinkarnationen auf der Erde; der Kampf schien gewonnen. Dies kennzeichnete die Zweite Initiation.

Andere überwanden die Selbstzufriedenheit lange genug, um die Disziplinen wiederaufzunehmen, die sie so weit gebracht hatten. Sie richteten nun ihr Ziel daraufhin aus, die Seelenebene zu erreichen und dort etabliert zu werden.

Begeisterung und Liebe für das ECK trugen uns von dem Zeitpunkt an, als wir den Weg betraten, durch die zweite Initiation. Wir besuchten ECK-Einführungsvorträge, verteilten Bücher, praktizierten die spirituellen Übungen und studierten die ECK-Kurse. Wir lebten das Leben von ECK mit wahrer Hingabe und sahen in jedem Augenblick, was der Göttliche Geist zur spirituellen Anhebung in unser Leben brachte. Irgendwo auf dem Weg dämpften jedoch negative Einflüsse unsere Begeisterung.

Ein Brief eines ECKisten spiegelt diese Sache wider. Er schreibt: »Aus dem Studium der ECK-Lehre habe ich verstanden, daß man nach der Zweiten Initiation zu keiner weiteren Inkarnation zurückkehren muß, außer wenn man dies wünscht.«

Er berichtete von einem Traum, der ihm zu verstehen gab, daß er für eine weitere Inkarnation zurückkehren müsse, ob er dies wolle oder nicht. Er sagte mit Nachdruck, wenn es nach ihm ginge, würde er nicht zu einer weiteren physischen Inkarnation zurückkommen. Er wollte lieber seine Entwicklung zur ECK-Meisterschaft fortsetzen, wenn er sie in diesem Leben nicht erreichen würde.

Die physische Ebene ist geschaffen als ein guter Ort, um sich die ECK-Meisterschaft zu verdienen, wenngleich das auf allen möglichen Ebenen geschehen kann. Sie ist eine schnelle Schule zum Lernen.

Ob nun Rebazar Tarzs in seiner Hütte, einer dürftigen Herberge auf der physischen Ebene, wohnt oder nicht, er hat jederzeit, wenn er es wünscht, direkte Verbindung mit dem Sugmad, ganz gleich, wo er als Mitarbeiter Gottes eingesetzt ist.

Wenn wir erkennen, daß wir weiterhin für unsere Entfaltung über die zweite Initiation hinaus arbeiten müssen, können wir unsere Bindung an die

Idee, niemals zur physischen Ebene zurückzukehren, loslassen. Dann beginnen wir, ernsthaft für spirituelle Befreiung in diesem Leben zu arbeiten.

Die Haltung, sich vor einer Rückkehr zum physischen Körper zu fürchten, hält uns von spiritueller Entfaltung zurück.

In einem anderen Brief eines ECKisten steht: »Ich las wieder einmal eine der früheren *Weisheitsnotizen* von Paul Twitchell, und er erinnerte uns daran, all den kleinen Pflichten in diesem Leben Aufmerksamkeit zu schenken. Denn du weißt nie, wie sie dich auf dem Weg zu dem Sugmad führen können.«

Immer wenn jemand mit einem Problem zu Paul kam, versuchte er, ihn irgendwie dahin zu bringen, das Problem selbst in Angriff zu nehmen, statt sich darauf zu verlassen, daß Paul eine Lösung fand. Als der Mahanta, der Lebende ECK-Meister, wünschte er, daß die individuellen Seelen, die unter seiner Obhut standen, eines Tages selbst Meister werden würden. Wie könnten sie ECK-Meister werden, wenn er ihnen alles Denken abnahm? Er versuchte klarzumachen, daß die Lösung für jedes Problem in uns vorhanden ist.

Es gibt einen Ruhepunkt, der bei vielen Menschen nach der zweiten Initiation eintritt. Sie glauben, daß sie es geschafft haben. Sie sitzen da und schauen ein paar Monate, vielleicht ein paar Jahre lang umher, bevor der sanfte Anstoß des ECK durchkommt, daß es noch einen anderen Himmel zu erreichen gibt. Bleiben Sie nicht stehen, gehen Sie weiter.

Einige ECK-Initiierte sind sich der gegenwärtigen Gelegenheit bewußt, sich zu einem größeren Werkzeug für den Heiligen Geist zu entwickeln. Der folgende Brief bestätigt dies: »Ich selbst und viele, viele ECKisten sind sich einer gewaltigen Woge von Energie bewußt, seit das spirituelle neue Jahr begonnen hat. Mit dieser Woge kommt ein Wissen, daß es uns eine Möglichkeit bietet, uns in diese Energie einzustimmen und als ein größeres Instrument als vorher zu dienen.«

Man überprüft gewissenhaft die Disziplinen, die einen zu dem gegenwärtigen Punkt auf dem spirituellen Weg gebracht haben, indem man sich die vier Grundprinzipien von Eckankar vornimmt. Das erste ist Selbstdisziplin, dann das absolute innere Vertrauen auf den Mahanta, drittens die Spirituellen Übungen von ECK. Und schließlich die wahre Kontemplation der Werke von ECK.

Nun beginnt die Seele wieder die Reise durch die niederen Welten zu Ihrem ursprünglichen Ziel der Selbstrealisation auf der Seelenebene.

Manchmal ereignet sich etwas Merkwürdiges, wenn der einzelne die Seelenebene erreicht. Es ist beinahe ein Studium der Geschichte dessen, was damals geschah, als er die zweite Initiation erhielt. Er ruht sich aus! Er glaubt kaum, daß er Gottrealisation erreichen kann. Das Gefühl dabei ist: »Hey, jetzt bin ich so weit gekommen. Laßt uns jetzt die Sache nicht ins Wanken bringen.«

Paul Twitchell wies in den *Weisheitsnotizen* vom Dezember 1968 darauf hin und sagte: »Es ist unbedingt erforderlich, daß die Initiierten auf dem Weg, die Mitgliedschaft in dem wahren Orden der ECK-Meister zu erreichen, niemals stehenbleiben. Dies zu tun bedeutet spirituellen Tod, und das bringt einen zu einem vollkommenen Stillstand bei jedem Aufstieg zur Stätte Gottes.«

Die Initiierten erkennen, oft zum ersten Mal, daß es möglich ist, ihre früheren Ziele zu erreichen. Nicht jeder wird es schaffen, weil sich nicht jeder die Disziplin auferlegen wird.

Der Weg wird subtiler. Es erstrahlt eine sanfte Demut, wenn der Anwärter für den ECK-Adepten in die höheren Gottwelten von ECK gelangt.

Wir müssen für unsere eigene spirituelle Entfaltung arbeiten. Niemand wird unseren Weg mit Applaus säumen. Kaum jemand wird von unseren Erfahrungen in dem Licht und Ton von ECK Kenntnis haben, da wir das Gesetz des Schweigens befolgen. Die inneren Initiationen können Jahre vor dem rosa Zettel kommen, der uns einlädt, den Zyklus der Initiation auf der physischen Ebene zu vollenden.

Wir werden ein Mitarbeiter Gottes mit jedem Schritt auf dem spirituellen Weg. Das ist ein universelles Gesetz. Hier besteht große Hoffnung für jene, die wirklich herausfinden wollen, wer und was sie sind, und Mitarbeiter Gottes werden und das Himmelreich realisieren wollen, während sie noch im Körper leben. Der Schlüssel liegt in Ihnen.

Der Lebende ECK-Meister kann helfen, kann den Weg zeigen, aber jeder einzelne muß die Schritte selbst gehen.

38

Ein Wunderland der Liebe

Wenn Gott für irgendetwas deiner bedarf, gibt es nichts, was du dagegen tun kannst. Er wird dich an Sich ziehen, auf diese oder jene Weise, ohne daß du es überhaupt bemerkst. Durch das Herz einer Frau oder eines Kindes — das spielt für Ihn keine Rolle. (Rebazar Tarzs spricht zu Peddar Zaskq in dem Buch *Der Fremde am Fluß*.)

Ein dreijähriges Kind hatte sich selbst in eine mißliche Lage gebracht. Es lag auf dem Bauch quer auf zwei Stühlen und seine Füße baumelten über dem Boden. Da es den Boden unter sich nicht sehen konnte, hatte es Angst, loszulassen und die wenigen Zentimeter bis zum sicheren Boden hinunterzugleiten.

Der Vater, der beobachtete, wie sein Sohn auf dem Stuhl herumstrampelte, dachte zunächst, es sei deswegen, weil er sich eingeklemmt hatte. Dann verstand er, was das Kind sagte. Es wiederholte immer wieder: »Lieber Gott, hilf mir! Lieber Gott, hilf mir!« Der Vater mußte lachen. Die schwierige Lage seines Sohnes, welche dem Vater so einfach vorkam, schien es dem Jungen wert zu sein, daß Gott eingriff.

Aber dann dachte der Vater darüber nach, wie oft auch er seine eigene Situation beklagt hatte und zu ängstlich gewesen war, loszulassen. Wie oft erflehten die Menschen göttliches Eingreifen, um irgendein momentanes Hindernis aus dem Weg zu räumen, statt die Lektion zu lernen? Die Liebe des Vaters zu seinem Sohn hatte es ihm ermöglicht, sich selbst zu erkennen. Und trotzdem ist der Mahanta immer gegenwärtig, um all denen Liebe zu schenken und Schutz zu gewähren, die ihn lieben.

In ECK bringt die Kontemplation den Gottsucher in ein Wunderland der Liebe. Es ist eine neue Schöpfung, ein neuer Bewußtseinszustand. Der goldene Schlüssel zu diesem wunderbaren Ort im Inneren eines jeden ist der Akt der Hingabe.

Unmittelbar vor einem ECK-Seminar bekam eine ECK-Schülerin durch ein Versehen eine Kohlenmonoxidvergiftung. Während des Seminars wurde sie in einem Restaurant zusätzlich noch Opfer einer Lebensmittelvergiftung. Das Zusammenwirken der beiden Giftstoffe machte sie sehr krank. Als sie sich später zu Hause einem anspruchsvollen Stundenplan in der Schule gegenübersah, ging sie in die Kontemplation, um den Mahanta zu fragen, wie sie ihr Gleichgewicht halten und ein reiner Kanal für ECK bleiben könne.

Der Meister brachte sie in einen Raum in einem Tempel der Goldenen Weisheit. Es war ein dunkler, unauffälliger Raum mit einem Podest. Eine Säule aus schimmernd weißem Licht, mit einem Anflug von Bewegung darin, schien auf das Podest. Sie erhielt die Anweisung, ihre rechte Hand darauf zu legen, und als sie dies tat, begann die rechte Seite ihres Körpers erst sanft, dann stark mit einer vitalisierenden Lebenskraft zu vibrieren. Im Vergleich dazu fühlte sich ihre linke Seite leblos an.

Als sie sich darüber wunderte, lachte der Meister und schlug ihr vor, das Podest auch mit ihrer linken Hand zu berühren. Daraufhin begann sich diese Hand mit der wundervollen belebenden Kraft anzufüllen. Sie nahm wahr, daß die Luft, die sie in dem Raum atmete, kühl war wie die Luft auf einem Berggipfel.

Während sie weiter tief ein- und ausatmete, spürte sie, wie sich ihr Spirituelles Auge öffnete, und das ECK floß in sie hinein und aus ihr heraus. Dies ging so weiter, bis ihre beiden Seiten einen Zustand des Gleichgewichts erreicht hatten — eine Harmonie in der Schwingung, eine Balance, die sich zwischen den beiden Seiten spiralförmig zu bewegen schien. Als sie sich dann dem Mahanta zuwandte, sagte er: »Es könnte sein, daß dir eine Zeitlang nicht nach Essen zumute ist.« Als sie den Tempel verließ, fügte er hinzu, daß sie zurückkommen könne, wann immer es nötig sei.

Der Meister hatte recht: Einige Tage lang vertrug sie keine Nahrung. Seitdem kehrt sie jedesmal, wenn sie spürt, daß sie sich dabei überfordert, Ziele zu erreichen, die sie sich im Physischen gesetzt hat, zu diesem besonderen Tempel zurück, um ihr Gleichgewicht wiederzugewinnen. Sie sieht es als ein Privileg an, das sie benutzen, aber nicht mißbrauchen darf.

Dieses Wunderland der Liebe reicht zuerst in den einzelnen hinein, greift dann aber im Dienen hinaus in die Welt. Eine Frau und ihr Mann sollten in einem Bahnhof ein anderes ECK-Paar treffen. Während sie im Restaurant auf sie warteten, begannen sie ein Gespräch mit einem Fremden, dessen Frau vor mehreren Jahren gestorben war. Seit jener Zeit war sein Leben ohne Liebe gewesen.

Das Ehepaar hörte sich seine Geschichte an. Nachdem der Mann sie erzählt hatte, fragte er sie: »Wer sind Sie, daß Sie sich die Mühe machen, mir zuzuhören?«

Die ECKisten konnten sehen, wie offensichtlich es war, daß das ECK ihn trösten wollte. Als sie auseinandergingen, strahlte das Gesicht des Mannes vor Glück, vielleicht zum erstenmal seit Jahren.

Das Ehepaar war auf dem Weg zu einem ECK-Seminar gewesen. Beim HU-Singen am Sonntagmorgen schlief die Frau ein. Wegen der Liebe, die sie dem Fremden im Bahnhof gezeigt hatte, brachte sie der Mahanta durch Seelenreisen an einen bestimmten Punkt in den inneren Welten, wo es eine Art Urbeginn gab: die Erschaffung der niederen Welten. Die Schöpfung war noch sehr einfach.

Von diesem zentralen Punkt aus begann alles, und sie hörte diese wundervollen Worte: »Seit Anbeginn aller Zeit.«

Ihr wurde gezeigt, daß das HU vor und nach der Schöpfung immer dagewesen war. Es war ihre besondere Seminarerfahrung.

Zwei Tage nach dem Seminar war diese ECK-Initiierte allein im Haus ihrer Eltern, die verstorben waren. Sie mußte dort aufräumen und einen Stapel Schachteln und Taschen durchsehen. Sie entdeckte darin viele Kleidungsstücke, die sie als Kind getragen hatte. Ihre Mutter hatte diese Dinge aufbewahrt, weil sie ihre Tochter liebte. Beim Öffnen jeder Schachtel entströmte ihr ein gewaltiger Schatz an Liebe. Es war Liebe ohne Anfang oder Ende—wie das HU. Diese alten Gegenstände durchzusehen und die Liebe darin zu spüren, erzeugte in ihr eine tiefe Ehrfurcht vor der Liebe ihrer Mutter—und ebenso vor der Göttlichen Liebe.

Sie erkannte, daß keine der karmischen Schwierigkeiten und Prüfungen umsonst sind, wenn persönliche Liebe die Tür zur Göttlichen Liebe öffnet. Was sie tagtäglich in jedem einzelnen Leben genährt hatte, war Göttliche Liebe. Nichts konnte ohne sie existieren. Sie war der Grund für ihre Existenz. Wenn es bei ihr keinen Widerstand gab, wenn sie alte Vorstellungen und alte Muster ablegte, dann wußte sie immer, daß Göttliche Liebe ihr Dasein begründete. In ihr würde sie immer leben.

Das Wunderland von ECK ist das Universum von Ton und Licht. Es sind all diejenigen Orte, wo die Schöpfung gedeiht und wohin die spirituellen Reisenden gehen, um die Herrlichkeit der Göttlichen Liebe zu erforschen.

Ein Initiierter in Afrika las eine Lektion der Kursserie *Seelenreisen 1*. Nachdem er die spirituelle Übung in der Lektion durchgeführt hatte, schloß er seine Augen, um zu schlafen. Ganz weit in der Ferne sah er einen Punkt aus goldenem Licht: Zuerst undeutlich, begann dieser dann, sich schnell auf ihn zuzubewegen. Er nahm an Größe zu, bis er als ⰔⰍ-Symbol zu erkennen war — als die Buchstaben EK. Seine Farbe war wie die alter Bronze, und es hatte eine ganze Reihe Dellen auf der polierten Oberfläche. Dies sollte die Dauerhaftigkeit des ECK darstellen.

Dies ist eine einfache spirituelle Übung: Wenn Sie zu Bett gehen, konzentrieren Sie sich auf die goldenen Buchstaben ⰔⰍ und singen Sie sanft HU, den heiligen Namen Gottes. Bald sollten Sie das Licht sehen und den Ton Gottes hören.

Die Übung ist Ihr Schlüssel zum Wunderland der Göttlichen Liebe Gottes.

Glossar

Begriffe in KLEINEN GROẞBUCHSTABEN werden im Glossar an anderer Stelle definiert.

ARAHATA. Ein erfahrener und qualifizierter Lehrer für Klassen in ECKANKAR.

CHELA. Ein spiritueller Schüler.

EBENEN. Die Stufen des Himmels, zum Beispiel die Astral–, Kausal–, Mental–, Ätherische– und Seelenebene.

ECK. Die Lebenskraft, der Heilige Geist oder Hörbare Lebensstrom, der alles Leben erhält.

ECKANKAR. Die Religion von Licht und Ton Gottes. Auch als die uralte Wissenschaft des SEELENREISENS bekannt. Eine wahrlich spirituelle Religion für das Individuum in der modernen Welt, bekannt als der geheime Weg zu Gott via Träume und Seelenreisen. Die Lehren bieten einen Bezugsrahmen für jeden, der seine eigenen spirituellen Erfahrungen erforschen möchte. Von Paul Twitchell, dem Gründer in unserer Zeit, 1965 herausgebracht.

ECK-MEISTER. Spirituelle Meister, die Menschen in ihren spirituellen Studien und Reisen helfen und sie beschützen. Die ECK-Meister gehören einer langen Linie gottrealisierter Seelen an, die die Verantwortung kennen, die mit spiritueller Freiheit einhergeht.

HU. Der geheime Name für Gott. Das Singen des Wortes HU, gesprochen "Hju", wird als Liebeslied für Gott aufgefaßt. Es wird im ECK-Gottesdienst gesungen.

INITIATION. Das ECK-Mitglied verdient sie sich, indem es sich spirituell entfaltet und Gott dient. Die Initiation ist eine private Zeremonie, in der der einzelne mit dem Ton und Licht Gottes verbunden wird.

LEBENDER ECK-MEISTER. Der Titel des spirituellen Führers von

ECKANKAR. Es ist seine Pflicht, Seelen zu Gott zurückzuführen. Der Lebende ECK-Meister kann spirituelle Schüler im Physischen als Äußerer Meister, im Traumzustand als Traummeister und in den spirituellen Welten als Innerer Meister unterstützen. Sri Harold Klemp wurde 1981 der MAHANTA, der Lebende ECK-Meister.

MAHANTA. Ein Titel, der die höchste Stufe des Gottbewußtseins auf der Erde beschreibt, oft im LEBENDEN ECK-MEISTER verkörpert. Er ist das Lebende Wort.

SATSANG. Eine Klasse, in der Schüler von ECK einen monatlichen Kurs von ECKANKAR studieren.

SEELE. Das Wahre Selbst. Der innere, heiligste Teil jeder Person. Die Seele existiert vor der Geburt und lebt nach dem Tod des physischen Körpers weiter. Als Funke Gottes kann die Seele alle Dinge sehen, wissen und wahrnehmen. Sie ist das kreative Zentrum Ihrer eigenen Welt.

SEELENREISEN. Die Bewußtseinserweiterung. Die Fähigkeit der SEELE, den physischen Körper zu transzendieren und in den spirituellen Welten Gottes zu reisen. Das Seelenreisen wird nur vom LEBENDEN ECK-MEISTER gelehrt. Es unterstützt die spirituelle Entfaltung und kann den Beweis für die Existenz Gottes und das Leben nach dem Tod liefern.

DAS SHARIYAT-KI-SUGMAD. Die heiligen Schriften von ECKANKAR. Die Schriften bestehen aus zwölf Bänden in den spirituellen Welten. Die ersten beiden wurden von den inneren EBENEN durch Paul Twitchell, den Gründer von ECKANKAR in unserer Zeit, niedergeschrieben.

SPIRITUELLE ÜBUNGEN VON ECK. Die tägliche Anwendung gewisser Techniken, um mit dem Licht und Ton Gottes in Berührung zu kommen.

SUGMAD. Ein heiliger Name für Gott. SUGMAD ist weder männlich noch weiblich; Es ist die Quelle allen Lebens.

TON UND LICHT VON ECK. Der Heilige Geist. Die zwei Aspekte, durch die Gott in den niederen Welten in Erscheinung tritt. Sie können durch inneres Betrachten und Hören und mit SEELENREISEN erfahren werden.

WAH Z. Der spirituelle Name von Sri Harold Klemp, gesprochen "Wah Sie." Es bedeutet die Geheime Lehre. Es ist sein Name in den spirituellen Welten.

Bibliografie

»Auf der Suche nach Gott«, in: *The Mystic World*, Sommer 1986.

»Auf des Messers Schneide«, in: *The Mystic World*, Herbst 1985.

»Das Auge des Tigers«, in: *The Mystic World*, Frühjahr 1985.

»Das gehört alles mit zum Spiel«, in: *The Mystic World*, Herbst 1988.

»Das Gesetz der Dankbarkeit«, in: *The Mystic World*, Herbst 1987.

»Das Goldene Herz«, in: *The Mystic World*, Winter 1985.

»Das lebendige Wort«, in: *The Mystic World*, Frühjahr 1986.

»Der erleuchtete Zustand«, in: *The ECK Mata Journal*, 1987.

»Der Heilige Träumer«, in: *The Mystic World*, Januar-Februar 1983.

»Der Mahanta und Seelenreisen«, in: *The Mystic World*, Sommer 1985.

»Der sanfte Kuß Gottes«, in: *The ECK Mata Journal*, 1985.

»Der Schatten der Wahrheit«, in: *The Mystic World*, Frühjahr 1983.

»Der Ton und das Licht des Himmels«, in: *The ECK Mata Journal*, 1987.

»Der verborgene Schatz«, in: *The ECK Mata Journal*, 1983.

»Der Weg des ECK-Vidya«, in: *The Mystic World*, Mai–Juni 1982.

»Die geheime Lehre«, in: *The Mystic World*, Herbst 1984.

»Die Methoden des Schwarzmagiers«, in: *The Mystic World*, Winter 1983.

»Die Odyssee der Seele«, in: *The Mystic World*, Herbst 1986.

»Die Saat des Glücks«, in: *The Mystic World*, Frühjahr 1987.

»Die spirituelle Wiege«, in: *The Mystic World*, November–Dezember 1982.

»ECKANKAR: Die Religion des neuen Zeitalters«, in: *The Mystic World*, Winter 1987.

»Ein paar Worte über Drogen«, in: *The Mystic World*, Juli–August 1982.

»Ein Wunderland der Liebe«, in: *The Mystic World*, Winter 1988.

»›Haltet die Welt an, ich möchte aussteigen‹ . . . *oder:* Wann wirst Du ECK verlassen?«, in: *The Mystic World*, Winter 1984.

»Paul Twitchell, der Schriftsteller«, in: *The Mystic World*, Sommer 1984.

»Prinz oder Bettler?«, in: *The Mystic World*, Frühjahr 1988.

»Reise zur Gottrealisation«, in: *The Mystic World*, März–April 1982.

»Seelenreisen heute«, in: *The Mystic World*, Winter 1986.

»Stürme der Prüfung«, in: *The Mystic World*, Frühjahr 1984.

»Träger der Wahrheit«, in: *The Mystic World*, September–Oktober 1982.

»Was die alten Religionen vergessen haben«, in: *The ECK Mata Journal*, 1986.

»Was ist eigentlich das Wort Gottes?«, in: *The ECK Mata Journal*, 1988.

»Was ist Wahrheit?«, in: *The Mystic World*, Herbst 1983.

»Wenn Disziplin falsch läuft«, in: *The Mystic World*, Sommer 1987.

»Wenn die Religion ihre Kinder im Stich läßt«, in: *The ECK Mata Journal*, 1984.

»Wie man ein ECK-Meister wird«, in: *The Mystic World*, Sommer 1983.

»Wie man ein Traumbuch führt«, in: *The Mystic World*, Sommer 1988.

»Zusammenarbeit in ECK«, in: *The Mystic World*, Januar–Februar 1982.

Index

Abhängigkeit 178, 181
Adept(en) 140, 231. *Siehe auch*
  Vairagi, Orden der
Adler 2
Afrika 146, 212
Akasha-Lesung 151
Aktivität 107
Alexander der Große 171, 172, 173
Alpträume 132
Amerika
  kolonial 85
  Vereinigte Staaten von 4, 85
Anerkennung 205
Angst, Ängste 10, 62, 202
  der anderen 86
  Erfahrungen mit der 38, 81, 170, 233
  in der Religion 216
  sich befreien von 6, 27, 107, 119, 172
  und psychische Kräfte 130, 132
  und Seelenreisen 12, 44, 225
  vor dem Tod. *Siehe* Tod:
    Angst vor dem
  vor Fehlern 169
Anhebung 131, 176, 212, 228
  der Seele 6, 35, 42
Animisten 222
Anwärter 50
Apostel, apostolisch 13, 20, 62

Tradition 67
Arahata 50
Arbeit 208, 218
Ärger 85, 95, 97, 166, 179, 204
Aristoteles 171
Armut 204
Arzt, Ärzte 123, 127
Askleposis, Tempel von 53
Astral
  Ebene. *Siehe* Ebene(n):
    astrale
  Körper. *Siehe* Körper: astral
    (emotional)
  Reisen 28
  Welt. *Siehe* Ebene(n):
    astrale
  Wesen 125
  Zentrum von Kultur und
    Kunst. *Siehe* Askleposis,
    Tempel von
Astrologie 28, 49
Athletic Journal 91
Atlantis 93, 216
Atma Lok 17, 18, 22. *Siehe
  auch* Ebene(n): Seele
Atomare Bedrohung 14
Auf des Messers Schneide 201, 203, 204, 205, 206
Auf des Messers Schneide 201
Aufgabe
  der ECK-Meister 3, 23
  von Paul Twitchell. *Siehe*

Aufgabe *(Fortsetzung)*
  Twitchell, Paul: Mission des
  Aufmerksamkeit 147
    auf Mahanta 29, 112
    auf Traumwelten 112
    während der Spirituellen
      Übungen 12
  Aufrichtigkeit 80, 154
  Aura 119, 125
  Ausbildung 9, 67, 159. *Siehe
    auch* Lehrer, lehren
    der Seele 196, 228
    religiöse 23, 55
  Ausfluß 207
  Äußerer Meister 75, 118, 120
  Außerkörperliche Erfahrung.
    Siehe Körper:
    Erfahrungen außerhalb
    des
  Autobahn-Geschichte 216
  Autor
    Erfahrungen des 30, 92
    werden 218
  Autorität 3, 33, 104
    anderer Leute 78
    äußere 139, 216
    des Inneren Meisters 65
    und Priester 5, 67, 75

Barmherzigkeit 161, 198
Befreiung, spirituelle 11, 106.
  Siehe auch Spirituell:
  Freiheit
  ECK-Botschaft der 34, 73
  erlangt 26, 108
  hängt vom Mahanta ab 1, 6,
    31, 42, 163
  in diesem Leben 141, 180,
    229
  und Ton 13
  Ziel der 127
Begrenzung 164
Beichte 34
Benzol
  Entdeckung der Struktur
    des 112
Beobachten 107, 172

Besentechnik. *Siehe*
  Technik(en): Besen
Bestimmung 10, 56, 68, 165,
  181. *Siehe auch* Aufgabe
  der Seele
  der Seele 25
  von Eckankar 77
Bewußtheit. *Siehe* Bewußtsein
  ausweiten 146, 176
  der Seele 19, 34
  Gott 59, 104. *Siehe auch*
    Gott: Bewußtsein;
    Gottrealisation
  Samen der 172, 176
  totale 145, 217
  von Licht und Ton 35
  wächst 52
Bewußtsein
  Christus 164
  Ebene(n) des 21, 23, 26, 94,
    145, 234
  ECKshar. *Siehe* ECKshar
  Geschenk des 173, 174
  Gott. *Siehe* Gott:
    Bewußtsein
  hoch, höhere Ebenen des 44,
    74, 79, 115, 167, 211
  kosmisches 78
  Mahanta. *Siehe* Mahanta:
    Bewußtsein
  menschliches 5, 13, 24, 59,
    60, 73, 103, 117, 143, 146,
    147, 163, 167, 180, 202,
    204
  öffnet sich 118
  reines 42
  soziales 23, 138, 199, 201,
    203
  spirituelles 33, 53, 201
  Tier 123
  Veränderungen im 78, 160,
    181, 205, 208, 225
  Vergehen eines anderen 124
  Zustände des. *Siehe*
    Bewußtsein: Ebene(n) des
Bibel 28, 41. *Siehe auch* Jesus
  Christus: Worte von
  Neues Testament 62

244

Bindung 228
Bingo 186
Bishop, William 131
Blake, William 61
Blaues Licht. *Siehe* Mahanta: Blaues Licht vom
Böhme, Jakob 31
Boone, J. Allen 197, 198
Brahmaismus 19
Bruderschaft 68
Bücher 87, 148, 209. *Siehe auch* Eckankar: Bücher
Büchereien 28
Buddha, Buddhismus 19, 30, 73
Buddhi 125. *Siehe auch* Verstand
Bund, der 68

Caesar Augustus 93
Campingausrüstungs-Geschichte 187, 188
Canyon, Steve 98
Carson, Johnny 138
Chela(s). *Siehe* ECKist(en)
 Erfahrungen des 153, 211
 mit ernsten Problemen 217
 und aufrichtige Christen 75
 und frühere Meister 1, 2, 4
 und Innerer Meister. *Siehe* Innerer Meister: und Chela
 und Karma 96
 und Paul Twitchell. *Siehe* Twitchell, Paul: und Chelas
 und Persönlichkeit des Meisters 2, 108, 129
 und Spirituelle Übungen 52
 vorbereitet für innere Erfahrung 137
Christ, Christentum 19. *Siehe auch* Bibel; Heilige(r); Jesus Christus
 ECKisten und 75, 191
 frühes 4, 6, 67, 83
 Gemeinden 85

Gläubige in 51, 61, 62
 und Licht und Ton 20
 Wiedergeboren 191
Chuba 1, 2, 6
Cliff Hanger 98, 99, 105

Dankbarkeit 183, 185, 188
Dantès, Edmond 196, 197
Darshan. *Siehe* Lebender ECK-Meister: treffen
Dawes, William, Jr. 93
Demut 80, 231
Depression 118
Der Fremde am Fluß 102, 103, 233
Dhyana 29, 51
Dichtung 203
Dienst 2, 152
 an anderen 72, 181, 205, 217, 235
 an ECK 94, 205, 213, 219
 an Gott 42, 207
 Taten an 96
Disziplin 66, 155, 159
 das Ziel zu erreichen 190, 227, 230
 Gruppen- 86, 87, 88
 Selbst- 120, 126, 212, 218, 230
Drittes Auge 80, 177. *Siehe auch* Spirituelles Auge
Drogen 10, 123, 124, 125, 126, 127
Druck von Altersgenossen 124
Dumas, Alexandre 195
Dunkle Nacht der Seele. *Siehe* Seele: Dunkle Nacht der

ᐊ-Symbol 237
Ebene(n)
 astrale 34, 50, 56, 78, 114, 126, 143, 148, 151, 154, 162
 fünfte 67
 Gott 73. *Siehe auch* Gottwelt(en); Welt(en): höhere

Ebene(n) *(Fortsetzung)*
höhere 118, 124. *Siehe auch*
Welt(en): höhere
innere 14, 103, 131, 133, 139, 151, 162, 225
kausale 222
mentale 21, 30, 68, 184
physische 13, 34, 148, 151, 212, 228, 231
Seele 21, 31, 36, 67, 100, 145, 147, 161, 227
Töne der. *Siehe* Ton, Töne: der Ebene(n)
unsichtbare 18
von Gott 33, 72
ECK
als Essenz Gottes 68, 217
Aspekte von 45, 148. *Siehe auch* Licht und Ton
Ausdruck von 2
Botschaft des 34, 121, 131, 209, 212
bringt spirituelle Revolution 94
Dame von. *Siehe* Simha, die Dame von ECK
Dauerhaftigkeit des 237
eins werden mit 25, 164, 195, 199, 222
Evangelium von 210
führt die Seele zu Gott 47
heiliges Feuer von. *Siehe* Heilig: Feuer von ECK
Hilfe vom 186, 217
Initiierte. *Siehe* Initiierte(r) in ECK
Macht 26, 184, 217
Manifestation des 28
Marg 73
sprechen über 10, 191
um Hilfe bitten 119, 192
und Chela 126, 209
Verkörperung des 42, 139. *Siehe auch* Mahanta
Verständnis von 145
vier Grundprinzipien von 212, 230

Weg von 15, 27, 69, 75, 83, 107, 125, 126, 197, 227
wie, funktioniert 41
ECK-Meister 33, 36, 197. *Siehe auch* Fubbi Quantz; Gopal Das; Kai-Kuas; Ketu Jaraul; Lai Tsi; Lebender ECK-Meister; Mahanta; Peddar Zaskq; Pythagoras; Rama; Rebazar Tarzs; Simha, die Dame von ECK; Tamaqui; Tomo Geshig; Twitchell, Paul; Vairagi, Orden der; Wah Z; Yaubl Sacabi; Zadok
Attribute der 217
Existenz der 65, 68
im Silbernen Zeitalter 163
langweilen sich nie 215
Liebe der 207
Treffen mit 35, 68, 120
und Aufstieg zur Meisterschaft 2, 212, 229
und Chela 109, 120, 216. *Siehe auch* Schüler: der ECK-Meister
und ECK-Vidya-Lesungen 151
und Studium des spirituellen Bewußtseins 53
und Tod. *Siehe* Tod: des Kai-Kuas
ECK-Traumkurse, Die 46
ECK-Vidya 151, 152, 153, 154, 165, 166, 167, 168, 170, 175, 176, 224
Lesungen 151, 152, 154
Eckankar
andere bekanntmachen mit 121, 210
Anfänge von 107
Aufbauprogramm in 81
Aufgabe von 24, 73, 125
Authentizität von 67
Bücher 15, 51, 80, 154, 210, 228. *Siehe auch Der*

*Fremde am Fluß;
ECKANKAR — der
Schlüssel zu geheimen
Welten; Flöte Gottes, Die;
In meiner Seele bin ich
frei; Shariyat-Ki-Sugmad,
Das; Shariyat-Ki-Sugmad,
Das, Buch Eins; Shariyat-
Ki-Sugmad, Das, Buch
Zwei; Spirituelle
Aufzeichnungen; Zahn des
Tigers, Der*
Büro 186
Diskussionen über 75
Erfahrungen mit 13, 147
finden 27, 43, 45, 49, 208
Geburt von 82, 92
Kirchen und 62
Kurse 80, 118, 141, 154, 228.
 *Siehe auch ECK-
 Traumkurse, Die;
 Seelenreisen 1, der
 erleuchtete Weg*
Leben von 228
Lehre 11, 56, 61, 65, 72, 75,
 77, 130, 138, 215
Mission von. *Siehe* Mission:
 von Eckankar
Mitgliedschaft 152, 204
neue Schüler von 11, 15, 144
Satsang-Klassen 50
Seminar(e) 43, 119, 162,
 167, 173, 175, 204, 209,
 218, 234, 236
spirituelles neues Jahr für
 211, 230
Studium von 117, 155, 173,
 183
und Paul Twitchell. *Siehe*
 Twitchell, Paul: als
 Mahanta
und religiöse Freiheit 88
Uralte Wissenschaft des
 Seelenreisens 159
verlassen 100
vorherige Erfahrungen 43,
 51
Weg von 39, 77, 78, 152

Widerstand gegen 23, 67, 85
Zukunft von 82
*ECKANKAR — der Schlüssel
 zu geheimen Welten* 46,
 84, 135, 136
ECKist(en)
 Erfahrungen des 34, 39, 68,
  144, 191, 211, 236
 ist kein Mystiker 31
 ist nie gelangweilt 215
 liebt das Leben 208
 Mahanta und 114, 118
 Mission des 25, 209
 spirituelles Leben des 121,
  159, 212
 und Initiationen 120, 228
 Verfolgung der 23
 vom Heiligen Geist benutzt.
  Siehe Heiliger Geist:
  benützt sein vom
ECKshar 78, 143, 147, 160,
 218
Ego 96
 Konflikt mit 188
Einfacher Weg. *Siehe*
 Technik(en): der einfache
 Weg
Einsamkeit 25, 118, 195
Einsicht(en)
 spirituelle 29, 151
 über Gott 66
 von ECK 166
Einzelheit(en) 113, 119, 161,
 188
Eitelkeit 59, 85, 87, 88
Emotionen, emotional 105,
 216
Ebene. *Siehe* Ebene(n):
 astrale
 Freiheit von 154
 Körper. *Siehe* Körper: astral
  (emotional)
 Studium der 160
 Tricks 132
»Empfohlen von Paul
 Twitchell«-Preis 98
Engel 161, 202
 gefallen 129

247

Entfaltung 227
  der ECKisten 41, 108, 192
  der Seele 42, 58, 171
  persönliche 208
  Religion als Mittel der 73
  spirituelle 46, 109, 154, 179, 207, 212
  Ungeduld mit 153
  verdienen 212, 228, 231
  von früheren Leben 45
Enthüllung(en) 30, 108
  Gottes 26
  innere 67, 139
  über frühere Leben 154
Entscheidungen 96, 125
Entspannung 185
Erde 18, 45, 56, 66, 83, 138, 148, 159, 162, 179, 192, 215, 227
Erfahrung(en)
  auf Seminaren 236
  in höheren Welten 33, 101, 118
  innere. *Siehe* Innere: Erfahrung(en); Licht und Ton: Erfahrungen mit
  lehrt uns 191
  Maßstab abgerundeter 96
  niedere Welten 107
  phänomenale 108
  Seelenreisen. *Siehe* Seelenreisen: Erfahrungen
  spirituelle. *Siehe* Spirituell: Erfahrungen
  subtile 135
  Träume. *Siehe* Traum, Träume, Traumzustand; Traum, Träume, Traumzustand: Erfahrung(en) im
Erfolg 167, 176
  Gründe für den 184
  Schlüssel zum 109, 193, 219
  spiritueller 129
Erinnerungsvermögen. *Siehe* Ebene(n): kausale
Erlaubnis 14

erbitten, um fortzufahren in ECK 126
  um ECK-Vidya-Lesungen zu geben 152
Erleuchtung 14, 36, 90, 105, 148
Erlöser 80. *Siehe auch* Heilige(r)
Erlösung 49
Erwartung 186
Es möge Segen sein 35
Esau 60
Essen 235
Evangelist 12
Ewigkeit 10, 161

Familien 153, 217. *Siehe auch* Kind(er)
  spirituelles Studium in der 113
Family Circle, Magazin 215
Farbe(n) 29, 144
Fasten 177, 212. *Siehe auch* Reinigung
Fehler 204
Fernes Land 13, 116, 137, 163, 187, 219
Finanzen 113, 153. *Siehe auch* Geld
Flöte Gottes, Die 108, 184
Flugzeug
  Geschichte 167, 168
Form
  Eckankar als 23
Französische Revolution 157
Freiheit 44, 82, 85
  als Eigenschaften Gottes 42
  das ECK zu verlassen 78
  der Seele 132
  des einzelnen 83, 85, 125
  des spirituellen Lebens 183
  ECK als Weg der 15
  religiöse 85, 88
  spirituelle 3, 34, 47, 97, 125, 164, 195, 202, 203, 211, 216
  Suche nach der 162

Freud, Sigmund 93, 160
Freude 14, 44, 102, 147, 196
Freundschaft 191
Frieden 14, 38, 130, 176
  der Seele 173
  mit dem Meister 140
Fubbi Quantz 2, 4, 30, 80, 129, 152
  und Eckankar 22
Führer
  anderer Religionen 20. *Siehe auch* Buddha, Buddhismus; Jesus Christus; Krishna
  in ECK 218
  von Eckankar 138, 140, 224. *Siehe auch* Lebender ECK-Meister
Führung 75, 167. *Siehe auch* Mahanta: Führung des

Galilei 163
Garten, Gärten 166
  von Eden 198
Gebet 164
Gedanke(n) 105, 125
  sind Dinge 197
Gefahr 114, 190
Gelassenheit 132
Geld 129
  als Reichtum 14, 117, 196, 201
  Traumsymbol 113
  verdienen 180, 207
  verlangen 99, 208
Gelegenheiten. *Siehe* Spirituell: Möglichkeiten
Gemeindearbeit 94
Genügsamkeit 80
Gerechtigkeit 163
Gesang, singen
  Aum 11
  Mahanta 164
  Sugmad 146
»Gesang von mir selbst« 203
Geschäftsleben 125
  Karriere 217
Geschenk, schenken 120, 162, 209, 210
  an den Heiligen Geist 209
  an Gott 208
  der Liebe 162
  des Lebens 185
  des Selbst 215
  vom Herzen 162
Geschichte 13, 92, 93
  Bücher 87
  der Religionen 20, 84
  der Seelen-Inkarnationen 95
Gesellschaftlich, Gesellschaft 84, 178
  Konventionen 22
  leben außerhalb der 98
  Verstand 96
Gesetz des Reichwerdens, Das 184
Gesetz(e)
  Bezirk 85
  brechen 15
  der Balance 163
  der Dankbarkeit 183
  der Liebe 226
  der Neigungen 181
  der Rechtschaffenheit 75
  der Welten 69
  der Wirtschaftlichkeit 79, 176
  des Geistes 9, 36, 126, 173, 211
  des Lebens 116
  des Schutzes 133
  des Schweigens 37, 231
  gegen religiöse Gruppen 85
  Gottes 198
  moralische 75
  universelles 231
  Verletzung der 9, 124, 152, 154
Gespräch, sprechen 174, 192
  ECK-Einführung 210, 228
Gesunder Menschenverstand 153, 216
Gesundheit 14, 117, 153, 158, 202
  erlangen 126
  wiedererlangen 217

Gewohnheit(en) 124, 160
Gibran, Kahlil 59
Gier 97, 162
Glaube 56
  der Kirche 83
  individuell 84, 88
  System 72
Gleichgewicht 79
  auf des Messers Schneide 206
  aufrechterhalten 210, 234
  der niederen Welten 67
  des Karmas 97
  des Verstandes und Herzens 75
  Gesetz des. *Siehe* Gesetz(e): der Balance
  spirituelles 197
Glück 44, 152, 176, 197, 219, 236
  Suche nach 173
Gnade 146, 161
Gnostizismus 67
Goldene Regel 20
Goldenes Zeitalter 24, 167, 180
Goldenzüngige Weisheit 166, 175
Gopal Das 139
Gott
  Aspekte von 35, 80. *Siehe auch* Licht und Ton
  Bewußtsein 13, 26, 35, 78, 101, 103, 143, 148, 161, 197, 199, 202, 218, 222. *Siehe auch* Gottrealisation
  das Herz. *Siehe* Herz: Gottes
  ein 74
  Essenz von 12, 68
  Geheimnisse von 34
  Gesandte von 34, 58, 131
  Geschenk von 107, 109
  Hilfe von 233
  Kuß von 163
  Liebe für 35, 103, 109
  Macht. *Siehe* Macht: Gottes
  Mitarbeiter von 10, 25, 42, 59, 95, 146, 181, 195, 209, 211, 212, 228, 231
  Name von 35, 164, 168, 225, 237. *Siehe auch* HU
  Prinzen 165
  Reich von 26, 29, 36, 38, 42, 72, 139, 143, 178
  Reise zu 34, 42, 58, 127, 130, 135, 143, 151, 195
  sehen 129
  sozialer 202, 203
  Stimme. *Siehe* Stimme Gottes
  Suche nach 54, 102, 108, 143, 155
  und Seele 59, 61, 78
  und Studium der Religion 57
  Verpflichtung gegenüber 129, 203
  Vorstellung von 9, 53, 217, 222
  Weg zu 2, 75, 77, 178, 221. *Siehe auch* ECK: Weg von; Sugmad: Weg zu
  wird nicht eins mit 10, 25, 222
Gottmensch 4, 72, 75, 80, 97
  als Ursprung aller Religionen 73
  Training zum 99
Gottrealisation 14, 15, 25, 28, 73, 101, 103, 105, 143, 195, 219, 221, 227, 230
Gottwelt(en) 17, 29, 37, 51, 53, 68, 79, 145, 148, 192, 231
Graf von Monte Christo, der 195, 196
Grashalme 203
Große Gemeinschaft der Schöpfung 197

Haltung(en) 154, 207, 208, 229
  außergewöhnlicher Menschen 215
  der ECKisten 217
  gegenüber Gott 27

Handeln, Handlungen 166, 223
  haben Konsequenzen 163
  im eigenen Interesse 178
  Menschen von 215
  Verantwortung übernehmen für 50
Harmonie 235
Hawaii 131
Heiden 5
Heiler, heilen. *Siehe* Arzt, Ärzte; Gesundheit
  ECK und 102, 125
  Kirchen und 62
  Seelenreisen für 136
Heilig
  Feuer von ECK 15, 61
  Tage 5
Heilige(r) 161
  Aufmerksamkeit auf 12
  Berichte über das Leben von 39
  des Lebendigen Wortes 4. *Siehe auch* Gottmensch
  Johannes 12, 28, 62
  Paulus 28, 30, 223
  Petrus 4, 62, 67
Heiliger Geist 41, 60, 61, 95, 144, 152, 198, 228. *Siehe auch* ECK
  Aspekte des 28, 36. *Siehe auch* Licht und Ton
  benützt sein vom 94, 121, 175
  Erfahrungen mit 13
  Fluß des 235
  Hilfe vom 125
  Kontakt mit 50
Heiligkeit 198. *Siehe auch* Meisterschaft
Herausforderung 209
Herz
  Attacken 133
  dankbar 183, 185
  für ECK-Lehre 39, 75
  Geschenk vom 162. *Siehe auch* Geschenk, schenken: vom Herzen
  Goldenes 103, 104, 105
  Gottes 28, 41, 42
  Liebe tritt ein 103, 222
  offenes 185
  reines 107, 108
  Zentrum 104
Hesse, Hermann 68
Hier und Jetzt 155
Hierarchie
  spirituelle 11, 89, 129, 148, 212
  von Kal Niranjan 23
Himmel
  christlicher 3, 30
  Ebenen der 229
  Erfahrungen im 162
  finden 181, 188
  Gottes 113
  negative Charakterzüge folgen uns in den 162
  Reich des 10, 12, 31, 51, 62, 74, 127, 148, 227, 231
  Schlüssel zum 33, 35, 36, 39, 181
  Standpunkte bezüglich 161
  Tor zum 159
  Wind vom 61
  Zustand des 63
Hindernisse 29, 187. *Siehe auch* Problem(e)
Hinduismus 19, 25
Hingabe 119, 121, 205, 234
Hinübergehen 125, 139. *Siehe auch* Tod
Hoffnung(en) 6
Hölle 27, 125
Hörbarer Lebensstrom 71, 78, 109, 132, 133, 219
Horus 5
HU 58, 236
  Gesang 173, 174, 212, 236
  Klang des 57
  Lied des 170
  singen 35, 38, 57, 62, 133, 164, 168, 225, 237
Hubbard, L. Ron 99
Hund 215
Hyperboräer 130
Hypnotika 132, 160

»I Shall Not Pass This Way
  Again« 95
Idee(n) 9, 184, 229, 237
Imagination 91, 94
  kreative 79, 82, 167, 168,
  179
In meiner Seele bin ich frei 27
Indianer 4
  amerikanische 163, 177, 198
Indien 21, 25, 204
Individualität 26, 83, 125
Initiation(en) 120
  höhere 203
  nicht erreichen 120
  Ritus der 62
  wahre 174, 219
  zweite 4, 11, 140, 228, 229,
  230
Initiierte(r) in ECK 37, 71,
  227. *Siehe auch* Chela(s)
  Bericht 113, 141
  Eigenschaften des 169, 204
  Erfahrungen der 29, 51,
  109, 183, 230, 236
  erwählte 180
  fortgeschritten 181
  Fragen des 65
  frühere Meister 2
  fünfter 95, 100, 120, 140
  Höher 50, 193, 211, 212
  kennt die spirituellen
  Gesetze 173
  lernen zusammenzuarbeiten
  212
  Neuling 107
  sechster 140
  und ECK-Meister 216
  und Gesellschaft 80, 178
  vierter 140
  Zukunft 94
  zweiter 50
Inkarnation. *Siehe*
  Reinkarnation
Innere
  Bildschirm 139
  Erfahrung(en) 108, 193
  Kanäle 168
  Lehren 75, 77

Richtung 144
Vertrauen 178, 230
Vision 12, 178
Innere Ebenen. *Siehe*
  Ebene(n): innere
Innere Körper. *Siehe* Körper:
  astral (emotional);
  Körper: Mental; Körper:
  Seelen
Innere Welten. *Siehe* Welt(en):
  innere
Innerer Meister. *Siehe*
  Lebender ECK-Meister;
  Mahanta
  als Mahanta 37, 104
  Anstoß vom 186, 229
  äußere Lehren führen zum
  80
  und Äußerer Meister 75, 118
  und Chela 14, 27, 51, 118,
  152, 224
  während der Spirituellen
  Übungen 29, 153
Inquisition 23, 83, 87, 163
Isis 5
Islam 19

Jakob 60
Japan 49
Jesus Christus 3, 4, 62, 65, 98
  als spirituell Reisender 10
  Aufmerksamkeit auf 12
  Lehren des 4
  Schüler von. *Siehe* Schüler:
  von Jesus
  und Geschichte 93
  und Vairagi-Meister 131
  Verrat von 97
  Worte von 28
Jiu-Jitsu 79
Judas Ischariot 97
Judentum. *Siehe* Religion(en),
  religiös
Judo 79
Jugendliche 124

Kahunas 131
Kai-Kuas 131

Kaiphas, Josef 4
Kal Niranjan 17, 18, 19, 20, 21, 23
  als Agent Gottes 17
  arbeiten unter Einfluß des 96
  Drogen als Werkzeug des 126
  Gefangene des 180
  Hierarchie des 23
  Kraft des 130, 168
  Macht des 67, 129, 130, 169
  Wege des 80, 131
  Zorn des 82
Kampf, Kämpfe 133, 227
  innere 43, 207
  Macht 23
  mentaler 26
Kanal 102, 234
  für das Sugmad 95
  für den Geist 192, 193, 209, 210, 229
Karl der Große 165, 166, 167
Karma, karmisch 10, 217, 237
  Abbrennen des 96, 113, 117, 159, 162
  Aufzeichnungen 124
  früheres 141, 204
  Herren des 15, 124, 127
  Ketten des 42
  Licht und Ton reinigt den Chela von 36
  Opfer des 183
  Rad des 88, 219
  Rolle des 121
  Schulden 3, 79, 205
Katsupari Kloster 5, 80
Katze 189
Kausal
  Ebene. *Siehe* Ebene(n): kausale
Kekulé von Stradonitz, Friedrich 112
Kenntnis 9, 66
  als Lehren 74
  benützen 36, 170
  des Ewigen 207
  ECK 167
  totale 151
  über den Heiligen Geist 41, 49, 164
  von Gott 34
  Wichtigkeit der 58
Kepler, Johannes 210
Ketu Jaraul 165, 166, 167
Kind(er). *Siehe* Jugendliche: von ECK
  Erfahrungen der 31, 233
  von ECK 222
Kirche(n). *Siehe* Christ, Christentum; Religion(en), religiös
  Doktrin. *Siehe* Lehre(n): Kirche
  Gottesdienste 5, 27
  katholisch 61, 73, 83, 84
  Konzil 5
  orthodoxe. *Siehe* Orthodoxe Religion(en)
  Priesterschaft 67, 75. *Siehe auch* Priester, Priesterschaft
Klapperschlangen 197
Klatsch 179
Kleines Selbst 105, 204. *Siehe auch* Ego
Kloster 166, 202, 217. *Siehe auch* Katsupari Kloster
Kolumbus, Christopher 163
Kommunikation 2, 36, 38. *Siehe auch* Schreiben
Kommunion 20, 34, 54. *Siehe auch* Kirche(n): Gottesdienste
Komplikation 195
Konfirmation 36, 54
König Salomon 9
Konkurrenz 188
Konstantin der Große 5
Konstantinopel 5
Kontemplation 37, 104, 118, 181. *Siehe auch* Spirituelle Übungen von ECK; Technik(en); Visualisierung
  Antworten durch die 154

Kontemplation *(Fortsetzung)*
　den Meister treffen
　　während der 120, 137, 223
　Erfahrungen 14, 35, 36, 51,
　　141, 225, 234
　gewissenhaft bei 138
　Keime zur 108
　und Träume 145
　wahre 212, 230
Kontrolle 131
Körper
　astral (emotional) 125, 132.
　　Siehe auch Emotionen,
　　emotional
　Erfahrungen außerhalb des
　　12, 111, 140, 147, 148
　imaginativer. *Siehe* Imagination
　Mental 125. *Siehe auch*
　　Verstand
　physischer 4, 9, 36, 75, 101,
　　131, 143, 146, 212, 227,
　　231
　Seelen 2, 26, 35, 44, 146,
　　173, 222, 225
Kraft
　der Natur 169
　dunkle 134
　psychische. *Siehe* Psychisch:
　　Kräfte
　rückwärtsziehende 169
　vorwärtstreibende 169
Krankheit(en) 14, 126, 131,
　158, 195
Kreativ, Kreativität 54, 185,
　186
　Vorstellung. *Siehe* Imagination: kreative
Kreislauf, Kreisläufe
　der Initiation 231
　von Tod und Wiedergeburt
　　36, 159
Krieg. *Siehe* Zweiter
　Weltkrieg
Krishna 10
Krokodil 114, 115
Kuralt, Charles 215, 218

Lai Tsi 139
Langeweile 199, 215
Las Vegas 186, 223
Läuterung 6, 204
Leben 107
　als Ergebener Gottes 126
　Baum des 77
　besser einrichten 161
　Ebenen des 166
　ECK unterhält das ganze
　　192
　Erfahrungen 195
　Geheimnisse des 26
　Geist des 2
　Geschenk des. *Siehe*
　　Geschenk, schenken: des
　　Lebens
　innere 117
　Sinn des 27, 66
　spirituelles. *Siehe*
　　Spirituell: Leben
　Verständnis über sein
　　eigenes 153
Lebender ECK-Meister. *Siehe*
　Mahanta; Wah Z
　als Gottmensch 73, 75.
　　Siehe auch Gottmensch
　als Lebendiges Wort 1, 105.
　　Siehe auch Lebendige
　　Wort, das
　als Lichtspender 80, 120, 159
　Aufgabe des 139
　Bestimmung des 31
　Form des 29. *Siehe auch*
　　Innerer Meister; Mahanta
　frühere 1, 4, 107, 130, 137,
　　165
　Hand schütteln mit 120
　neuer 108
　Paul Twitchell als. *Siehe*
　　Twitchell, Paul: als
　　Mahanta
　Rebazar Tarzs als. *Siehe*
　　Rebazar Tarzs: als
　　Mahanta
　spiritueller Name des 38
　spritueller Name des. *Siehe*
　　Wah Z

254

treffen 41, 117, 119, 135, 136, 141
und Chela 50, 65, 79, 107, 108, 118, 166, 167, 231
werden 108, 162
Wissenschaft und 41, 53
Lebendige Wasser 46. *Siehe auch* ECK
Lebendige Wort, das 1, 4, 105
Lebenskraft 41. *Siehe auch* ECK
Lehre(n) 58, 72, 74
 äußere 74, 77
 geheime 221, 223, 224, 226
 innere. *Siehe* Innere: Lehren
 Kirche 6, 49, 67, 83, 85
 leere 58
 Mahantas 144, 222
 von Eckankar 23, 72, 73, 116, 139
Lehrer, lehren 218
 falscher 103, 105
 finden seines 108
 und Reisen außerhalb des Körpers 12
 vom Herzen 53, 75, 76
 von ECK 77, 223. *Siehe auch* Eckankar: Lehre
Leiden 90, 197
Leidenschaften
 fünf, des Verstandes 84, 123. *Siehe auch* Ärger; Bindung; Eitelkeit
 niedere 130, 179
Leitsätze 83
 vier, von ECK 74
Lektion(en) 218, 237
 aus der Vergangenheit 159
 lernen 127, 192, 207, 234
 von der Gottheit 198
Lemuria 93
Leonidas 81
Lernen 171, 174, 228
Licht
 als Aspekt des ECK 45
 Ball 140
 blau 14, 30. *Siehe auch*
Mahanta: Blaues Licht vom
 Blitze 51
 gelb 37
 gold 30
 Körper 51
 sehen 13, 42, 51, 79, 140, 237
 Städte aus 161
 weiß 31, 36, 37, 50, 119, 234
 Wellen von 225
 Welt von 148
 Wirbel von 173
 zuviel davon erhalten 28, 137
Licht und Ton. *Siehe* ECK; Heiliger Geist; Licht; Ton; Töne
 als das ECK 10
 als Schlüssel 33, 219
 Befreiung erlangt durch 26, 38
 bringen Gottrealisation 28
 Entfaltung und 56
 Erfahrungen mit 14, 21, 29, 42, 46, 118, 231
 erhalten durch 58
 Fluß von 147, 235
 Lehre von. *Siehe* Eckankar: Lehren
 Lehren von 18
 orthodoxe Religionen und 9, 24, 28, 61, 68, 73
 Phänomen ersetzt durch 108
 Realisation von 11
 Seele und 38, 119, 140, 164
 sich verbinden mit 42, 62, 210, 227
 Steigerung von 143
 und ECK-Meister 22, 28, 179
 und Spirituelles Auge 51, 80, 137, 144, 235
 Verbindung mit 175
 Welten von 134, 237
 Wissen über 19, 21, 22, 25, 159, 192
 Wunsch nach 197

Liebe
  als Schlüssel zum Himmel 39
  als Schritt auf dem Weg 196
  Botschaft der 7
  das HU als 236
  des ECK 46, 78, 152
  erfahren 46
  für den Mahanta. *Siehe* Mahanta: Liebe für den
  für ECK 228
  für Gott 34, 35, 38, 90
  für Sugmad. *Siehe* Sugmad: Liebe für
  göttliche 206, 236, 237
  in der Religion 216
  Kontemplation und 146
  lernen über 116, 193
  losgelöste 79
  menschliche 103, 236
  und Seele 59, 78
  wiederkehrende 234
  Wunderland der 235, 237
  Zurückfließen der 176
Logik 115
Longfellow, Henry Wadsworth 10, 93
Losgelöstheit 46, 204, 205
Lösung(en) 79, 82, 154, 169, 181, 217. *Siehe auch* Problem(e): lösen
Lust 109, 123
  nach Macht 130

Macht
  als Attribut Gottes. *Siehe* Freiheit; Weisheit
  als Eigenschaften Gottes 42
  als Schritt auf dem Weg 196
  der Feder 92
  der Kirche 83
  erfahren 173
  Gottes 202
  göttliche 119, 160
  Mahanta als einzige wahre 80, 180
  negative 168. *Siehe auch* Kal Niranjan
  Sitz der 20
  Stab der ECK~. *Siehe* Stab der ECK-Macht
  Streben nach. *Siehe* Lust: nach Macht
  Taktiken 132
  von ECK. *Siehe* ECK: Macht
Mahanta. *Siehe* Innerer Meister; Wah Z
  als das lebendige Wort. *Siehe* Lebendige Wort, das
  als Oberhaupt der Vairagi 33
  als Verkörperung des ECK 42, 139
  Ankunft des 179
  auf den inneren Ebenen 103, 192
  Ausdruck des 2
  Bewußtsein 139, 140
  Blaues Licht vom 45, 174
  Führung des 75, 176
  Gegenwart des 30, 105, 175, 234
  Gesandte der spirituellen Macht 180
  Hilfe vom 37, 119, 124, 125, 147, 162, 170, 182, 234
  Hingabe an den 6, 205
  innere Verbindung mit dem 140
  inneres Vertrauen auf den 212, 230
  kümmert sich um seine Lieben 78
  Lehre 175
  Liebe des 6, 52
  Liebe für den 80
  Name des 38, 94
  Paul Twitchell als. *Siehe* Twitchell, Paul: als Mahanta
  physische Form des. *Siehe* Lebender ECK-Meister
  Schutz des 37, 52, 125, 234
  sich wiedersetzen 44
  Titel für den 80

treffen 41, 117, 119, 120,
  135, 136, 206, 222
und Chela 31, 37, 44, 95,
  127, 147, 152, 155, 179,
  207, 221
und Religionen 80
und Seele 74, 100, 136, 205
und Seelenreisen 236
unveränderlicher 108
Wah Z als. *Siehe* Wah Z
Mahanta Maharai 140
Maharaji 140
Mahdis. *Siehe* Initiierte(r) in
  ECK: fünfter
Mammon 130
Marketing 96
Märtyrer(n) 83
Maßstab 107
Matrix 119
Maugham, Somerset 201
Meister
  äußerer. *Siehe* Äußerer
    Meister
  ECK. *Siehe* ECK-Meister;
    Lebender ECK-Meister
  frühere 1, 5. *Siehe auch*
    Lebender ECK-Meister:
    frühere
  innerer. *Siehe* Innerer
    Meister; Mahanta
  und Chela 96
  Vorstellungen über 100
Meisterschaft 2, 221
  Formel für 179
  Training zur 68, 99, 215,
    228
Menschheit 72, 98
Menschlich
  Bewußtsein. *Siehe*
    Bewußtsein: menschliches
Menschliche
  Ideale 102
  Liebe 102
  Natur 86, 138, 178
  Sinne 141
Mental
  Bilder 185, 186
  Ebene. *Siehe* Ebene(n):
    mentale
  Gift 198
  Körper. *Siehe* Körper:
    Mental
  Lehren 53
Merton, Thomas 30
Metaphysik 89
Mission
  von Eckankar 135
Missionare 84
Mitarbeiter. *Siehe* Gott:
  Mitarbeiter von
Mitgefühl 46, 80, 103, 126
Monotheismus 18
Moral 80, 84
Morgenlandfahrt, Die 68
Mormonische Kirche 45
Moses 28
Mut 19, 51, 81, 155, 173, 178,
  218
Mystisch, Mystizismus 30

Nahrung. *Siehe* Essen; Seele:
  Nahrung für die
Napoleon 157, 158, 161
Narr, Der 59
Natur 177
  Christi 6
  der Seele 33
  des Mahanta 224
  Kräfte der. *Siehe* Kraft: der
    Natur
  menschliche. *Siehe*
    Menschliche: Natur
Nazis 86, 87, 157
Negative
  Energie 79
Negative Kraft. *Siehe* Kraft:
  negative
Neid 179
Nestor 5
Nikodemus 28
Nirat 29
Nuri Sarup 51

Okkult. *Siehe* Psychisch;
  Schwarze Magie
  Projektion 143

Öl, gutes, Geschichte 180
Opfer 84
Orden der Vairagi ECK-Meister. *Siehe* Vairagi, Orden der
Orthodoxe Religion(en) 61, 75, 163
   Eckankar als Unterschied zu 71
   Lehren der 53
   Versagen der 22, 73
   Vorschriften der 5
Orthodoxe Religionen. *Siehe* Religion(en), religiös
Orthodoxer Verstand. *Siehe* Verstand: orthodoxer
Ozean der Liebe und Gnade 105, 117. *Siehe auch* Sugmad

Paris 157, 160, 161
»Paul Twitchell-Saure Trauben-Preis« 98
Peddar Zaskq 174, 221, 222, 233. *Siehe auch* Twitchell, Paul
Persönlichkeit 2, 160. *Siehe auch* Chela(s): und Persönlichkeit des Meisters; Verehrung: der Persönlichkeit
Pferd 171, 172, 173
Pfingsten 13, 20. *Siehe auch* Christ, Christentum
Phantom, The 221
Philosophien 89, 184
Pläne, planen 159, 169, 176, 186
Plato 10
Polytheismus 18
Pontius Pilatus 65
Predigt(en) 12, 27, 225
Presse
   Agent 92
   Veröffentlichungen 90
Priester, Priesterschaft 4, 6
Prinzip(ien)
   Gott 164
   spirituelle. *Siehe* Spirituell: Prinzip(ien)
   vier. *Siehe* Leitsätze: vier, von ECK
   von ECK 74, 121
Problem(e) 63, 180
   alt 97, 163
   Hilfe für 217
   lösen 37, 82, 111, 112, 169, 172, 178, 217, 229
   mit der Macht 84
   verstehen 167, 217
   Zweck der 234, 237
Projekte 115
Prophezeiung 165, 175, 177. *Siehe auch* ECK-Vidya
Protestanten 85
Prüfung(en) 69, 77, 105
   durchhalten 109
   für den Chela 37, 201, 205
   Mut 177
   von Paul Twitchell. *Siehe* Twitchell, Paul: Tests von
»Psalm des Lebens, ein« 10
Psychisch
   Angriff 133
   Freiraum 169
   Kräfte 130
   Künste 168
   Verbrecher 125
   Welten. *Siehe* Welt(en): niedere
Pythagoras 10, 210

Quäker 85, 86

Rama 10
Rasse
   überlegene 87
Reader's Digest 113
Realisation
   Gott. *Siehe* Gottrealisation
   Selbst. *Siehe* Selbstrealisation
   spirituelle. *Siehe* Spirituell: Realisation

Rebazar Tarzs 152
  als Mahanta 22, 233
  als spirituell Reisender 10,
    174, 228
  Fackelträger von Eckankar
    90
  lehrt heute 131
  treffen mit 1, 2, 68, 103,
    145, 174
Rebellion, Rebell(en) 3, 23
  sozial 97
Reh 37
Reich
  des Himmels. *Siehe*
    Himmel: Reich des
  universaler Verstand 161
Reinheit 80
Reinigung
  der Seele 13, 44, 204
  durch Licht und Ton 36, 101
  negativer Gedankenstrom
    51
  spirituelle 44
Reinkarnation 10, 23, 50, 124,
    162, 179, 227, 228
Reise
  zu Gott. *Siehe* Gott: Reise zu
Reisen, Reisender 183
  der Seele 230. *Siehe auch*
    Seelenreisen
  innere 187
  spiritueller. *Siehe* Spirituelle Reisende(r)
Religion(en), religiös. *Siehe*
  Christ, Christentum;
  Kirche(n)
  als Opium für das Volk 43
  alte 216
  Begründer der 5
  Eckankar als neues
    Zeitalter 71
  Erfahrungen in 39
  Führer. *Siehe* Führer:
    anderer Religionen
  Gesandten der 18
  Hauptstrom 161
  Kindheit 28
  Lehrer von 33, 54

Literatur 49
Minderheit 85
neues Zeitalter 71, 72, 73,
    74, 76
östliche 10
Studium der 17, 56, 57, 89
Versagen. *Siehe* Versagen:
  der Religion
Welt 6, 72
Reporter 98, 99
Revere, Paul 93
Ripley's Believe It or Not 92
Rituale 74
Römer
  Götter 83
  Soldaten 87
Römisch katholische Kirche.
  Siehe Kirche(n):
  katholisch
Roosevelt, Eleanor 98
Rosa Zettel 231
Ruhepunkt 229, 230
Ruhm 91, 93, 138

Samaria 62
Sat Guru 139. *Siehe auch*
  Lebender ECK-Meister;
  Mahanta
Sat Lok 145. *Siehe auch*
  Ebene(n): Seele
Sat Nam 17, 18, 19, 20, 21, 22,
    144
Satsang. *Siehe* Eckankar:
  Satsang-Klassen
Saul von Tarsis. *Siehe*
  Heilige(r): Paulus
Schicksal
  der Menschheit 98
  gutes 183
  Kekse 175
  Saat des 173, 174
Schlaf 113, 133
Schmerz 101, 105, 191, 197
Schopenhauer, Arthur 199
Schöpfung 17, 225
  der niederen Welten 236
  ECK unterstützt alle 12, 26,
    184

Schöpfung *(Fortsetzung)*
  ist hier beendet 160
  neue 234
  Seelenort ihrer 137
Schreiben 203
  dem Lebenden ECK-Meister 141
  einfach an 113
  für die Zeitung 98, 99
  Träume 113
  Zukunft ECK 94
Schrift(en) 2, 74. *Siehe auch* Bibel
  von Eckankar 25, 41. *Siehe auch Shariyat-Ki-Sugmad, Das; Shariyat-Ki-Sugmad, Das,* Buch Eins; *Shariyat-Ki-Sugmad, Das,* Buch Zwei
Schuld(en) 124, 182, 208
  beim Heiligen Geist 162
Schulden. *Siehe* Karma, karmisch
Schule. *Siehe* Ausbildung
Schüler 3, 5, 108
  der ECK-Meister 131
  der Kirche 85
  Verrat durch 97
  von Jesus 3
Schulung
  von ECK 221
Schutz 225
  Türe des 134
  vom Mahanta. *Siehe* Mahanta: Schutz des
Schwarze Magie 129, 130, 131, 132, 133
Scientology 99
Seele
  als Funke Gottes 26, 42, 82, 198
  Aufzeichnungen 155
  Dunkle Nacht der 30
  Eigenschaften der 66, 79, 147, 159, 225
  Erfahrungen der 44, 108, 175, 208
  Geburtsrecht der 31
  gottestrunkene 1, 102
  Heimat der 38, 66
  Identität der 9, 10
  Körper. *Siehe* Körper: Seelen
  Nahrung für die 59, 127
  Ruf der 141, 203
  spirituelle Reife der 66
  Überleben der. *Siehe* Überleben: der Seele
  und Gott 25, 49, 61, 217
  und Licht und Ton 38, 63, 164
  und Liebe 181, 222
  unerfahrene 100, 196, 197
  verdient sich das Recht von ECK zu hören 90
  Ziel der 59, 117, 121, 146, 180
Seelenreisen 2, 138, 149, 192
  als Phase in Eckankar 143, 146
  als Weg zum Himmel 137, 161
  Anfänger im 148
  Anhebung durch 44
  den Lebenden ECK-Meister akzeptieren 140
  Erfahrungen 33, 37, 141, 147, 236
  motiviert zum lernen 136
  uralte Wissenschaft des. *Siehe* Eckankar
  Vorbereitungen für das 44
Seelenreisen 1, der erleuchtete Weg 237
Segen 204
  der Seele 82
  des Heiligen Geistes 67, 74
  ECK-Meister und 35
  vom ECK 51, 185
Sehen 147
Seifenschachteln-Geschichte 96
Sein(s) 147, 225
Selbst-Disziplin. *Siehe* Disziplin: Selbst-

Erinnerung 107
Hingabe 119. *Siehe auch*
 Hingabe
Hinlänglichkeit 181
Meisterschaft 182, 197, 219
Verteidigung 79
Zufriedenheit 227
Selbstmord 124, 125
Selbstrealisation 15, 29, 219,
 227
Selbstverteidigung 133
Shabda Dhun 101
Shakey's Pizza-Haus 98
Shariyat-Ki-Sugmad, das 53,
 75, 181, 221, 222, 226
Shariyat-Ki-Sugmad, Das 1, 7,
 25, 72, 73, 123, 141, 207,
 217
Shariyat-Ki-Sugmad, Das,
 Buch Eins 41, 44, 71, 226
Shariyat-Ki-Sugmad, Das,
 Buch Zwei 80
Sicherheit 143
Siebenstöckige Berg, Der 30
Silbernes Zeitalter 163
Simha, die Dame von ECK 46
Singen
 geheimes Wort. *Siehe* Wort,
  Wörter: geheimes
HU. *Siehe* HU
Sozial
 Bewußtsein. *Siehe*
  Bewußtsein: soziales
Sozialfürsorge 181
Spartaner 81
Spinne 190
Spirituell
 Bedürfnis 84
 Befreiung. *Siehe* Befreiung,
  spirituelle
 Ebenen. *Siehe* Ebene(n):
  höhere
 Erfahrungen 39, 115
 Freiheit 61, 141
 Gesetze. *Siehe* Gesetz(e):
  des Geistes
 Grundlage 50
 Hunger 62

Körper 12. *Siehe auch*
 Körper: Seelen
 Leben 75, 113
 Möglichkeiten 187
 Prinzip(ien) 191
 Realisation 204
 Realität 154
 Reife 145
 Überleben. *Siehe* Überleben:
  spirituelles
 Übungen. *Siehe* Spirituelle
  Übungen von ECK
 Wachstum 74, 77, 141, 181,
  217
 Wiege 107, 109
Spirituelle Aufzeichnungen 29,
 51, 73, 211, 212
Spirituelle Reisende(r) 34,
 119, 162, 174, 221. *Siehe
 auch* ECK-Meister
Spirituelle Übungen von ECK
 203
 als Grundprinzip von ECK
  175, 212, 230
 Erfahrungen während 31,
  173
 führt zu Seelenreisen 146
 in ECK-Büchern 13
 in Kursen 237
 Kinder und 31
 nicht mischen mit Drogen
  126
 und das Treffen mit ECK-
  Meistern 2
 und Disziplin 126, 218
 und Goldenes Herz 106
 und Licht und Ton 11
 und Liebe von ECK 46
 Wichtigkeit der 52, 180, 181
 wie man sie macht 139, 140,
  168
 Ziel der 159, 221
Spirituelles Auge 11, 36, 43,
 45, 51, 80, 104, 137, 144,
 168, 235
Stab der ECK-Macht 90, 101,
 130, 140, 211
Standpunkt 6, 24, 29

261

Stärke
 als Ideal 178
 der Seele 77, 80, 167
 Persönlichkeit 153
 physische 79, 187, 190
 Zeichen der Kal-Macht 129
Steiger, Brad 11, 27
Stellung(en) 174, 224
Stille
 ECK-Meister gehen in die 131
Stimme Gottes 12, 13, 39, 46, 102
Strasser, Todd 86
Strom, Ströme 28, 49. *Siehe auch* ECK; Hörbarer Lebensstrom; Tonstrom
Ton. *Siehe* Tonstrom
Sucher 12, 31
 der Erleuchtung 25
 der Wahrheit. *Siehe* Wahrheit: Sucher der
 ein gutes Tempo finden 153
 Erfahrungen der 207
 findet höhere Lehren 72, 167
 Gott- 41, 78, 108, 170, 201, 204
 nach dem höchsten Bewußtsein 223
 und Lebender ECK-Meister 75
Sugmad. *Siehe* Gott
 als Heimat der Seele 2, 29, 49, 58, 66, 117, 136, 137, 210, 225
 Aspekte des 51
 Aufgabe des 193
 Botschafter des 74
 ECK fließt von 44
 ECK-Meister und 34
 Liebe für 90, 105
 Macht von 100
 Schwert des 134
 Seele und 137, 176
 verwaltet die Welten durch den Mahanta 217
 Weg zu 78, 103, 211, 229

 Wege des, vs Kal 80
 wirklich sehen 130
Sünde(n) 20, 159, 164, 203
Surat 29
Symbole 68
 Kirche 5

Tagebuch. *Siehe* Traum, Träume, Traumzustand: Buch
Tamaqui 100, 138
Taoismus 19
Taufe 20, 34, 36, 54, 62
Technik(en). *Siehe* Spirituelle Übungen von ECK
 Berg aus Licht 133
 Besen 168
 der einfache Weg 11, 13, 14
 Seelenreisen. *Siehe* Seelenreisen
 spirituelle 11, 29
Tempel
 der Goldenen Weisheit 72, 212, 234, 235. *Siehe auch* Askleposis, Tempel des; Katsupari Kloster
 des Allerhöchsten 130
 innerer 117
Teufel. *Siehe* Kal Niranjan
Tibet 1, 2
Tier(e) 203. *Siehe auch* Adler; Hund; Katze; Klapperschlangen; Krokodil; Pferd; Reh; Spinne; Tiger, Auge des; Yaks
 Bewußtsein. *Siehe* Bewußtsein; Bewußtsein: Tier
Tiger, Auge des 178, 179
Tisra Til 51
Tod 31, 173, 196
 Angst vor dem 10, 13, 25, 34, 118, 202
 Christi 6
 des Kai-Kuas 130
 Grenzen überschreiten 34

nach dem 43, 162
Seele kennt keinen 9, 159
spiritueller 230
Tomaten-Geschichte 185
Tomo Geshig 139
Ton, Töne
  als Brandung des Meeres 29
  als elektrostatisches Surren
    30, 181
  als Pfeife 44
  das ECK hören als 42, 140,
    148, 237
  der Ebene(n) 137
  der Flöte(n) 13, 14, 29, 44
  der Grillen 29, 44
  der Holzblasinstrumente 13
  der summenden Bienen 13,
    14, 30
  des Donners 29
  des ECK 36, 146
  des HU. *Siehe* HU: Klang
    des
  des Windes 13, 14, 146
  Fluß der 147
  klickender 12, 36
  von Glocken 51, 57
  von Vögeln 57
»Tonight Show« 138
Tonstrom 14, 28, 42, 43, 46,
  50, 175, 181, 210, 227
  vibrierender 44
Tradition(en) 22, 62
Training 196, 222
Traum, Träume,
  Traumzustand
  als Phase in Eckankar 143,
    144
  Angst-Motiv im 119, 131
  Bilder 112, 113, 115
  Buch 111, 113, 114, 116
  deuten 114, 145, 193, 228
  Eindringen in 132
  Erfahrung(en) im 14, 31,
    114, 118, 119, 148
  Forschung 111
  Mahanta und 14, 114, 117,
    137
  sich erinnern an 109, 116

Studium der 112
und ECK-Meister 33
und ECK-Vidya 154, 160
Veränderungen im 109
verwirklichen. *Siehe* Ziel(e)
wiederholende 34
Treue 4, 54, 148, 216
  in ECK 76
Trost 102, 236
Tröster. *Siehe* Heiliger Geist
Twitchell, Paul
  als Mahanta 26, 105, 107,
    108, 139, 151, 159, 221,
    224, 229
  als Schriftsteller 23, 92
  Biographie von. *Siehe In
    meiner Seele bin ich frei*
  Erscheinung des 10, 99
  Leben von 90, 97, 105
  Liste der Verdienste von 91
  Mission des 23, 89, 92, 94,
    103
  spirituelle Pflichten von 152
  Tests von 90
  und Chelas 26, 108
  und ECK-Meister 80, 100,
    129
  und Religionen 73
  Vorträge 9, 223
  Werke von 26, 29, 65, 73, 84,
    89, 102, 108, 135, 184,
    212, 229

Übel 80, 202
Übereinkünfte 168
Überleben 67, 68
  der Seele 118
  spirituelles 79, 192, 194
  und Gleichgewicht 67, 182
  und kreative Imagination 79
  verantwortlich für ihr
    eigenes 180, 217
Übersinnlich 49
Übungen
  spirituelle. *Siehe* Spirituelle
    Übungen von ECK
Ungeduld 153, 154, 193

Universale Verstandeskraft 184
Unkraut 166
Unschuld 95, 195
Unsterblichkeit 213
Unterscheidungsvermögen 125, 204
Ursache und Wirkung 73, 163
Urteilsfähigkeit 96, 107, 125, 191

Vairag 79. *Siehe auch* Losgelöstheit
Vairagi, Orden der 62. *Siehe auch* ECK-Meister
  aufnehmen in 61, 109
  Gruss der 6
  Linie der 131, 222
  Mahanta als Oberhaupt des 80
  Methoden der 131, 155
  Sitz der 219
  und Anfang von Eckankar 23, 89
  und Spirituelle Übungen 29
Varkas-Könige 130
Vatikan 61
Vegetarier 99
Veränderung(en) 217, 224
Verantwortung
  für Handlungen 15, 50
  für Weg von ECK 83
  Selbst- 216
  und Freiheit 211
Verehrung 83, 88, 202
  Ahnen 18
  der Persönlichkeit 129
  des Molochs 129, 133
Verfolgung 84
Vergangene Lektion(en)
  Eigenschaften der Seele 159
Vergangenes Leben 45, 151, 154, 160
Vergiftung 234
Verhängnis 175
Vermarktung 92
Verpflichtung(en) 129, 229
Versagen 25, 169, 184
  der Religion 9, 15, 73, 75
  in ECK 117
  Verpflichtung Gott gegenüber 129
Verstand
  Bildschirm des. *Siehe* Innere: Bildschirm
  Gefahren der Drogen für den 124, 125
  kreativer 185
  Limitationen des 56, 66, 184
  oberhalb des 42, 181
  offen halten 9
  orthodoxer 217, 225
  Reaktionen des 160
  Reinheit des 80, 107
  sozialer 96
  Studium des 160
  und Kampf 26
  und Studium der Religion 57
Verständnis 160, 175, 230
Vertrauen 27, 114, 118
Vervollkommnung 196
Vi-Guru 80, 118
Vibration 235
Vision(en)
  als Phase in Eckankar 143, 144, 145, 148
  begrenzte 66
  der Seele 178
  der Wahrheit 223
  innere. *Siehe* Innere: Vision
  während der Kontemplation 14, 144
Visualisierung 185. *Siehe auch* Spirituelle Übungen von ECK
Vollkommenheit 15
Von Stradonitz,
  Friedrich Kekulé von. *Siehe* Kekulé von Stradonitz, Friedrich

Wachsen 171, 174, 208, 209. *Siehe auch* Spirituell: Wachstum
Wah Z 38, 174

Antlitz von 119, 175
auf den inneren Ebenen 53, 54, 55, 56, 57, 58, 103
Bedeutung von 226
treffen 135, 192
Wahrheit
  äußerer Ausdruck der 75
  der spirituellen Dinge 100
  Licht der 97
  Schatten der 50, 52, 105
  Shariyat-Ki-Sugmad ist die ganze 226
  Suche nach 46, 59, 202
  Sucher der 4, 10, 26, 28, 58, 66, 103
  und Religionen 72
  und soziales Bewußtsein 138
  verborgene 25
  von ECK 11, 50, 89, 181
  was ist 65, 66, 130
  Wißbegierde der 65
Warnungen 114, 115, 176
Washington, George 93
Wattles, Wallace D. 184, 188
Wegzeiger 79
»Weise König, der« 59
Weisheit 66, 103, 154
  als Eigenschaften Gottes 42
  spirituelle 49
Weisheitsnotizen 229, 230
Weißes Haus, USA 55
Welle, die 86, 87
Welle(n)
  als Ausdruck Gottes 26, 43
  als ECK 26, 41, 101, 210
  der Liebe 46, 101, 224
  reiten, zurück nach Hause 42, 148
Welt(en)
  der Materie 79, 119
  Erfahrungen in anderen 11
  Gottes. *Siehe* Gottwelt(en)
  himmlische 78
  höhere 74, 118, 195
  innere 18, 49, 137, 144, 224, 236
  negative 67, 68
  niedere 17, 42, 50, 103, 217, 230
  spirituelle 41, 145, 170
  von Zeit und Raum 2, 146, 225
Who's Who in Kentucky 90, 91
Wesen
  himmlisches 50
Whitman, Walt 203
Willenskraft 92
Wirtschaftlichkeit. *Siehe* Gesetz(e): der Wirtschaftlichkeit
Wirtschaftslage 14
Wissen, wissend 147, 171, 174
  von Licht und Ton. *Siehe* Licht und Ton: Wissen über
Wissenschaft
  uralte, des Seelenreisens. *Siehe* Eckankar
Wissenschaft,
  wissenschaftlich 159
  Forschung 111, 112, 124
  Fortschritte der 24
Wort, Wörter 4
  als Göttlicher Geist 12, 28
  geheimes 119, 133, 140
  lebendiges. *Siehe* Lebendige Wort, das
  Musik der 63
  von Gott 41, 46, 61
  welche lieben 89. *Siehe auch* Schreiben
Wunder 153
Wunsch, Wünsche 6, 79, 117
  der Seele 95, 181, 206
  erreichen 186, 199
  für materielle Dinge 203
  nach Freiheit 202
  nach Gott 190
  zu dienen 181, 218

Xerxes 81

Yaks 3
Yaubl Sacabi 22, 80, 152, 215
York, Eva Rose 95

Zadok 4
Zahn des Tigers, Der 13, 26, 27, 129
Zauberei 130. *Siehe auch* Schwarze Magie
Zehn Gebote 20
Zehnte Türe 78
Zeit
  Spur 97, 222
  totschlagen 199
  und Raum 2, 146, 226
  verschwenden 187
Zeitalter
  der Schöpfung 163
  goldenes. *Siehe* Goldenes Zeitalter
  neues spirituelles 140
  silbernes. *Siehe* Silbernes Zeitalter
Ziel(e) 127, 145, 216
  der Gottrealisation 12, 152
  der Seele 146, 230
  erreichen 190, 212, 235
  gemeinsames 202
  selbstgemachtes 167
  spirituelle 117, 227
Zukunft 77, 151, 155, 179. *Siehe auch* ECK-Vidya; Prophezeiung
  Entfaltung und 171
  Ereignisse 153, 165
  Warnungen über die 176
Zweifel 69, 107, 109
  vermeiden 118
Zweiter Weltkrieg 86, 87, 157

Wie man mehr über Eckankar, die Religion von Licht und Ton Gottes, erfahren kann

Warum sind Sie für Gott ebenso wichtig, wie jedes berühmte Staatsoberhaupt, jeder Priester, Pfarrer oder Heilige, der jemals lebte?
- Kennen Sie den Sinn Gottes in Ihrem Leben?
- Warum erscheint der Wille Gottes so unvorhersagbar?
- Warum sprechen Sie mit Gott, aber praktizieren keine Religion?

Eckankar kann Ihnen zeigen, warum Gottes besondere Aufmerksamkeit weder zufällig, noch einigen bekannten Heiligen vorbehalten ist. Sie gilt nämlich jedem einzelnen. Sie gilt jedem, der sich dem Göttlichen Geist, dem Licht und Ton Gottes öffnet.

Die Menschen möchten das Geheimnis von Leben und Tod kennen. Um diesem Bedürfnis zu entsprechen, haben Sri Harold Klemp, der heutige spirituelle Führer von Eckankar, und Paul Twitchell, der Gründer von Eckankar in unserer Zeit, eine Reihe monatlicher Kurse geschrieben, welche die Spirituellen Übungen von ECK vermitteln. Sie können die Seele auf einem direkten Weg zu Gott führen.

Jene, die Eckankar studieren möchten, können diese besonderen monatlichen Kurse erhalten, welche klare, einfache Anweisungen für spirituelle Übungen geben.

Die Mitgliedschaft in Eckankar beinhaltet:

1. Die Möglichkeit, Weisheit, Nächstenliebe und spirituelle Freiheit zu gewinnen.
2. Zwölf monatliche Kurse mit Informationen über die Seele, die spirituelle Bedeutung von Träumen, Techniken zum Seelenreisen und über Wege, eine persönliche Verbindung zum Göttlichen Geist herzustellen. Sie können sie allein zu Hause oder zusammen mit anderen in einer Klasse studieren.
3. Die *Mystic World,* ein vierteljährliches Rundschreiben mit einer Weisheitsnotiz und Artikeln des Lebenden ECK-Meisters. Sie enthält auch Briefe und Artikel von Schülern von Eckankar aus der ganzen Welt. Eine deutsche Ausgabe der *Mystic World* ist auf besondere Bestellung erhältlich.
4. Besondere Zusendungen, um Sie über kommende Eckankar-Seminare und Aktivitäten in der ganzen Welt, über neu verfügbares Studienmaterial von Eckankar und anderes zu unterrichten.
5. Die Möglichkeit, an ECK-Satsangklassen und Buchbesprechungen an Ihrem Wohnort teilzunehmen.
6. Die Möglichkeit, zu einer Initiation zugelassen zu werden.
7. Die Teilnahme an bestimmten Treffen für Mitglieder von Eckankar bei ECK-Seminaren.

Wie Sie Kontakt aufnehmen können

Wenn Sie an einer Mitgliedschaft interessiert sind, oder an kostenloser Information über ECKANKAR, wenden Sie sich bitte an ECKANKAR, Att: Information, P.O. Box 27300, Minneapolis, MN 55427 U.S.A., Tel.: 001–612–544–0066 (Mo–Fr 8.00–17.00 Uhr US–Zentralzeit).*

---

*Obwohl dieses Buch und anderes Material von Eckankar in verschiedenen Sprachen vorliegt, kann das Spirituelle Center von Eckankar nur in Englisch kommunizieren.

Einführende Bücher über ECKANKAR

Wie man Gott findet
von Harold Klemp

Jeder von uns *erhält bereits* im täglichen Leben Führung vom Geiste Gottes. Sie führt zu innerer Freiheit und Liebe. Dieses Buch lehrt Sie, das zu erkennen und zu deuten. Der Autor gibt uns spirituelle Übungen, die der physischen, emotionalen, mentalen und spirituellen Gesundheit dienen. Und er schlägt uns vor, den Laut *HU* zu singen. Dieser Laut kann unser Leben verwandeln und uns innerlich anheben.

Das Buch der ECK Parabeln, Band 1
von Harold Klemp

In einer Serie von über neunzig leicht zu lesenden Geschichten—viele dem heutigen Leben der Schüler von ECKANKAR entnommen—zeigt uns Harold Klemp, wie man die verborgenen spirituellen Lektionen in den täglichen Geschehnissen finden kann.

Dieses Buch ist ein guter Begleiter beim Studium der ECK Kurse. Es läßt uns die Geheimnisse des Seelenreisens, der Träume, des Karma, der Gesundheit, Wiedergeburt und—als Wichtigstes von allem—der Initiation in das Licht und den Ton Gottes in alltäglichen Umständen erkennen, die wir verstehen können.

Kind in der Wildnis
von Harold Klemp

Dieses Buch teilt eine unglaubliche Erfahrung aus erster Hand mit, die für immer Ihre Art, über das Leben zu denken, verändern könnte. Es ist die Geschichte vom wahren Kampf eines Mannes auf Leben und Tod, um in den höchsten Zustand spiritueller Bewußtheit einzutreten, welcher der Menschheit bekannt ist: Die Gottrealisation.

"An verborgenen Stellen dieses Buches stecken Hinweise, wie auch Sie die Herrlichkeit Gottes erlangen können", sagt der Autor Harold Klemp.

Seelenreisende des Fernen Landes
von Harold Klemp

Harold Klemp gibt einen faszinierenden Bericht, wie er der Mahanta, der Lebende ECK-Meister, ein spiritueller Führer unserer Zeit wurde. Er macht Sie mit den spirituellen Geheimnissen anderer ECK-Meister bekannt, denen er als Seelenreisenden auf seinem Weg begegnete.

Wenn Sie schnell bedient werden wollen, rufen Sie in USA unter der Telefonnummer 001 612 544-0066 an, um mit Kreditkarte Bücher zu bestellen. Oder schreiben Sie an ECKANKAR, Att: Information, P.O. Box 27300, Minneapolis, MN 55427 U.S.A.

Vielleicht gibt es eine Eckankar-Studiengruppe in Ihrer Nähe

Eckankar bietet dem spirituellen Sucher eine Vielzahl örtlicher und internationaler Aktivitäten. Mit Hunderten von Studiengruppen in aller Welt ist Eckankar auch in Ihrer Nähe! Viele Gegenden haben Eckankar-Center, wo Sie in einer ruhigen Umgebung ohne jeden Druck die Bücher durchblättern können, mit anderen, die ebenfalls an dieser uralten Lehre interessiert sind, sprechen können, und wo sie an neu beginnenden Gesprächsklassen teilnehmen können, die sich mit dem Thema beschäftigen, wie man die Eigenschaften der Seele erwirbt: Weisheit, Macht, Liebe und Freiheit.

In aller Welt veranstalten Eckankar-Studiengruppen besondere eintägige oder Wochenend-Seminare über die grundlegende Lehre von Eckankar. Sehen Sie im Telefonbuch unter Eckankar nach oder rufen Sie in USA unter der Telefonnummer 001 612 544–0066,* um Informationen über Mitgliedschaft zu erhalten und zu erfahren, wo das von Ihnen aus nächste Eckankar-Center liegt. Oder schreiben Sie an ECKANKAR, Att: Information, P.O. Box 27300, Minneapolis, MN 55427 U.S.A.

☐ Bitte senden Sie mir ein Veranstaltungsprogramm mit den nächstgelegenen Eckankar-Informations- Gesprächs- oder Studiengruppen in meiner Gegend.

☐ Bitte senden Sie mir weitere Informationen über die Mitgliedschaft in Eckankar, welche ein zwölf-monatiges spirituelles Studium beinhaltet.

Bitte mit Schreibmaschine oder Blockschrift ausfüllen:　　943

Vor–/Nachname _____

Straße & Nr. _____

Postleitzahl & Ort _____

Staat/Land _____

---

*Obwohl dieses Buch und anderes Material von Eckankar in verschiedenen Sprachen vorliegt, kann das Spirituelle Center von Eckankar nur in Englisch kommunizieren.

S. 160, 183